GRADED
FRENCH READER

--•+•◆•+•--

GRADED FRENCH READER

Deuxième Étape

Fourth Edition

CAMILLE BAUER
Brown University

D. C. Heath and Company
Lexington, Massachusetts   Toronto

Address editorial correspondence to:

D. C. Heath
125 Spring Street
Lexington, MA 02173

Cover image: *Poppy Field in a Hollow near Giverny.* Oscar Claude
Monet. French, 1840–1926. Oil on canvas. 65.2 × 81.2 cm.
(25⅝ × 32 in.). Juliana Cheny Edwards Collection. Courtesy,
Museum of Fine Arts, Boston.

Cover design: Dustin Graphics

PREFACE

Graded French Reader, Deuxième Étape, **Fourth Edition,** offers students a solid, yet enjoyable method for learning the French language. Simplified or original selections from different periods of French literature provide successful reading experiences, while the varied learning activities promote communicative skills and reinforce basic structures and vocabulary.

ORGANIZATION

The text is divided into four parts. Part One contains Voltaire's *Candide.* Although it has been edited and simplified to minimize linguistic problems, it retains the flavor and authenticity of the original work.

Part Two contains three famous short stories—Maupassant's *La Parure,* Mérimée's *Mateo Falcone,* Ionesco's *Oriflamme.* They are reprinted in their original version with very minor modifications.

Part Three includes selections from contemporary novels: *Une Mort très douce,* by Simone de Beauvoir; *Je déteste les enfants,* by Françoise Mallet-Joris; and *Vendredi ou la vie sauvage,* by Michel Tournier. In these works, very slightly abridged, the grammatical structures and vocabulary presented in the first two parts are reinforced.

Part Four features Jules Romains' three-act play, *Knock.* This comedy is designed to introduce students to everyday conversational French, while presenting simple, as well as more complex, grammatical structures.

EXERCISES

The exercise section that accompanies each reading selection is an important feature of the *Deuxième Étape.* Each exercise section

begins with reading comprehension exercises. These in turn are
followed by vocabulary-building exercises, which require students
to use creatively all of the important words and expressions that
have been presented in the selection.

Graded French Reader, Deuxième Étape, is unique because in
addition to structural exercises, brief grammatical explanations
review the basic structures that appear in each reading selection.
The book also contains two other important features: the *Communicative Activity* and the *Review Exercise.* The *Communicative Activity,*
which appears at the end of each section, contains topics that
students can discuss in small groups, permitting them to develop
oral skills as well as confidence in speaking French. The *Review
Exercise,* a cumulative exercise at the end of each Part, enables
students to use the vocabulary and grammar previously learned
in that Part.

ACKNOWLEDGMENTS

I would like to thank the following colleagues, whose suggestions
were very valuable to the revision of *Graded French Reader:* Sandra
Alfonsi, Fordham University; Monique Huffman, Illinois Wesleyan University; James B. O'Leary, University of New Orleans;
Alton Kim Robertson, University of Texas at Austin; Lucrezia
Rotolo, Western Maryland College.

Camille Bauer

CONTENTS

PART ONE

Part One contains "Candide," the universally known philosophical tale by Voltaire (1694–1778). Its principal theme traces evil in all of its forms: violence, war, physical catastrophes, intolerance, greed. At the beginning of the tale the chief character, young Candide, naively believes that in this best of all possible worlds, everything is for the best, an optimism which gradually crumbles with each calamity that befalls him. At the end of the tale, he attains relative happiness, "cultivating his garden" (i.e., coming to terms philosophically with what the world can offer him). This masterpiece of humor and satire takes us through a series of fast-paced actions, unexpected situations, and geographical changes. In addition to its moral commentary on life, Candide is a highly enjoyable and stimulating literary work.

Many difficult words have been eliminated from this edited version, and most of the vocabulary belongs to a core of high frequency lexical items. New words and expressions appear as footnotes at the foot of the page where they first occur and are used at least twice for better assimilation.

STUDY GUIDE

The following suggestions will help you in your reading of "Candide" and in preparing for class activities.

1. Glance at the vocabulary exercises before reading the story. The main purpose of these exercises is to drill and reinforce new words and idiomatic expressions that may present diffi-

culties. The vocabulary section will also help you to understand the meaning of a new word because it often appears in a cluster of other thematically related words, thus allowing you to do some intelligent guessing.

2. Review the grammar at the end of the selections; included in the grammar are the comparative of adjectives, demonstrative pronouns, the use and position of pronouns, interrogative constructions, the use of past tenses, the use of the conditional, and so on. While doing the exercises, you may want to consult the end vocabulary, where irregular verb forms are listed.

3. Try to guess the general meaning of each sentence rather than focus on individual words that are explained in the footnotes or defined in the vocabulary. Read the story a second time with the aid of the footnotes, when necessary. Try to recall the main ideas in the narrative.

4. The *Communicative Activity* allows you to express yourself orally. In preparing for class discussion either as part of a group or individually, (a) write your thoughts on the topic you have chosen for discussion and (b) practice aloud several times in order to gain confidence in speaking French. If you own a cassette recorder, tape your oral presentation. In listening to yourself, you will be able to evaluate both the improvement of your spoken French and your effectiveness in getting your message across.

Candide ou l'optimisme

VOLTAIRE

1

Il y avait en Westphalie[1] dans le château[2] de M. le baron de Thunder-ten-tronckh, un jeune garçon à qui la nature avait donné les mœurs[3] les plus douces.[4] Sa physionomie[5] annonçait son âme.[6] Il avait le jugement assez droit[7] avec l'esprit le plus
5 simple: c'est, je crois, pour cette raison qu'on le nommait Candide. Les anciens domestiques de la maison soupçonnaient[8] qu'il était fils de la sœur de monsieur le baron et d'un bon et honnête gentil-homme[9] du voisinage,[10] que cette demoiselle ne voulut jamais épouser parce que sa famille n'était pas cent pour cent noble.

10 Monsieur le baron était un des plus puissants[11] seigneurs[12] de la Westphalie, car son château avait une porte et des fenêtres. Sa grande salle[13] même était ornée d'une tapisserie.[14] Au village, on l'appelait Monseigneur, et on riait quand il racontait des histoires.

Madame la baronne, qui pesait[15] environ trois cent cinquante
15 livres,[16] s'attirait par là un très grand respect,[17] et faisait les hon-neurs de la maison avec une dignité qui la rendait encore plus respectable. Sa fille Cunégonde, âgée de dix-sept ans, était très rose, fraîche et grasse.[18] Le fils du baron paraissait en tout digne[19] de son père. Le précepteur[20] Pangloss était l'oracle de la maison,
20 et le petit Candide écoutait ses leçons avec toute la bonne foi[21] de son âge et de son caractère.

Pangloss enseignait la métaphysico-théologo-cosmolo-nigo-logie.[22] Il prouvait admirablement qu'il n'y a pas d'effet sans cause, et que, dans ce meilleur des mondes possibles, le château
25 de monseigneur le baron était le plus beau des châteaux et ma-dame la meilleure des baronnes possibles.

«Il est démontré, disait-il, que les choses ne peuvent être au-trement:[23] car, tout étant fait pour une fin, tout est nécessaire-ment pour la meilleure fin. Remarquez bien que les nez ont été

---

[1]**Westphalie** Westphalia (*in Germany*) [2]**château** castle [3]**mœurs** manners
[4]**doux** gentle [5]**physionomie** face [6]**âme** soul [7]**droit** sound [8]**soupçonner** to
suspect [9]**gentilhomme** nobleman [10]**voisinage** neighborhood [11]**puissant**
powerful [12]**seigneur** lord [13]**grande salle** hall [14]**ornée d'une tapisserie**
decorated with a tapestry [15]**peser** to weigh [16]**livre** pound [17]**s'attirait par là
un très grand respect** earned a very great respect because of it [18]**gras** fat
[19]**digne** worth [20]**précepteur** private tutor [21]**foi** faith [22]**métaphysico-théologo-
cosmolo-nigologie** metaphysico-theologo-cosmolo-stupidology [23]**autrement**
otherwise

faits pour porter des lunettes; aussi[24] avons-nous des lunettes. Les pierres[25] ont été formées pour en faire des châteaux; aussi monseigneur a un très beau château; le plus grand baron doit être le mieux logé; et les cochons[26] étant faits pour être mangés, nous mangeons du porc toute l'année: par conséquent, tout est 5 au mieux[27] dans le meilleur des mondes.»

Candide écoutait attentivement, et croyait innocemment: car il trouvait Mlle Cunégonde extrêmement belle. Il concluait qu'après le bonheur[28] d'être né baron de Thunder-ten-tronckh, le second degré de bonheur était d'être Mlle Cunégonde; le troi- 10 sième, de la voir tous les jours; et le quatrième, d'entendre maître Pangloss, le plus grand philosophe de la province, et par consé- quent de toute la terre.

Un jour, Cunégonde, en se promenant près du château, ren- contra Candide, et rougit,[29] Candide rougit aussi; elle lui dit bon- 15 jour, et Candide lui parla sans savoir ce qu'il disait. Le lendemain, après le dîner, Cunégonde et Candide se trouvèrent derrière un paravent;[30] Cunégonde laissa tomber[31] son mouchoir,[32] Candide le ramassa;[33] elle lui prit innocemment la main, le jeune homme baisa[34] innocemment la main de la jeune demoiselle avec une 20 vivacité, une sensibilité, une grâce toute particulière; ils s'embras- sèrent.[35] M. le baron de Thunder-ten-tronckh passa près du para- vent, et, voyant cette cause et cet effet, chassa Candide du château à grands coups de pied dans le derrière;[36] Cunégonde s'éva- nouit;[37] et tout fut consterné[38] dans le plus beau et le plus agréa- 25 ble des châteaux possibles.

2

Candide, chassé du paradis terrestre, marcha longtemps sans sa- voir où, pleurant, levant[39] les yeux au ciel,[40] les tournant souvent vers le plus beau des châteaux, où était la plus belle des baron-

---

[24]**aussi** and so (*at the beginning of a sentence*) [25]**pierre** stone [26]**cochon** pig [27]**tout est au mieux** everything is for the best [28]**bonheur** happiness [29]**rougir** to blush [30]**paravent** folding screen [31]**laisser tomber** to drop [32]**mouchoir** handkerchief [33]**ramasser** to pick up [34]**baiser** to kiss [35]**s'embrasser** to kiss each other [36]**chassa... derrière** chased Candide out of the castle, kicking him in the rear [37]**s'évanouir** to faint [38]**être consterné** to be in consternation [39]**lever** to raise [40]**ciel** sky

nettes; il se coucha sans souper au milieu des champs;[41] il neigeait. Candide se traîna[42] le lendemain vers la ville voisine,[43] n'ayant point d'argent, mourant[44] de faim et de fatigue. Il s'arrêta tristement à la porte d'un cabaret.[45] Deux hommes habillés[46] de bleu
5 le remarquèrent. «Camarade, dit l'un, voilà un jeune homme très bien fait, et qui est assez grand.» Ils s'avancèrent vers Candide et le prièrent à dîner très poliment. «Messieurs, leur dit Candide avec une modestie charmante, vous me faites beaucoup d'honneur, mais je n'ai pas de quoi payer mon dîner. —Ah! Monsieur,
10 lui dit un des bleus, les personnes de votre figure et de votre mérite ne paient jamais rien; mettez-vous à table[47] et nous paierons pour vous; les hommes ne sont faits que pour se secourir les uns les autres. —Vous avez raison, dit Candide, c'est ce que M. Pangloss m'a toujours dit.» On se met à table: «N'aimez-vous
15 pas tendrement?... —Oh! oui, répond-il, j'aime tendrement Mlle Cunégonde. —Non, dit l'un de ces messieurs, nous vous demandons si vous n'aimez pas tendrement le roi des Bulgares. —Point du tout, dit-il, car je ne l'ai jamais vu. —Comment! c'est le plus charmant des rois, et il faut boire à sa santé.[48] —Oh! très
20 volontiers,[49] Messieurs»; et il boit. «C'en est assez, lui dit-on, vous voilà le défenseur, le héros des Bulgares; votre fortune est faite.» On lui met sur-le-champ[50] les fers[51] aux pieds, et on le mène[52] au régiment. On le fait tourner à droite, à gauche, à se servir[53] d'un fusil,[54] et on lui donne trente coups de bâton;[55] le lendemain, il
25 fait l'exercice un peu moins mal, et il ne reçoit que vingt coups; bientôt on ne lui en donne que dix, et il est regardé par ses camarades comme un prodige.

Candide ne comprenait pas encore trop bien comment il était un héros. Un beau jour de printemps, il alla se promener,
30 marchant droit devant lui, croyant que c'était un privilège de l'espèce humaine, comme de l'espèce animale, de se servir de ses jambes à son plaisir. On le met en prison et on lui demande s'il aime mieux recevoir trente-six coups de bâton de tous les soldats du régiment ou douze balles[56] dans la tête. Il choisit le bâton.

---

[41]**champ** field [42]**se traîner** to drag oneself [43]**voisin** neighboring
[44]**mourant** dying [45]**cabaret** inn [46]**habillé** dressed [47]**se mettre à table** to sit
down [48]**boire à sa santé** to drink to his health [49]**très volontiers** with pleasure
[50]**sur-le-champ** on the spot [51]**fers** irons [52]**mener** to take [53]**se servir** to use
[54]**fusil** gun [55]**on lui... bâton** he gets flogged thirty times [56]**balle** bullet

Après quatre mille coups de bâton, Candide demande qu'on le tue.[57] Il obtint cette faveur; on lui bande[58] les yeux, on le fait mettre à genoux.[59] Le roi des Bulgares passe dans ce moment, s'informe du crime du patient; et comme ce roi avait un grand génie, il comprit, par tout ce qu'il apprit de Candide, que c'était 5
un jeune métaphysicien très ignorant des choses de ce monde, et il lui accorda sa grâce.[60] Candide était déjà assez guéri[61] quand le roi des Bulgares fit la guerre[62] au roi des Abares.[63]

3

Rien n'était si beau, si brillant, si bien ordonné[64] que les deux armées. Les trompettes, les hautbois,[65] les tambours,[66] les canons, 10
formaient une harmonie telle qu'il n'y en eut jamais en enfer.[67]
Les canons renversèrent[68] d'abord à peu près six mille hommes de chaque côté; ensuite la mousqueterie ôta[69] du meilleur des mondes environ neuf à dix mille coquins[70] qui en infectaient la surface. La baïonnette fut aussi la raison suffisante[71] de la mort 15
de quelques milliers d'hommes. Le tout pouvait bien s'élever à une trentaine de mille âmes. Candide, qui tremblait comme un philosophe, se cacha du mieux qu'il put[72] pendant ce carnage héroïque.

Enfin, tandis que[73] les deux rois faisaient chanter des *Te* 20
Deum,[74] chacun dans son camp, il décida d'aller raisonner ailleurs[75] des effets et des causes. Il passa par-dessus des tas[76] de morts, et gagna d'abord un village voisin; il était en cendres:[77]
c'était un village abare que les Bulgares avaient brûlé,[78] selon les lois du droit public. Ici des vieillards blessés[79] par de nombreuses 25
balles regardaient mourir leurs femmes massacrées, qui tenaient leurs enfants à leurs mamelles[80] sanglantes; là des filles à demi

---

[57]**tuer** to kill [58]**bander** to cover [59]**faire mettre à genoux** to make someone kneel [60]**accorder sa grâce** to pardon [61]**guéri** recovered [62]**faire la guerre** to make war [63]**Abares** (*Voltaire means the French*) [64]**ordonné** ordered [65]**hautbois** oboe [66]**tambour** drum [67]**enfer** Hell [68]**renverser** to knock down [69]**ôter** to remove [70]**coquin** rascal [71]**raison suffisante** cause [*Leibnitz's term*] [72]**se cacha... put** hid as best he could [73]**tandis que** while [74]**faisaient chanter** had hymns of praise sung [75]**ailleurs** elsewhere [76]**tas** heap [77]**cendres** ashes [78]**brûler** to burn [79]**blesser** to wound [80]**mamelle** breast

brûlées criaient qu'on leur donnât[81] la mort. Il vit des cervelles[82] sur la terre à côté de bras et de jambes coupés.

Candide s'enfuit[83] au plus vite dans un autre village: il appartenait à des Bulgares, et les héros abares l'avaient traité de même. Candide, toujours marchant sur des corps palpitants, ou à travers des ruines, arriva enfin hors du théâtre de la guerre, portant quelques petites provisions dans son sac, et n'oubliant jamais Mlle Cunégonde. Ses provisions lui manquèrent quand il fut en Hollande; mais ayant entendu dire que tout le monde était riche dans ce pays-là, et qu'on y était chrétien, il ne douta pas qu'on ne le traitât aussi bien qu'il l'avait été dans le château de M. le Baron, avant d'en être chassé pour les beaux yeux de Mlle Cunégonde.

Il demanda la charité à plusieurs graves personnages, qui lui répondirent tous que, s'il continuait à le faire, on l'enfermerait dans une maison de correction pour lui apprendre à vivre.

Il s'adressa ensuite à un homme qui venait de parler tout seul une heure de suite[84] sur la charité dans une grande assemblée. Cet orateur lui dit: «Que venez-vous faire ici? Y êtes-vous pour la bonne cause? —Il n'y a point d'effet sans cause, répondit modestement Candide; tout est enchaîné[85] nécessairement, et arrangé pour le mieux. Il a fallu que je fusse[86] chassé d'auprès de Mlle Cunégonde, que je fusse battu au régiment, et il faut que je demande mon pain, jusqu'à ce que je puisse en gagner; tout cela ne pouvait être autrement. —Mon ami, lui dit l'orateur, croyez-vous que le pape soit l'antéchrist? —Je ne l'avais pas encore entendu dire, répondit Candide; mais qu'il le soit ou qu'il ne le soit pas,[87] je manque de pain. —Tu ne mérites pas d'en manger, dit l'autre: va, coquin, va, misérable, ne m'approche plus jamais.»

Un homme qui n'avait point été baptisé, nommé Jacques, vit la manière cruelle et ignominieuse dont on traitait ainsi un de ses frères, un être à deux pieds, sans plumes, qui avait une âme; il l'amena[88] chez lui, le nettoya,[89] lui donna du pain et de la bière, lui fit présent de deux florins,[90] et voulut même lui apprendre à

---

[81]**donnât** (*impf. subj. of* **donner**) Note that this tense is generally only used in literary discourse. The third-person singular is easily recognized by the circumflex over the final vowel. [82]**cervelle** brain [83]**s'enfuir** to flee [84]**une heure de suite** a full hour [85]**enchaîné** linked [86]**fusse** (*impf. subj. of* **être**) [87]**qu'il... pas** whether or not he is [88]**amener** to take [89]**nettoyer** to clean [90]**florins** coins

travailler dans ses manufactures. Candide, presque à genoux devant lui, s'écriait: «Maître Pangloss l'avait bien dit que tout était au mieux dans ce monde, car je suis infiniment plus touché de votre extrême générosité que de la dureté[91] de ce monsieur à manteau noir.»

5

4

Le lendemain, en se promenant, Candide rencontra un misérable qui toussait[92] violemment, crachant une dent[93] à chaque effort. Plein de compassion, il lui donna les deux florins qu'il avait recus de l'honnête Jacques. Le fantôme le regarda fixement, versa des larmes,[94] et sauta à son cou.[95] Candide, effrayé,[96] recule.[97] «Hélas! dit le misérable à l'autre misérable, ne reconnaissez-vous plus votre cher Pangloss? —Qu'entends-je? vous, mon cher maître! Vous, dans cet état horrible! Quel malheur vous est-il donc arrivé? Pourquoi n'êtes-vous plus dans le plus beau des châteaux? Qu'est devenue Mlle Cunégonde, la perle des filles, le chef-d'œuvre[98] de la nature? —Je n'en peux plus, dit Pangloss.» Aussitôt Candide le mena dans la maison de Jacques, où il lui fit manger un peu de pain; et quand Pangloss eut assez mangé: «Eh, bien! lui dit-il, Cunégonde? —Elle est morte, reprit l'autre.» Candide s'évanouit à ce mot. Quelques instants après, ayant rouvert[99] les yeux: «Cunégonde est morte! Ah! meilleur des mondes, où êtes-vous? Mais de quelle maladie est-elle morte? Est-ce de m'avoir vu chassé du château de monsieur son père à grands coups de pieds? —Non, dit Pangloss, elle a été tuée par des soldats bulgares; ils ont aussi tué monsieur le baron, qui voulait la défendre, et son fils; madame la baronne a été coupée en morceaux;[1] et du château, il n'est pas resté pierre sur pierre, pas un mouton,[2] pas un cochon, pas un arbre.»

Candide s'évanouit encore; mais, revenu à lui[3] et ayant dit tout ce qu'il devait dire, il demanda à Pangloss pourquoi il ne se

10

15

20

25

30

---

[91]**dureté** hardness [92]**tousser** to cough [93]**cracher une dent** to spit out a tooth
[94]**verser des larmes** to shed tears [95]**sauta à son cou** jumped for his neck
[96]**effrayé** frightened [97]**reculer** to step back [98]**chef-d'œuvre** masterpiece
[99]**rouvert** opened again [1]**couper en morceaux** to cut into pieces
[2]**mouton** sheep [3]**revenu à lui** after regaining consciousness

faisait pas soigner.[4] «Et comment le puis-je? dit Pangloss; je n'ai pas d'argent.» Candide alla se jeter[5] aux pieds de son charitable Jacques et lui fit une description si touchante de l'état de son ami qu'il le fit soigner à ses frais.[6] Comme Pangloss écrivait bien et 5 savait parfaitement l'arithmétique, il put tenir les livres[7] de Jacques.

5

Au bout de deux mois, étant obligé d'aller à Lisbonne pour affaires, Jacques mena dans son vaisseau[8] ses deux philosophes. Pangloss lui expliqua comment tout était pour le mieux. Jacques 10 n'était pas de cet avis.[9] «Les hommes ne sont point nés loups,[10] disait-il, et ils sont devenus loups. Dieu ne leur a donné ni canon ni baïonnettes, et ils se sont fait des baïonnettes et des canons pour se détruire. —Tout cela était indispensable, répondait Pangloss, et les malheurs particuliers font le bien général.» Tandis qu'il 15 raisonnait, le ciel se couvrit de nuages,[11] les vents soufflèrent[12] et le vaisseau fut pris dans la plus horrible tempête près du port de Lisbonne.

(Le vaisseau fait naufrage,[13] Jacques se noie[14] en voulant aider un homme en danger, Candide et Pangloss réussissent à atteindre le rivage.[15] À 20 peine[16] arrivés, ils sentent la terre trembler sous eux. Trente mille habitants de Lisbonne sont écrasés[17] sous les ruines. Le lendemain, Pangloss est pendu:[18] il avait parlé du meilleur des mondes possibles en présence d'un policier de l'Inquisition. Candide reçoit des coups de bâton pour l'avoir écouté avec un air d'approbation.)

25   Le même jour, la terre trembla de nouveau avec un bruit épouvantable.[19] Candide, épouvanté, tout sanglant,[20] se disait à

---

[4]**se faire soigner** to get medical help (*Pangloss had syphilis*) [5]**se jeter** to throw oneself [6]**à ses frais** at his expense [7]**tenir les livres** to keep the books [8]**vaisseau** vessel, ship [9]**avis** opinion [10]**loup** wolf [11]**se couvrir de nuages** to become covered with clouds [12]**souffler** to blow [13]**faire naufrage** to be shipwrecked [14]**se noyer** to drown [15]**réussir à… rivage** to manage to reach the shore [16]**À peine** Hardly [17]**écraser** to crush [18]**pendre** to hang [19]**épouvantable** frightening [20]**tout sanglant** bleeding all over

lui-même: «Si c'est ici le meilleur des mondes possibles, que sont
donc les autres? Ô mon cher Pangloss! le plus grand des philosophes, faut-il vous avoir vu pendre sans que je sache pourquoi!
Ô mon cher Jacques! le meilleur des hommes, faut-il que vous
ayez été noyé dans le port! Ô mademoiselle Cunégonde! la perle   5
des filles, faut-il qu'on vous ait tuée!»

À ce moment-là, une vieille s'approcha de lui et lui dit: «Mon
fils, suivez-moi.» Il suivit la vieille dans une petite maison: elle lui
donna une pommade[21] pour se frotter,[22] lui laissa à manger et à
boire; elle lui montra un petit lit assez propre;[23] il y avait auprès   10
du lit un habit complet.[24] «Mangez, buvez, dormez, lui dit-elle, je
reviendrai demain.» Elle le soigna pendant plusieurs jours. Puis,
un soir, elle le mena à la campagne jusqu'à une maison isolée,
entourée de jardins. Étant entré, Candide vit devant lui une
femme tremblante, majestueuse, brillante de pierres précieuses,   15
et couverte d'un voile,[25] «Ôtez ce voile,» dit la vieille à Candide.
Le jeune homme s'approche; il lève le voile d'une main timide.
Quel moment! quelle surprise! il croit voir Mlle Cunégonde; c'est
bien elle. La force lui manque,[26] il ne peut dire une parole, il
tombe à ses pieds. Cunégonde tombe sur un canapé.[27] Ils se   20
parlent: ce sont d'abord des demandes et des réponses qui se
croisent,[28] des larmes, des cris. Puis, Cunégonde lui raconte que
ses parents et son frère sont morts et qu'elle-même a été vendue
comme esclave à deux maîtres.

Pendant qu'ils se parlaient tendrement, le premier maître ar-   25
riva. En voyant Candide, il se jeta sur lui; mais notre bon West-
phalien avait reçu une belle épée[29] de la vieille avec l'habit complet. Il tire[30] son épée et tue l'homme. «Qu'allons-nous faire?
s'écria Cunégonde, un homme tué chez moi! si la justice vient,
nous sommes perdus. —Demandons conseil[31] à la vieille,» répon-   30
dit Candide. Elle était très prudente, et commençait à dire son
avis quand une autre petite porte s'ouvrit: c'était le deuxième
maître. Il entre et voit Candide, l'épée à la main, un mort couché
par terre, Cunégonde épouvantée, et la vieille donnant des con-

---

[21]**pommade** salve [22]**se frotter** to rub [23]**propre** clean [24]**habit complet** suit of
clothes [25]**voile** veil [26]**La force... manque.** His strength fails him. [27]**canapé**
sofa [28]**se croiser** to cross each other [29]**épée** sword [30]**tirer** to draw [31]**conseil**
advice

seils. Sans donner le temps à l'autre de revenir de sa surprise, Candide le perce de son épée, et le jette mort à côté du premier.

«Notre dernière heure est venue, dit Cunégonde. Comment avez-vous fait, vous qui êtes né si doux, pour tuer en deux minutes 5 deux hommes? —Ma belle demoiselle, répondit Candide, quand on est amoureux, on ne se connaît plus.»

La vieille leur dit alors: «Il y a trois chevaux[32] dans l'écurie:[33] que le brave Candide les prépare. Montons vite à cheval et allons à Cadix; il fait le plus beau temps du monde, et c'est un grand 10 plaisir de voyager pendant la fraîcheur[34] de la nuit.»

6

À Cadix, on préparait l'embarquement de soldats qui devaient aller au Paraguay pour mettre fin[35] à une révolte. Candide, ayant servi chez les Bulgares, fit une démonstration de ses talents militaires devant le général de la petite armée avec tant de grâce, de 15 rapidité, d'agilité, qu'on lui donna une compagnie d'infanterie à commander. Le voilà capitaine; il s'embarque avec Mlle Cunégonde, la vieille, deux valets et les chevaux.

Pendant que les passagers se racontaient des histoires, le vaisseau avançait. On arriva à Buenos-Aires. Cunégonde, le capitaine 20 Candide et la vieille allèrent chez le gouverneur. Quand celui-ci[36] vit Cunégonde, il tomba aussitôt amoureux d'elle.[37] Il demanda alors si elle n'était pas la femme du capitaine. Candide n'osa pas dire qu'elle était sa femme, ni qu'elle était sa sœur: il était incapable de mentir.[38] «Mlle Cunégonde, dit-il, doit me faire l'honneur 25 de m'épouser.» Le gouverneur ordonna au capitaine Candide d'aller faire la revue de sa compagnie. Il déclara sa passion à Cunégonde et lui dit qu'il voulait l'épouser.

La prudente vieille conseilla à Cunégonde d'accepter, puis elle alla trouver Candide. «Partez vite, dit-elle, sinon[39] dans une 30 heure vous serez tué.» Il n'y avait pas un moment à perdre; mais comment se séparer de Cunégonde et où aller?

---

[32]**cheval** horse [33]**écurie** stable [34]**fraîcheur** cool [35]**mettre fin** to put an end
[36]**celui-ci** the latter [37]**il tomba... d'elle** he fell in love with her right away
[38]**mentir** to lie [39]**sinon** or else

7

(Suivi de son valet Cacambo, Candide va au Paraguay, où il retrouve
le frère de Cunégonde. Celui-ci se met en colère[40] en apprenant que
Candide a l'intention d'épouser sa sœur et le frappe de son épée. Candide
tire la sienne et l'enfonce dans son ventre.[41] Il s'enfuit avec Cacambo.
Après avoir marché pendant un mois, ils arrivent à une rivière qu'ils   5
descendent en barque.)[42]

La rivière devenait de plus en plus large; enfin, elle se perdait
sous des rochers[43] épouvantables qui s'élevaient[44] jusqu'au ciel.
Les deux voyageurs eurent le courage de se laisser aller sous ces
rochers. Le fleuve[45] les porta avec une rapidité et un bruit horri-   10
bles. Au bout de vingt-quatre heures, ils revirent le jour;[46] mais
leur barque se brisa[47] sur les rochers; il fallut se traîner de rocher
en rocher; enfin ils découvrirent un horizon immense, entouré
de montagnes inaccessibles. Les chemins étaient couverts de voitures[48] d'une matière brillante, portant des hommes et des   15
femmes d'une beauté remarquable, traînés rapidement par de
gros moutons rouges.[49] Dans un village ils virent des enfants qui
jouaient avec de larges pièces rondes, jaunes, rouges, vertes, qui
brillaient. C'était de l'or,[50] c'était des émeraudes, des rubis. «Sans
doute, dit Cacambo, ces enfants sont les fils du roi de ce pays qui   20
jouent avec des pierres précieuses.»

Ils approchèrent enfin de la première maison du village, bâ-
tie[51] comme un palais d'Europe. Beaucoup de monde entrait et
sortait; une musique très agréable se faisait entendre,[52] et une
délicieuse odeur de cuisine se faisait sentir.[53] Cacambo entendit   25
qu'on parlait péruvien: c'était sa langue maternelle. «Je vous servirai d'interprète, dit-il à Candide; entrons, c'est ici un cabaret.»

Aussitôt deux garçons et deux filles les invitent à table. On
leur servit dans des plats d'une espèce de cristal de roche un
nombre considérable d'animaux exotiques, avec plusieurs li-   30
queurs faites de cannes de sucre. Les autres mangeurs, tous d'une

---

[40]**se mettre en colère** to get angry   [41]**l'enfonce... ventre** sticks it into his belly
[42]**barque** boat   [43]**rocher** rock   [44]**s'élever** to rise   [45]**fleuve** river   [46]**revoir le**
jour to see daylight again   [47]**se briser** to break up   [48]**voiture** carriage
[49]**mouton rouge** red sheep (llama)   [50]**or** gold   [51]**bâtir** to build   [52]**se faire**
entendre to be heard   [53]**sentir** to smell

politesse extrême, firent quelques questions à Cacambo avec la
discrétion la plus circonspecte.

Quand le repas fut fini, Candide et Cacambo voulurent payer
en jetant sur la table deux des pièces d'or qu'ils avaient ramassées.
5 L'hôte et l'hôtesse éclatèrent de rire.[54] «Messieurs, dit l'hôte, nous
voyons bien que vous êtes des étrangers. Pardonnez-nous d'avoir
ri mais ces pièces sont des cailloux[55] qu'on trouve sur tous les
chemins. Vous n'avez pas sans doute de la monnaie du pays, mais
il n'est pas nécessaire d'en avoir pour dîner ici. Tout est payé par
10 le gouvernement. Vous avez mal mangé ici, parce que c'est un
pauvre village, mais partout ailleurs[56] vous serez reçus comme
vous méritez de l'être.» Cacambo expliquait à Candide tous les
discours de l'hôte, et Candide les écoutait avec admiration et stu-
péfaction. «Quel est donc ce pays, disait-il, inconnu à tout le reste
15 de la terre, et où toute la nature est d'une espèce[57] si différente
de la nôtre? C'est probablement le pays où tout va bien; car il faut
absolument qu'il y en ait un de cette espèce. Et, quoi qu'en ait dit
maître Pangloss,[58] je me suis souvent aperçu que tout allait assez
mal en Westphalie.»

8

20 *(Voulant tout apprendre sur ce pays extraordinaire, Candide et Cacambo
furent reçus par un vieillard savant[59] qui satisfit leur curiosité.)*

«Je suis âgé de cent-soixante-douze ans et le royaume[60] où
nous sommes est l'ancienne patrie des Incas, qui en sortirent sans
prudence, et qui furent détruits par les Espagnols. Les princes
25 qui restèrent dans leur pays natal[61] furent plus sages; ils ordon-
nèrent, du consentement[62] de la nation, qu'aucun habitant ne
sortirait jamais de notre petit royaume; et c'est ce qui nous a
conservé notre innocence et notre bonheur. Les Espagnols ont
appelé ce pays Eldorado. Les nations de l'Europe ont une passion
30 pour nos cailloux et, pour en avoir, nous tueraient tous jusqu'au

---

[54]**éclater de rire** to burst out laughing   [55]**caillou** pebble   [56]**partout ailleurs**
everywhere else   [57]**espèce** kind   [58]**quoi qu'en... Pangloss** despite what Master
Pangloss said about it   [59]**savant** learned   [60]**royaume** kingdom   [61]**pays natal**
homeland   [62]**du consentement** with the consent

dernier. Mais comme nous sommes entourés de[63] rochers inaccessibles et de précipices, nous avons toujours été protégés jusqu'à
présent.»

    Le vieillard leur décrivit aussi la forme du gouvernement, les
mœurs,[64] les femmes, les spectacles publics, les arts et la religion.   5
Candide voulut savoir comment on priait Dieu[65] dans Eldorado.
«Nous ne le prions point, dit le bon et respectable sage; nous
n'avons rien à lui demander, il nous a donné tout ce qu'il nous
faut; nous le remercions sans cesse.» Candide eut la curiosité de
voir des prêtres;[66] il fit demander où ils étaient. Le bon vieillard   10
sourit. «Mes amis, dit-il, nous sommes tous prêtres; le roi et tous
les chefs de famille[67] chantent des cantiques d'actions de grâces[68]
tous les matins, et cinq ou six mille musiciens les accompagnent.
—Quoi! vous n'avez point de moines[69] qui enseignent, qui dis-
putent, qui gouvernent, et qui font brûler les gens qui ne sont   15
pas de leur avis? —Il faudrait que nous fussions[70] fous, dit le
vieillard; nous sommes tous ici du même avis, et nous n'entendons
pas ce que vous voulez dire avec vos moines.» Candide, à tous ces
discours, restait en extase, et disait en lui-même: «Ceci est bien
différent de la Westphalie et du château de M. le baron: si notre   20
ami Pangloss avait vu Eldorado, il n'aurait plus dit que le château
de Thunder-ten-tronckh était ce qu'il y avait de mieux sur la terre;
et il est certain qu'il faut voyager.»

    Après cette longue conversation, Candide et Cacambo mon-
tèrent dans un carrosse[71] à six moutons pour aller à la cour. Les   25
moutons volaient,[72] et en moins de quatre heures on arriva au
palais du roi. Quand ils approchèrent de la salle du trône, Cacambo demanda à un grand officier comment il fallait saluer Sa
Majesté: si on se jetait à genoux ou ventre à terre;[73] si on mettait
les mains sur la tête ou sur le derrière; en un mot, quelle était la   30
cérémonie. «L'usage,[74] dit le grand officier, est d'embrasser le roi
sur les deux côtés.» Candide et Cacambo sautèrent au cou de Sa
Majesté, qui les reçut avec toute la grâce imaginable et qui les pria
poliment à souper.

---

[63]**entourés de** surrounded by   [64]**mœurs** customs   [65]**prier Dieu** to pray to God
[66]**prêtre** priest   [67]**chef de famille** head of family   [68]**cantiques... grâces** hymns of
thanksgiving   [69]**moine** monk   [70]**fussions** (*impf. subj. of* être)   [71]**carrosse** coach
[72]**voler** to fly   [73]**ventre à terre** with your belly on the ground   [74]**usage** custom

En attendant, on leur fit voir la ville, les édifices publics, les marchés ornés de mille colonnes, les fontaines d'eau pure, les fontaines d'eau rose, celles des liqueurs qui coulaient[75] continuellement. Candide demanda à voir la cour de justice et les prisons;
5 on lui dit qu'il n'y en avait pas. Ce qui lui fit le plus plaisir, ce fut le palais des sciences, dans lequel il vit une grande quantité d'instruments de mathématiques et de physique.

Ils passèrent un mois dans la capitale. Candide ne cessait de dire à Cacambo: «Il est vrai que le château où je suis né ne vaut[76]
10 pas le pays où nous sommes; mais Mlle Cunégonde n'y est pas. Si nous retournons en Europe seulement avec douze moutons chargés[77] de cailloux d'Eldorado, nous serons plus riches que tous les rois ensemble, et nous pourrons facilement reprendre Mlle Cunégonde.»

15 Ayant décidé de partir, ils allèrent chez le roi qui leur dit: «Vous faites une sottise,[78] je sais bien que mon pays est peu de chose; mais quand on est assez heureux dans un endroit,[79] il faut y rester. Mais vous êtes libres, partez quand vous voudrez. Seulement, la sortie[80] est bien difficile. Il est impossible de remonter[81]
20 la rivière rapide par laquelle vous êtes arrivés par miracle, et qui court sous les rochers. Mais puisque vous voulez absolument partir, je vais ordonner à nos ingénieurs de vous construire une machine qui puisse vous transporter. Quand vous serez au sommet de la montagne, personne ne pourra vous accompagner: car
25 mes sujets ont promis de ne jamais sortir du pays. Demandez-moi tout ce qu'il vous plaira. —Nous ne demandons à Votre Majesté, dit Cacambo, que quelques moutons chargés de vivres[82] et de cailloux.»

Quand la machine fut construite, Candide et Cacambo mon-
30 tèrent dessus;[83] il y avait deux grands moutons rouges pour les transporter, et soixante-dix moutons chargés de vivres, d'or, de diamants et d'autres pierres précieuses. Le roi embrassa tendrement les deux voyageurs. Les voilà partis pour Buenos-Aires.

---

[75]**couler** to flow [76]**valoir** to be worth [77]**charger** to load [78]**sottise** foolish thing [79]**endroit** place [80]**sortie** way out [81]**remonter** to go back up [82]**vivres** provisions [83]**monter dessus** to climb on it

9

Après cent jours de marche, ils avaient perdu la plupart de leurs moutons et il ne leur en resta que deux. Candide chargea alors Cacambo d'une mission. «Voici, mon cher ami, lui dit-il, ce qu'il faut que tu fasses. Nous avons chacun dans nos poches pour cinq ou six millions de diamants; va prendre Mlle Cunégonde à 5 Buenos-Aires. Si le gouverneur s'y oppose, donne-lui un million; s'il ne veut toujours pas, donne-lui-en deux. Moi, j'irai t'attendre à Venise; c'est un pays libre où l'on n'a rien à craindre.»[84] Cacambo était malheureux de se séparer d'un bon maître devenu son ami intime. Ils s'embrassèrent et Cacambo partit. 10

(Après s'être fait voler[85] les deux moutons chargés de millions, Candide s'embarque sur un vaisseau à destination de Bordeaux, en compagnie d'un pauvre savant[86] qui s'appelait Martin. L'un et l'autre avaient beaucoup vu et beaucoup souffert. Mais alors que Candide était resté optimiste, Martin était pessimiste: il croyait que les hommes ont toujours été corrompus.[87] Après de nombreuses aventures en France et en Angleterre, ils arrivèrent enfin à Venise.) 15

Dès que Candide fut à Venise, il fit chercher Cacambo dans tous les cabarets, et ne le trouva pas. «Quoi! disait-il à Martin, j'ai eu le temps de passer de l'Amérique du Sud à Bordeaux, de 20 Bordeaux à Paris, de Paris à Dieppe, de Dieppe en Angleterre, de traverser toute la Méditerranée, de passer quelques mois à Venise; et la belle Cunégonde n'est pas venue! Elle est probablement morte; je n'ai plus qu'à mourir. Ah! il valait mieux rester dans le paradis de l'Eldorado que de revenir en Europe. Que vous 25 avez raison, mon cher Martin! tout n'est qu'illusion et calamité.» Martin lui conseilla d'oublier son valet Cacambo et Cunégonde. Il lui répétait qu'il y avait peu de vertu et peu de bonheur sur terre. Les jours, les semaines passaient; Cacambo ne revenait pas.

---

[84]**craindre** to fear [85]**après s'être fait voler** after being robbed [86]**savant** scholar
[87]**corrompu** corrupt

10

Un soir que Candide, suivi de Martin, allait se mettre à table avec les étrangers qui logeaient dans la même hôtellerie, un homme s'approcha de lui et lui dit: «Soyez prêt à partir avec moi.» C'était Cacambo. Fou de joie,[88] Candide embrasse son cher ami. «Où est
5 Cunégonde? Mène-moi vers elle. —Cunégonde n'est pas ici, dit Cacambo, elle est à Constantinople. —À Constantinople! mais j'y vole, partons. —Nous partirons après le dîner; je suis esclave,[89] mon maître m'attend; il faut que j'aille le servir à table. Ne dites rien et attendez-moi.»
10 Candide se mit à table avec Martin. Cacambo, qui versait[90] à boire à l'un des étrangers, s'approcha de l'oreille de son maître à la fin du repas et lui dit: «Sire, Votre Majesté partira quand elle voudra, le vaisseau est prêt.» Et il sortit. Un autre domestique, s'approchant de son maître, lui dit: «Sire, la barque de Votre
15 Majesté est prête. Le maître fit un signe, et le domestique partit. Puis quatre autres domestiques dirent à peu près la même chose à quatre autres rois, à la grande surprise de Candide et de Martin. «Messieurs, dit Candide, est-ce une plaisanterie?[91] Êtes-vous tous rois?[92] Ni moi ni Martin ne le sommes.»
20 Le maître de Cacambo dit alors: «Ce n'est pas une plaisanterie. Je m'appelle Achmet III. J'ai détrôné mon frère; mon neveu m'a détrôné. Je suis venu passer le carnaval à Venise.»

Un jeune homme parla après lui et dit: «Je m'appelle Ivan; j'ai été empereur de toutes les Russies; on m'a élevé en prison;
25 j'ai quelquefois la permission de voyager, et je suis venu passer le carnaval à Venise.»

Le troisième dit: «Je suis Charles-Édouard, roi d'Angleterre; j'ai été mis en prison; je vais à Rome faire une visite au roi mon père, détrôné ainsi que[93] moi et mon grand-père, et je suis venu
30 passer le carnaval à Venise.»

Le quatrième dit: «Je suis roi de Pologne; la guerre m'a privé de mes États héréditaires; je me résigne à la Providence, comme le sultan Achmet, l'empereur Ivan et le roi Charles-Édouard, à qui Dieu donne une longue vie; je suis venu passer le carnaval à
35 Venise.»

---

[88]**fou de joie** beside himself with joy [89]**esclave** slave [90]**verser** to pour
[91]**plaisanterie** joke [92](*All six kings mentioned by Voltaire are actual, historical figures.*) [93]**ainsi que** just like

Le cinquième dit alors: «Je suis aussi roi de Pologne; j'ai perdu mon royaume deux fois; mais j'ai reçu un autre état, dans lequel j'ai fait beaucoup de bien et je suis venu passer le carnaval à Venise.»

Il restait au sixième monarque à parler. «Messieurs, dit-il, je 5 ne suis pas si grand seigneur que vous, mais j'ai été roi comme vous autres. Je suis Théodore; on m'a fait roi en Corse; on m'a appelé *Votre Majesté,* et à présent on m'appelle *Monsieur;* et je suis venu, comme Vos Majestés, passer le carnaval à Venise.»

Les cinq autres rois écoutèrent ce discours avec une noble 10 compassion, et donnèrent un peu d'argent au roi Théodore pour avoir des habits et des chemises. Candide lui donna un diamant. « Quel est donc, disaient les cinq rois, cet homme qui peut donner beaucoup plus que nous? Êtes-vous roi aussi? —Non, Messieurs, et je n'ai aucune envie de l'être.»[94]   15

11

Peu de temps après le dîner, Candide s'embarqua sur une galère[95] pour aller chercher Cunégonde. Il disait à Martin: «Voilà six rois détrônés, avec qui nous avons soupé! Moi, je n'ai perdu que cent moutons, et je vole dans les bras[96] de Cunégonde. Mon cher Martin, encore une fois,[97] Pangloss avait raison, tout est bien. —Je 20 le souhaite,[98] dit Martin. —Mais, dit Candide, quelle aventure extraordinaire de trouver six rois détrônés. —Cela n'est pas plus extraordinaire, dit Martin, que la plupart des choses qui nous sont arrivées. Il est très commun que des rois soient détrônés; et l'honneur que nous avons eu de souper avec eux est une chose 25 qui ne mérite pas notre attention. La seule chose qui importe,[99] c'est de bien manger.»

Candide demanda alors à Cacambo: «Eh bien! que fait Cunégonde? Est-elle toujours belle? M'aime-t-elle toujours? Comment se porte-t-elle?[1] Tu lui as acheté un palais à Constantinople? 30 —Mon cher maître, répondit Cacambo, Cunégonde lave la vaisselle[2] chez un prince dont elle est l'esclave; mais ce qui est plus

---

[94]**et je n'ai... l'être** and I don't wish to be one   [95]**galère** galley   [96]**je vole dans les bras** in no time at all I'll be in the arms   [97]**encore une fois** once again
[98]**souhaiter** to wish   [99]**importer** to matter   [1]**se porter** to be   [2]**vaisselle** dishes

triste, c'est qu'elle a perdu sa beauté et qu'elle est devenue horriblement laide.[3] —Ah! belle ou laide, dit Candide, mon devoir[4] est
de l'aimer toujours. Mais qu'est-ce que tu as fait avec les cinq ou
six millions que je t'avais donnés? —Bon, dit Cacambo, j'ai donné
5 deux millions au gouverneur de Buenos-Aires; un pirate nous a
pris le reste; et moi, je suis esclave du sultan détrôné. —Comme
c'est épouvantable, toutes ces calamités! dit Candide. Mais, après
tout, j'ai encore quelques diamants; je délivrerai facilement Cunégonde. C'est bien dommage[5] qu'elle soit devenue laide. Et toi,
10 Cacambo, je te délivrerai aussi.»

On arriva en peu de jours dans la mer Noire. Il y avait dans
la galère deux forçats[6] qui ramaient[7] très mal et qu'on battait
souvent. Candide, par un mouvement naturel, les regarda plus
attentivement que les autres forçats et s'approcha d'eux avec pitié.
15 «En vérité, dit-il à Cacambo, si je n'avais pas vu pendre maître
Pangloss, et si je n'avais pas eu le malheur de tuer le baron, je
croirais que ce sont eux qui rament dans cette galère.»

Au nom du baron et de Pangloss les deux forçats poussèrent
un grand cri,[8] s'arrêtèrent sur leur banc, et laissèrent tomber leurs
20 rames. Le patron[9] se mit à les battre. «Arrêtez! arrêtez! seigneur,
s'écria Candide; je vous donnerai autant d'argent que vous voudrez. —Quoi! c'est Candide, disait l'un des forçats. —Quoi! c'est
Candide, disait l'autre. —Est-ce un rêve?[10] dit Candide; Suis-je
dans cette galère? Est-ce là monsieur le baron, que j'ai tué? Est-ce
25 là maître Pangloss, que j'ai vu pendre?

—C'est nous-mêmes, c'est nous-mêmes, répondaient-ils.
—Quoi! c'est là ce grand philosophe? disait Martin. —Eh! monsieur le patron, dit Candide, combien voulez-vous d'argent pour
la rançon de M. de Thunder-ten-tronckh, un des premiers barons
30 de l'Empire, et de M. Pangloss, le plus profond métaphysicien
d'Allemagne? —Chien de chrétien, répondit le patron, puisque
ces deux chiens de forçats chrétiens sont des barons et des métaphysiciens, ce qui est sans doute une grande dignité dans leur
pays, tu m'en donneras cinquante mille sequins. —Vous les aurez,
35 monsieur; ramenez-moi à Constantinople, et vous serez payé tout
de suite. Mais non, menez-moi chez Mlle Cunégonde.» Le patron,

---

[3]**laid** ugly   [4]**devoir** duty   [5]**C'est bien dommage** It's indeed a pity
[6]**forçat** convict   [7]**ramer** to row   [8]**pousser un cri** to utter a cry
[9]**patron** skipper   [10]**rêve** dream

sur la première offre de Candide, avait déjà tourné la galère vers
la ville, et il allait plus vite qu'un oiseau.

Candide embrassa cent fois le baron et Pangloss. «Et comment
ne vous ai-je pas tué, mon cher baron? Et mon cher Pangloss,
comment êtes-vous en vie,[11] après avoir été pendu? Et pourquoi 5
êtes-vous tous deux aux galères en Turquie? —Est-il bien vrai
que ma chère sœur soit dans ce pays? disait le baron. —Oui,
répondait Cacambo. —Je revois donc mon cher Candide», s'écriait Pangloss. Candide leur présentait Martin et Cacambo. Ils s'embrassaient tous; ils parlaient tous à la fois.[12] La galère volait, ils 10
étaient déjà dans le port. Candide vendit pour cinquante mille
sequins un diamant de la valeur de cent mille. Il paya aussitôt la
rançon du baron et de Pangloss. Celui-ci se jeta aux pieds de son
libérateur et les baigna de larmes; l'autre le remercia par un signe
de tête, et lui promit de lui rendre son argent à la première occa- 15
sion. «Mais est-il bien possible que ma sœur soit en Turquie?
disait-il. —Rien n'est si possible, reprit Cacambo, puisqu'elle lave
la vaisselle chez un prince de Transylvanie.» Candide vendit encore des diamants; et ils repartirent dans une autre galère pour
aller délivrer Cunégonde. 20

12

Pendant que Candide, le baron, Pangloss, Martin et Cacambo se
racontaient leurs aventures, et qu'ils raisonnaient sur les effets et
les causes, sur le mal moral et sur le mal physique, sur la liberté
et la nécessité, ils abordèrent[13] sur le rivage près de la maison du
prince. Les premiers objets qui se présentèrent furent Cunégonde 25
et la vieille qui étendaient du linge pour le faire sécher.[14]

Le baron pâlit[15] à cette vue. Le tendre Candide, en voyant sa
belle Cunégonde, les yeux rouges, le visage et les bras pleins de
rides,[16] recula trois pas,[17] plein d'horreur, et avança ensuite par
bonté. Elle embrassa Candide et son frère; on embrassa la vieille: 30
Candide les délivra toutes deux. Cunégonde ne savait pas qu'elle
était devenue laide; elle rappela[18] à Candide sa promesse de mari-

---

[11]**en vie** alive [12]**à la fois** at the same time [13]**aborder** to land [14]**étendaient...
sécher** were hanging the linen to dry [15]**pâlir** to grow pale [16]**ride** wrinkle
[17]**pas** step [18]**rappeler** to remind

age et le bon Candide n'osa pas refuser. Il dit donc au baron qu'il allait se marier avec sa sœur. «Jamais je ne souffrirai une telle insolence, dit le baron, ma sœur n'épousera qu'un baron de l'Empire.» Cunégonde se jeta à ses pieds; il fut inflexible. «J'ai
5 payé ta rançon, j'ai payé celle de ta sœur; elle lavait ici la vaisselle, elle est laide, j'ai la bonté d'en faire ma femme, et tu t'y opposes! J'ai bien envie de te tuer. —Tu peux me tuer encore, dit le baron, mais tu ne l'épouseras jamais.»

Candide consulta ses amis. Martin était d'avis de le jeter à la
10 mer. Cacambo décida qu'il fallait le rendre au patron de la galère. L'avis fut trouvé fort bon; on n'en dit rien à sa sœur, et on fit ce qu'on avait décidé.

(Après son mariage, Candide perdit tous ses diamants; il ne lui restait qu'une petite ferme; sa femme, devenant tous les jours plus laide, devint
15 *insupportable; la vieille aussi. Cacambo, qui travaillait au jardin et qui allait vendre des légumes à Constantinople, avait trop de travail. Martin prenait les choses en patience. Candide, Martin et Pangloss avaient quelquefois des discussions philosophiques. On voyait souvent passer des bateaux chargés de personnes qu'on exilait, et ces spectacles stimulaient les*
20 *discussions: mais on s'ennuyait[19] aussi, et ils passaient ainsi des convulsions de l'inquiétude[20] à la léthargie de l'ennui.[21])*

Un jour, Pangloss, Candide et Martin rencontrèrent un bon vieillard assis devant sa porte. Pangloss, toujours curieux, lui demanda ce qu'il pensait des personnes qu'on exilait ou qu'on tuait.
25 «Je n'en sais rien, répondit-il, j'ignore absolument[22] ce qui se passe à Constantinople; je me contente d'y[23] envoyer les fruits du jardin que je cultive. —Vous devez avoir, dit Candide au Turc, une vaste et magnifique terre? —Je n'ai que quelques champs, répondit le Turc; je les cultive avec mes enfants; le travail éloigne[24] de nous
30 trois grands maux:[25] l'ennui, le vice et le besoin.»

Candide, en retournant dans sa ferme, fit de profondes réflexions sur le discours du Turc. Il dit à Pangloss et à Martin: «Ce bon vieillard me paraît s'être fait un sort[26] bien préférable à celui des six rois avec qui nous avons eu l'honneur de souper. —Les

---

[19]**s'ennuyer** to be bored [20]**inquiétude** worry [21]**ennui** boredom [22]**j'ignore absolument** I don't know at all [23]**je me contente de** all I do is [24]**éloigner** to keep away [25]**mal (maux)** evil [26]**sort** lot, destiny

grandeurs, dit Pangloss, sont fort dangereuses, selon le rapport de tous les philosophes; car enfin Eglon, roi des Moabites, fut assassiné par Aod; Absalon fut pendu par les cheveux; le roi Nadab, fils de Jéroboam, fut tué par Baasa; le roi Ela, par Zambri; Ochosias, par Jéhu; Athalie, par Joïada; les rois Joachim, Jécho- 5 nias, Sédécias, furent esclaves. Vous savez comment périrent Crésus, Darius, Denis de Syracuse, Pyrrhus, Persée, Annibal, Jugurtha, Arioviste, César, Pompée, Néron, Domitien, Richard II d'Angleterre, Edouard II, Henri VI, Richard III, Marie Stuart, Charles Ier, les trois Henri de France, l'empereur Henri IV?[27] 10 Vous savez... —Je sais aussi, dit Candide, qu'il faut cultiver notre jardin. —Vous avez raison, dit Pangloss, car, quand l'homme fut mis dans le jardin d'Eden, il y fut mis pour qu'il travaillât; ce qui prouve que l'homme n'est pas né pour le repos. —Travaillons sans raisonner, dit Martin, c'est le seul moyen de rendre la vie 15 supportable.»

Toute la petite société accepta cette conclusion, chacun se mit à exercer ses talents. La petite terre rapporta[28] beaucoup. Cunégonde était, à la vérité, bien laide; mais elle devint une excellente cuisinière; la vieille eut soin du linge.[29] Et Pangloss disait 20 quelquefois à Candide: «Tous les événements sont enchaînés dans le meilleur des mondes possibles; car, enfin, si vous n'aviez pas été chassé d'un beau château à grands coups de pied dans le derrière pour l'amour de Mlle Cunégonde, si vous n'aviez pas donné un bon coup d'épée au baron, si vous n'aviez pas perdu 25 tous vos moutons du bon pays d'Eldorado, vous ne mangeriez pas ici des oranges et des pistaches. —Cela est bien dit, répondit Candide, mais il faut cultiver notre jardin.»

---

[27](These monarchs or leaders from the Bible and ancient history all died violent deaths) [28]**rapporter** to render, yield [29]**eut soin du linge** took care of the laundry

EXERCISES

1–2

READING COMPREHENSION

Answer the following questions.

1. Pourquoi appelait-on le jeune garçon Candide?
2. Qui étaient ses parents?
3. Faites le portrait du baron.
4. Pourquoi respectait-on beaucoup la baronne?
5. Quelle était la philosophie de Pangloss?
6. Quelles étaient les formes du bonheur pour Candide?
7. Pourquoi Candide a-t-il été chassé de son paradis?
8. Comment ont fait les deux hommes en bleu pour forcer Candide à devenir soldat?
9. Qu'est-ce qu'il a appris à faire au régiment?
10. Comment a fini sa promenade de printemps?
11. Comment a-t-il échappé à la mort?

VOCABULARY STUDY

Study the following expressions; then select the appropriate one to complete each of the sentences.

boire à sa santé
faire les honneurs de la maison
bander les yeux
chasser à coups de pied dans le derrière
mettre les fers aux pieds
se mettre à table
se servir de
s'attirer beaucoup de respect

1. La baronne _____ parce qu'elle pesait trois cent cinquante livres.
2. Elle se rendait respectable quand elle _____.
3. Quand on veut manger, on _____.
4. Pour honorer une personne, on _____.
5. Pour être soldat, il faut savoir _____ un fusil.
6. Pour punir un soldat, on lui _____.

7. Avant de tuer une personne, on lui _____.
8. Si vous n'aimez pas ce que fait une personne, vous la _____.

STRUCTURES

A. The Use of a Cedilla

A cedilla under **c** indicates that the **c** is pronounced not as a **k** but as an **s** when it is followed by the vowels **a, u,** or **o.**

Compare these sentences:

Tu avances.	Nous **avançons.**
Nous avancions.	Ils **avançaient.**

Place a cedilla under the **c** whenever necessary.

1. elles avancent
2. elles avanceront
3. il avancait
4. nous recevons
5. je recois
6. ils annoncent
7. ils annonceront
8. nous annoncons

B. The Use of e in Verbs Ending in -ger

Verbs that end in **-ger** require the use of an **e** after the **g** to preserve its pronunciation as **j** in any conjugated forms where the **g** is followed by **a** or **o.**

Nous arrang**e**ons   Il neigeait

Rewrite the following sentences in the plural.

1. Je change.   3. Je mange.
2. Je loge.   4. Je charge.

Rewrite these verb forms in the imperfect.

1. il neige   3. il change
2. il mange   4. ils logent

C. *The Use of the* accent grave *in Verbs Ending in* e + *consonant* + *mute* e

An **accent grave** is used over an **e** when the **e** is followed by a single consonant and a mute **e**. This means the **accent grave** is necessary in the first three persons and in the third person plural of the present indicative of certain verbs:

Je me **promène**.   Il se **lève**.
Tu **pèses**.   Elles **achètent**.

When the syllable that follows **e** is pronounced, there is no need for the **accent grave**. Compare these verbs with those in the preceding example.

Je me **promenais**.
Vous **pesez**.
Nous nous **levons**.

Add an **accent grave** above the verbs where needed in these sentences.

1. La baronne pesait trois cent cinquante livres. 2. Tu peses combien? 3. Je pese cent dix livres. 4. Demain, elle pesera cent onze livres. 5. Les garçons pesent plus que les filles. 6. On va se promener. 7. On se promene tous les jours. 8. Nous ne nous promenerons pas demain. 9. Elles se promenaient dans la cour. 10. Je promene le chien. 11. Je me leve à six heures. 12. Quand se levait la baronne? 13. Cunégonde ne se leve plus pour voir Candide. 14. Vous ne vous levez pas.

D. *The Comparative: Equality, Superiority, Inferiority*

To express equality, the construction **aussi** + *adjective* or *adverb* is used.

Le baron est **aussi honnête que** sa sœur.

Rewrite the following sentences according to the models.

EXAMPLES: Cunégonde / la baronne (belle)
            Cunégonde est aussi belle que la baronne.

Cunégonde / la baronne (bien chanter)

Cunégonde chante aussi bien que la baronne.

1. le visage de Candide / ses mœurs (doux)
2. les domestiques / le garçon (bien écouter)
3. le baron / la baronne (noble)
4. les deux hommes / Candide (polis)
5. le fils du baron / son père (bien manger)

To express superiority, the construction **plus** + *adjective* or *adverb* + **que** is used.

La baronne est **plus vieille que** sa fille.

Note the irregular comparative forms for **bon** and **bien.**

bon → **meilleur**
bien → **mieux**

Rewrite the following sentences using the comparative of superiority.

EXAMPLE: le baron / les autres seigneurs (puissant)

Le baron est plus puissant que les autres seigneurs.

1. la baronne / la baronnette (grasse)
2. le baron / sa sœur (noble)
3. Pangloss / les autres philosophes (bon)
4. Candide / les autres (écouter attentivement)
5. Candide / les autres (bien écouter)

To express inferiority, the construction **moins** + *adjective* or *adverb* + **que** is used.

Le père de Candide était **moins noble que** le baron.
La baronne aimait Candide **moins tendrement que** Cunégonde.

Rewrite the following sentences, using the comparative of inferiority.

1. Le second jour, Candide faisait l'exercice (mal) _____ que le premier jour.

2. Cunégonde regardait Candide (innocemment) _____ que ses parents.
3. Le roi des Bulgares était (ignorant) _____ que Candide.
4. Les coups de bâton étaient (mortels) _____ que les douze balles.
5. La deuxième semaine, Candide était (malade) _____ que la première semaine.

E. The Position of the Adverbs toujours and jamais

Toujours and **jamais** usually follow the verb or the auxiliary verb.

Il écoutait **toujours;** il voulait **toujours** écouter.
He always listened; he always wanted to listen.

Il n'écoutait **jamais;** il n'a **jamais** écouté.
He never listened; he has never listened.

Rewrite the following sentences inserting the adverb in its correct position and making all necessary changes.

1. Candide était doux.   (toujours)
2. Sa mère ne voulut pas épouser son père.   (jamais)
3. Le baron n'a pas pu accepter le mariage.   (jamais)
4. Le baron racontait des histoires.   (toujours)
5. La baronne faisait les honneurs avec dignité.   (toujours)
6. Elle n'a pas soupçonné l'amour de Cunégonde pour Candide. (jamais)
7. Elle voulait être respectable.   (toujours)
8. Candide ne se promenait pas tous les jours.   (jamais)

F. The Meaning of aussi

Aussi has several meanings:

1. as

Elle était **aussi** belle que sa mère.
She was as beautiful as her mother.

(continued)

2. also, too

Elle était belle **aussi.**
She was beautiful too.

3. and so, therefore (*at the beginning of a sentence*)

Le baron est puissant; **aussi** monseigneur a un très beau
château.
The baron is powerful; and so my Lord has a very beautiful castle.

Translate the following sentences.

1. Le fils du baron était aussi digne que son père.
2. Candide rougit et Cunégonde aussi.
3. Ils s'embrassèrent; aussi le baron chassa Candide.
4. Il neigeait. Il faisait froid aussi.
5. Aussi, Candide mourait de faim et de froid.
6. Pangloss disait aussi que tout est au mieux.

G. *The Use of the Imperfect and the* Passé Simple

The imperfect is used to describe ongoing past actions (*what was
happening*) or habitual past actions (*what used to be done*) in a span
of time that is not viewed as finished. In written French, the
passé simple (like the **passé composé** in spoken French) describes actions that are completed at a given point in the past
and are therefore viewed as finished.

Compare these sentences:

En général, Candide ne **rougissait** pas quand Cunégonde
passait.
Mais un jour, Candide **rougit** quand Cunégonde **passa** en le
regardant.

Rewrite the following story choosing the appropriate tense.

Il y (**avait / eut**) _____ une fois un garçon qu'on (**nommait /
nomma**) Candide parce qu'il (**était / fut**) _____ un peu naïf. Le château du baron où il (**habitait / habita**) _____ (**avait / eut**) _____ des
fenêtres. On (**appelait / appela**) _____ le baron monseigneur. Cu-

négonde (**était / fut**) _____ très rose et grasse. Pangloss (**ensei-gnait / enseigna**) _____ qu'ils (**mangeaient / mangèrent**) _____ du porc parce que les cochons (**étaient / furent**) _____ faits pour être mangés. Un jour, Cunégonde (**rougissait / rougit**) _____ en ren-contrant Candide. Elle (**laissait / laissa**) _____ tomber son mou-choir. Il le (**ramassait / ramassa**) _____ et elle lui (**prenait / prit**) _____ la main. Puis, ils (**s'embrassaient / s'embrassèrent**) _____. Le baron (**chassait / chassa**) _____ Candide du château. Candide (**se couchait / se coucha**) _____ sans souper. Il (**s'arrêtait / s'ar-rêta**) _____ à la porte d'un cabaret où deux hommes le (**priaient / prièrent**) _____ de dîner avec eux. Candide leur (**disait / dit**) _____ qu'il (**n'avait / n'eut**) _____ pas d'argent. On lui (**disait / dit**) _____ que les personnes comme lui ne (**payaient / payèrent**) _____ jamais.

COMMUNICATIVE ACTIVITY

Prepare the following topic to be discussed in class. You should be ready to quote sentences or parts of sentences from the text in support of the views expressed.

Voltaire est l'un des plus grands maîtres de l'ironie.

Montrez les différentes formes de son ironie dans le choix des mots, la description des personnages, leurs actions et les situations dans lesquelles ils se trouvent.

3–5

READING COMPREHENSION

Answer the following questions.

1. Comment sont morts les trente mille soldats?
2. Qu'a vu Candide dans le village abare, puis dans le village bulgare?
3. Quelle était la réputation de la Hollande?
4. Que s'est-il passé quand Candide s'est adressé à l'orateur hol-landais?
5. Qu'a fait alors Jacques?

6. Qu'était devenue Cunégonde?
7. Quelle a été la réaction de Candide en entendant la nouvelle?
8. Qu'a fait Candide pour Pangloss?
9. Que pensait Jacques de la philosophie de Pangloss?
10. Que s'est-il passé quand le vaisseau est arrivé à Lisbonne?
11. Quelles ont été les conséquences du tremblement de terre?
12. Pourquoi Pangloss a-t-il été pendu, et Candide battu?
13. Qu'a fait la vieille pour Candide?
14. Quelle a été la réaction de Candide en revoyant Cunégonde?
15. Qu'a fait Candide des deux maîtres de Cunégonde?
16. Où et comment les trois se sont-ils enfuis?

VOCABULARY STUDY

Complete the following sentences, inventing a fitting context.

1. _____. Qu'allons-nous devenir!
2. _____. Quelle surprise!
3. Rien n'est si beau que _____.
4. Le chef-d'œuvre de l'univers, c'est _____.
5. La perle de l'univers, c'est _____.
6. À peine arrivé, _____.
7. Je suis d'avis que _____.

Write sentences of your own with each of the following words.

recevoir des coups	s'enfuir
percer	guérir
être sanglant	se faire soigner
être mourant	soigner
se noyer	se frotter avec
être pendu	

Select the word or expression in *Column B* that is opposite in meaning to each term in *Column A*.

A	B
s'évanouir	guérir
avancer	rouvrir
rire	revenir à soi
se montrer	se cacher
fermer	verser des larmes
tomber malade	reculer

STRUCTURES

A. The Prepositions à and en with Place Names

To express the idea of *to* or *in*, the following prepositions are used with place names:

1. With countries whose names are feminine, **en** is used.

   la France → **en** France   (*in* or *to France*)

2. With countries whose names are masculine, **au** is used.

   le Chili → **au** Chili   (*in* or *to Chile*)

3. With names of cities, **à** is generally used.

   Paris → **à** Paris   (*in* or *to Paris*)

Use the preposition **à, au,** or **en** with each of the following names of countries and cities.

1. Le Canada
2. Buenos-Aires
3. La Westphalie
4. Cadix
5. La Russie
6. Bordeaux
7. Le Paraguay
8. L'Amérique (*f.*)
9. Venise
10. La Turquie
11. Constantinople
12. Le Portugal

COMMUNICATIVE ACTIVITY

A.   Prepare one of the topics listed below to be discussed in class. You should be ready to quote sentences or parts of sentences from the text in support of the views expressed.

(*continued*)

1. Voltaire se moque de la philosophie de l'optimisme en utilisant des termes philosophiques dans la narration.
2. Candide, le garçon naïf, craintif (*fearful*) et sensible (*sensitive*), se transforme progressivement en homme plein de qualités.

B. Prepare the following topic for discussion. You should be ready to quote sentences or parts of sentences in support of the views expressed.

Discussion: Candide tue deux hommes. Est-il différent des deux rois qui tuent trente mille hommes?

6–8

READING COMPREHENSION

Answer the following questions.

1. Pourquoi les soldats devaient-ils aller au Paraguay?
2. Comment a fait Candide pour devenir capitaine?
3. Qu'a dit Candide au gouverneur au sujet de Cunégonde?
4. Que pensez-vous de la décision de Cunégonde d'accepter l'offre en mariage?
5. Quelle a été la réaction du frère de Cunégonde en apprenant que Candide voulait l'épouser?
6. Qu'a fait Candide après avoir enfoncé son épée dans le ventre de son adversaire?
7. Dans quelle sorte de pays Candide et Cacambo sont-ils arrivés?
8. Comment Cacambo pouvait-il devenir interprète?
9. Comment les deux hommes ont-ils voulu payer leur repas?
10. Quelle explication leur a été donnée par l'hôte et l'hôtesse?
11. Quelle était l'histoire du pays d'Eldorado?
12. Pourquoi une invasion de ce pays était-elle impossible?
13. Quelles étaient les activités religieuses?
14. Comment les deux hommes ont-ils salué le roi?
15. Pourquoi Candide n'a-t-il pas voulu rester dans ce paradis?
16. De quelle façon Candide et Cacambo ont-ils pu sortir du pays?
17. Qu'est-ce que le roi leur avait donné?

VOCABULARY STUDY

Vocabulary Usage

A. Write sentences of your own with each of the following words and phrases.

le vaisseau	se briser sur les rochers
la barque	couler
le fleuve	le précipice
la rivière	le caillou (*pl.* cailloux)
la fontaine	

la cour	le trône
le palais	le carrosse
la salle	un grand officier
le roi	saluer
Sa Majesté	recevoir
le royaume	avoir l'honneur de

B. Select the word or expression in *Column B* opposite in meaning to each term in *Column A*.

A	B
détruire	se mettre en colère
remonter (une rivière)	débarquer
éclater de rire	descendre
s'embarquer	laisser tomber
ramasser	construire

C. Select the word or expression in *Column B* nearest in meaning or related logically to each term in *Column A*.

A	B
tirer	partir
sans doute	traîner
accompagner	inviter
oser	probablement
sottise	suivre
prier	avoir le courage
ne pas rester	chose stupide

D. Study the various meanings of **servir** and translate the following sentences.

1. Candide a servi dans l'armée bulgare.
2. Candide s'est servi de son épée.
3. C'est si bon que je me suis servi deux fois.
4. On lui a servi quelque chose de délicieux.
5. Cacambo lui servait d'interprète.
6. Une épée sert à faire la guerre.
7. On se sert d'instruments en physique.

STRUCTURES

A. *The Use of* **devoir**

Devoir is used to describe:

1. an obligation

   Candide **devait s'enfuir** à cause de la police.
   *Candide **had** to flee because of the police.*

2. a strong likelihood

   Candide **devait comprendre** sa situation.
   *Candide **must** have understood his situation.*

3. a predictable action

   Les soldats **devaient aller** au Paraguay.
   *The soldiers **were to go** to Paraguay.*

Translate the following sentences.

1. Le vaisseau devait partir bientôt.
2. La vieille dit à Candide qu'il devait partir.
3. Candide devait s'enfuir après avoir tué le frère de Cunégonde.
4. La barque devait mener Candide dans le pays de l'Eldorado.
5. Candide devait quitter l'Eldorado après un mois.
6. Les habitants ne devaient jamais sortir du pays.
7. Cunégonde devait faire à Candide l'honneur de l'épouser.

B. The Use of -ci

The demonstrative pronouns **celui, ceux, celle, celles** are followed by **-ci** to specify a person or thing that is closer.

Candide était suivi de Cacambo. **Celui-ci** était son valet.
Candide was followed by Cacambo. **The latter** *was his servant.*

Rewrite the following sentences replacing the words in italics with the appropriate form of the demonstrative pronoun.

1. Candide et Cunégonde allèrent chez le gouverneur. *Le gouverneur* tomba amoureux de Cunégonde.
2. Candide vit arriver la vieille. *La vieille* lui dit de partir.
3. La rivière se perdait sous des rochers. *Les rochers* étaient très hauts.
4. Candide vit des enfants. *Ces enfants* jouaient avec de l'or.
5. Je connais beaucoup de pays mais *ce pays* est extraordinaire.
6. Il y avait beaucoup de fontaines. *Ces fontaines* coulaient continuellement.

C. The Use of **de plus en plus** *with verbs like* **être** *and* **devenir** + *adjective*

De plus en plus is followed by an adjective to indicate an increase.

La rivière devenait **de plus en plus large.**
The river was getting **wider and wider.**

Rewrite the following sentences using **de plus en plus.**

1. Le bruit sous les rochers était horrible.
2. La rivière devenait rapide.
3. L'hôte et l'hôtesse étaient amusés.
4. Candide devenait surpris en visitant la ville.
5. Candide était décidé à retrouver Cunégonde.
6. Après le départ des Espagnols, les habitants sont devenus heureux.

D. The Use of the Pronoun en

> The pronoun **en** replaces **de, de l', de la, du,** or **des** + *noun.*
>
> J'ai **de l'or.**   → J'**en** ai.
> Je sors **de la maison.** → J'**en** sors.

Rewrite the following sentences replacing the words in italics with **en.**

1. Il frappa le frère de Cunégonde *de son épée.*
2. Les chemins étaient couverts *de voitures.*
3. Beaucoup de monde sortait *du cabaret.*
4. Nous sommes entourés *de rochers.*
5. Candide parlait *de l'Europe.*
6. Les marchés étaient ornés *de colonnes.*

E. The Formation of the Future Tense

> The stem of the future tense with verbs ending in **-er, -re, -ir** is the infinitive of the verb. (The **e** is dropped from the ending **-re.**) Irregular stems are used with verbs like **aller, être, avoir, pouvoir, faire, revoir, venir,** and **vouloir.**

Rewrite the following sentences in the future tense.

1. Candide et Cacambo montent sur la machine et les moutons les accompagnent.
2. Vous montez et les moutons vont avec vous.
3. Ils veulent partir et on leur fait une machine.
4. Ils sortent de l'Eldorado et Candide est très riche.
5. Les deux hommes ont des millions.
6. Je revois Cunégonde et je suis très heureux.
7. Cunégonde peut l'embrasser.

COMMUNICATIVE ACTIVITY

Prepare the following topic for discussion in class. You should be ready to quote sentences or parts of sentences in support of the views expressed.

Discussion: Faites la description d'Eldorado, pays utopique, et dites les raisons pour lesquelles vous aimeriez ou n'aimeriez pas y vivre le reste de votre existence.

9–10

READING COMPREHENSION

Answer the following questions.

1. Quelle était la mission de Cacambo?
2. Qui était Martin et en quoi était-il différent de Candide?
3. Quels voyages avait fait Candide avant d'arriver à Venise?
4. Pourquoi était-il désappointé pendant les premiers mois?
5. Dans quelles circonstances Candide a-t-il retrouvé Cacambo?
6. Où se trouvait Cunégonde?
7. Pourquoi Candide pensait-il que les étrangers de l'hôtellerie faisaient une plaisanterie?
8. Qu'est-ce que les six étrangers avaient en commun?
9. À qui Candide a-t-il donné un diamant?
10. Quelle a été la réaction des rois?

VOCABULARY STUDY

A. *The Meanings of* faire

After studying the various meanings of **faire** in the story, translate the following sentences.

1. Le roi fait une visite à son père.
2. J'ai fait beaucoup de bien.
3. Candide s'est fait voler les deux moutons.
4. Il a fait chercher Cacambo à Venise.

5. Le roi a fait un signe à son domestique.
6. On m'a fait roi.
7. On m'a fait descendre du trône.
8. Il ne fait pas de plaisanterie.

B. The Meanings of toujours

> **Toujours** means *always* or *still,* depending on the construction of the sentence.
>
> Il ne vient pas **toujours.**
> *He does not **always** come.*
>
> Il ne vient **toujours** pas.
> *He **still** is not coming.*

Translate the following sentences.

1. Candide ne comprend pas toujours.
2. Candide ne comprend toujours pas.
3. Candide n'est pas toujours optimiste.
4. Candide n'est toujours pas pessimiste.
5. Cacambo ne revenait toujours pas.
6. Cacambo ne revenait pas toujours.

STRUCTURES

A. The Position of beaucoup

> **Beaucoup** usually follows the verb in simple constructions, but in compound tenses it is inserted between the auxiliary verb and the past participle.
>
> Ils travaillent **beaucoup.**
> Ils ont **beaucoup** travaillé.
>
> Ils ne souffrent pas **beaucoup.**
> Ils n'ont pas **beaucoup** souffert.

Rewrite the following sentences in the **passé composé.**

1. Ils voyagent beaucoup.
2. Ils ne parlent pas beaucoup.
3. Ils cherchent beaucoup.
4. Ils ne raisonnent pas beaucoup.
5. Ils voient beaucoup.
6. Ils perdent beaucoup.

B. The Position of Personal Object Pronouns in the Imperative

Personal pronouns follow the imperative in the affirmative and precede the imperative in the negative.

Donne-**lui** deux millions.
Ne **lui** donne pas deux millions.

Rewrite the following sentences in the negative.

1. Cherchez-la.
2. Oubliez-la.
3. Mène-la ici
4. Détrône-le.
5. Écoutez-les.
6. Donnez-leur tout.

C. The Formation of the Imperative, First and Second Person

The imperative, first and second person, uses the corresponding forms of the present indicative.

Tu écoutes. → **Écoute!**   (Note that for **-er** verbs the
Vous écoutez. → **Écoutez!**   final **s** is dropped.)
Nous écoutons. → **Écoutons!**

Rewrite the following sentences according to the example.

EXAMPLE: Il faut verser à boire.

Verse à boire!
Versez à boire!
Versons à boire!

Il faut

1. manger
2. partir
3. attendre
4. servir
5. sortir
6. faire vite
7. dire oui
8. être optimiste

D. Adverbs of Quantity

Here are a few common adverbs of quantity:

peu de	**peu d'argent**	*little money*
	peu de moutons	*few (not many) sheep*
un peu de	**un peu d'argent**	*a little (some) money*
beaucoup de	**beaucoup d'argent**	*a lot of money*
	beaucoup de moutons	*many sheep*
la plupart de	**la plupart des rois**	*most (of the) kings*
quelque	**quelques moutons**	*a few (some) sheep*

Translate the following phrases.

1. a little gold
2. little gold
3. most children
4. a lot of wine
5. few kings
6. a few kings
7. a lot of diamonds
8. some diamonds

┌───┐
│ **COMMUNICATIVE ACTIVITY** │
└───┘

Prepare one of the topics below to be discussed in class. Be
ready to quote sentences or parts of sentences from the text
in support of the views expressed.

1. Quelles pouvaient être les raisons pour lesquelles Candide n'avait pas envie de devenir roi? Pour quelles raisons
   aimeriez-vous ou n'aimeriez-vous pas devenir vous-même
   roi ou chef d'un pays moderne?
2. Martin a une conception pessimiste de la nature humaine.
   Dites les raisons pour lesquelles vous êtes en accord ou
   en désaccord avec lui.

11–12

READING COMPREHENSION

Answer the following questions.

1. Comment Candide jugeait-il le fait d'avoir soupé avec des rois?
   Et Martin?
2. Qu'était devenue Cunégonde?
3. Que voulait faire Candide des diamants qui lui restaient?
4. Qui étaient les forçats qui ramaient si mal?
5. Montrez la joie de Candide retrouvant ceux qu'il croyait morts.
6. Qu'a-t-il fait pour les deux?
7. Quelle a été la réaction de Candide en revoyant Cunégonde?
8. Candide voulait-il épouser Cunégonde par amour ou par
   devoir?
9. Qu'est-ce que cela montre sur son caractère?
10. Pourquoi le baron a-t-il été renvoyé dans la galère?
11. Pouvez-vous justifier cette action?
12. Pourquoi les trois hommes passaient-ils de l'inquiétude à
    l'ennui?
13. Que leur a dit le cultivateur turc sur la vertu du travail?
14. Qu'a répondu Candide quand Pangloss a fait une longue dé-
    claration philosophique sur le danger des grandeurs?
15. Est-il vrai de dire que Candide ne mangerait pas des oranges
    s'il n'avait pas été chassé, battu et volé avant?
16. Que faisaient les six personnages à la fin de l'histoire?

VOCABULARY STUDY

Write sentences of your own with each of the following words and phrases.

le pirate
le patron
la galère
les forçats
être aux galères

payer la rançon
délivrer
ramer
aborder au rivage

le mal (*pl. maux*) physique ou moral
avoir des rides
être laid
souffrir
pousser un cri
pâlir

être inquiet
s'inquiéter
l'inquiétude
être ennuyé
s'ennuyer
l'ennui
le besoin

STRUCTURES

A. Interrogative Construction

There are three interrogative constructions in French:
1. normal construction with interrogative intonation
   Cunégonde est toujours à Constantinople?
2. use of **est-ce que** + *normal construction*
   Est-ce que Cunégonde est toujours à Constantinople?
3. *noun + verb + pronoun (inversion of subject and verb)*
   Cunégonde est-elle toujours à Constantinople?
   Cunégonde travaille-t-elle toujours?

(Note the use of **-t-** between the vowel ending of **travaille** and the initial vowel of **elle.**)

Rewrite the following sentences in the interrogative using all three constructions.

1. Cunégonde m'aime toujours.
2. Candide veut lui acheter un palais.
3. Candide a tué le baron.

4. Vous n'êtes pas mort.
5. Cunégonde veut m'épouser.
6. Les Turcs font travailler Cunégonde.
7. Nous avons encore assez d'argent.
8. Candide n'a pas payé la rançon.
9. Candide épousera Cunégonde.
10. Le baron s'opposera au mariage.

B. The use of ne ... que

Ne ... que is a restrictive expression, as it is in English. It modifies the word immediately following it.

Candide **n'a** aimé qu'une femme.
*Candide loved **only** one woman.*

Rewrite the following sentences replacing **seulement** with **ne ... que**.

1. Ma sœur épousera seulement un baron.
2. Il restait seulement une petite ferme.
3. Cacambo vendait seulement des légumes.
4. J'envoie seulement les fruits du jardin.
5. J'ai seulement quelques champs.
6. Candide a perdu seulement cent moutons.

C. The Use of il faut + *infinitive*

It is possible to replace the construction **il faut que** + *subjunctive* with **il faut** + *infinitive*.

Il faut que nous cultivions = **Il faut cultiver**
notre jardin   notre jardin

Rewrite the following sentences, using the construction **il faut** + *infinitive*.

1. Il faut que nous travaillions sans raisonner.
2. Il faut que tu laves la vaisselle.
3. Il faut que tu deviennes meilleure cuisinière.
4. Il faut qu'elle se jette à ses pieds.
5. Il faut que je réfléchisse.

6. Il faut que nous prenions les choses en patience.
7. Il faut que nous vendions nos légumes.
8. Il faut qu'on soit réaliste.

D. The Use of the Subjunctive with c'est dommage que

Rewrite the following sentences according to the example.

EXAMPLE: Elle est devenue laide.

C'est dommage qu'elle soit devenue laide.

1. Elle n'est plus belle.
2. Elle a perdu sa beauté.
3. Candide ne le sait pas.
4. Cunégonde devient insupportable.
5. Candide perd ses diamants.
6. On bat les criminels.
7. On ne peut pas les délivrer.
8. Vous n'avez que quelques champs.

E. The Formation of the Conditional

The conditional is formed by adding conditional endings to the stem of the future.

Future	Conditional	
je croirai → **je croirais**	**vous croiriez**	
tu croirais	**nous croirions**	
il / elle / on croirait	**ils / elles croiraient**	

Rewrite the following sentences in the conditional.

1. Ils raisonneront.
2. Il reverra Cunégonde.
3. Elle deviendra laide.
4. Tu n'épouseras qu'un baron.
5. Nous aurons envie de le tuer.
6. Tu pourras me tuer.
7. Vous le jetterez dans la mer.
8. On n'en dira rien.
9. Vous ne ferez pas cela.
10. Ils vendront des légumes.

WRITING PRACTICE

Write a short paragraph on one of the following topics.

1. Portrait de Candide au commencement de l'histoire.
2. Portrait de Candide à la fin de l'histoire.
3. Portrait de Cunégonde au commencement et à la fin de l'histoire.

Your paragraph will be evaluated for grammatical accuracy and vocabulary usage. It should be at least fifty words in length.

COMMUNICATIVE ACTIVITY

Prepare one of the topics listed below to be discussed in class. You should be ready to quote sentences or parts of sentences in support of the views expressed.

Candide est un conte philosophique qui nous présente les idées du dix-huitième siècle sur le bien et le mal, le bonheur et le malheur, le but (*purpose*) de la vie.

1. Quelles sont les idées de Candide?
2. Quelles sont les idées de Pangloss?
3. Quelles sont les idées de Martin?
4. Quelles sont les idées de Jacques?
5. Quelles sont les idées des habitants de l'Eldorado?
6. Quelles sont les idées du cultivateur turc?
7. Faites une liste des principales formes de bien et de mal sur la terre.

REVIEW EXERCISE

Review the vocabulary and the grammar covered in Part One. Then rewrite each sentence; use the correct form of the word in parentheses or supply the missing word.

Il y _____ (**avait / eut**) _____ (*preposition*) Westphalie un garçon qu'on _____ (**nommait / nomma**) Candide. Pangloss _____ (**enseignait / enseigna**) que le château du baron _____ (**était / fut**)

le plus beau des châteaux. Un jour Candide _____ (**rencontrait /
rencontra**) Cunégonde. _____ (*demonstrative pronoun for* **Cunégonde**) rougit et Candide rougit aussi. Il _____ (**était / fut**) chassé
du château à grands coups _____ dans le derrière. Arrivé
_____ (*preposition*) Hollande, Candide crut d'abord qu'on
le _____ (*conditional of* **traiter**) aussi bien. Dans la rue, Pangloss
lui demanda s'il ne _____ (**reconnaître**) pas son maître. Étant
_____ (*past participle of* **aller**) au Portugal, Jacques, Candide et
Pangloss _____ (**sentaient / sentirent**) la terre trembler _____
(*preposition*) Lisbonne. Après la persécution, une vieille
_____ (**s'approchait / s'approcha**) de Candide et lui dit: _____
(*imperative of* **suivre** + *pronoun*). _____ (*preposition*) Cadix, Candide, Cunégonde et la vieille _____ (**allaient / allèrent**) chez le
gouverneur. _____ (*demonstrative pronoun replacing* **le gouverneur**) tomba amoureux de Cunégonde et lui dit qu'il _____ (**voulait / voulut**) l'épouser. La vieille dit à Candide: _____ (*imperative
of* **partir**). Candide et Cacambo descendirent une rivière qui devenait _____ large. Dans le pays de l'Eldorado on _____ (**parlait /
parla**) péruvien et Cacambo dit à Candide: «Je vous _____ d'interprète.» Ils n'avaient pas d'argent, mais il n'était pas nécessaire
d'_____ (*pronoun replacing* **argent**) avoir pour dîner. Un vieillard
leur _____ (**expliquait / expliqua**) qu'ils étaient dans la patrie des
Incas et qu'ils _____ (*pronoun replacing* **patrie**) étaient sortis sans
prudence. Les nations de l'Europe les _____ (*conditional of* **tuer**)
pour avoir leurs diamants. Après avoir quitté l'Eldorado, Candide
perdit ses moutons _____ (*use* **la plupart** *with* **ses moutons**). Il ne
lui _____ (*pronoun replacing* **moutons**) resta que deux. Candide
alla _____ (*preposition*) France, puis _____ (*preposition*) Angleterre, et arriva finalement _____ (*preposition*) Venise. Martin
lui répétait qu'il y avait _____ (**peu**) vertu et _____ (**peu**) bonheur sur la terre. Un soir que Candide _____ (**mangeait / mangea**),
Cacambo s'approcha de _____ (*personal pronoun*) et lui dit:
_____ «(*imperative of* **être**) prêt à partir avec _____ (*personal pro-
noun*). Il faut que j'_____ (**aller**) servir mon maître.» Les cinq rois
donnèrent _____ (**peu**) d'argent au roi Théodore. En apprenant
que Cunégonde n'était plus si belle, Candide dit _____ : «C'est
dommage qu'elle _____ (**être**) laide. Mais je la _____ (*future of*
délivrer).» Le baron s'opposa au mariage. «Jamais je ne _____ (*future of* **souffrir**) une telle insolence» dit-il. Pangloss dit à Candide
que s'il n'avait pas été chassé, il ne _____ (**manger**) pas des
oranges. Réponse de Candide: il faut _____ notre jardin.

Part Two

Part Two contains short stories by three masters of French literature. The first one, "La Parure," by Guy de Maupassant (1850–1893), is a masterpiece of irony. A woman is thrown into a life of misery, not knowing a fact that is revealed in the last line of the story. "Mateo Falcone," by Prosper Mérimée (1803–1870), is the extremely cruel and coldly written account of how a Corsican boy, ironically named Fortunato, loses his life because his father thinks only of his code of honor. It is a tale that has devastated and revolted generations of French school children. "Oriflamme," a short story by Eugène Ionesco (1912–   ), later rewritten as a play, denounces the absurdity of life and of human relationships. By getting rid of a dead body, a symbol of his own ineffectual procrastination and empty dreams, the narrator also gets rid of his nagging wife, and finally soars away into space, a free spirit.

These short stories have been only slightly modified, so that the poignancy of the narratives remains intact. New words and expressions appear as footnotes at the bottom of each page where they first occur.

STUDY GUIDE

The following suggestions will help you in your reading of the three selections and in preparing for class activities.

1. Glance at the vocabulary exercises before reading the stories.
2. Try to guess the general meaning of each sentence before

looking at the footnotes and vocabulary. Reread the story aloud with the aid of the footnotes, where necessary.

3. Try to recall the main ideas of the story and list them in order of importance. Then try to recall the expressions you learned in this unit to ensure you know how they are used. Rewrite your ideas in a cohesive paragraph.

4. Prepare yourself for the *Communicative Activity*. Write your thoughts on the topics chosen for discussion and practice them aloud several times in order to improve your oral proficiency.

La Parure[1]

GUY DE MAUPASSANT

---
[1]**parure** necklace

C'était une de ces jolies et charmantes filles, nées, comme par une erreur du destin,[2] dans une famille d'employés. Elle n'avait pas de dot,[3] pas d'espérances, aucun moyen d'être comprise, aimée, épousée par un homme riche et distingué; et elle se laissa marier
5 avec un petit commis[4] du ministère de l'Instruction publique.

Elle fut simple, mais malheureuse, se sentant née pour tous les luxes.[5] Elle souffrait de la pauvreté de son logement,[6] de la misère[7] des murs et des meubles. Toutes ces choses, dont une autre femme de sa caste ne se serait même pas aperçue,[8] la tortu-
10 raient et excitaient son indignation. La vue de la petite bonne[9] qui faisait son humble ménage[10] éveillait en elle des regrets et des rêves éperdus.[11] Elle songeait[12] aux antichambres silencieuses, tendues de tapisseries[13] orientales, éclairées par de hauts candélabres de bronze, et aux deux grands valets en culotte courte[14] qui
15 dorment dans les larges fauteuils, assoupis par la chaleur lourde du calorifère.[15] Elle songeait aux grands salons[16] tendus de soie[17] ancienne, aux meubles fins[18] portant des objets d'art inestimables, et aux petits salons parfumés, faits pour la causerie[19] de cinq heures avec les amis les plus intimes, les hommes connus et re-
20 cherchés[20] dont toutes les femmes désirent l'attention.

Quand elle s'asseyait, pour dîner, devant la table ronde couverte d'une nappe de trois jours,[21] en face de son mari qui découvrait la soupière[22] en déclarant d'un air enchanté: «Ah! la bonne soupe! je ne sais rien de meilleur que cela...» elle songeait aux
25 dîners fins, aux argenteries luisantes,[23] aux tapisseries peuplant les murailles de personnages anciens[24] et d'oiseaux étranges au milieu d'une forêt de rêve; elle songeait aux plats délicats[25] servis

---

[2]**destin** fate [3]**dot** dowry [4]**petit commis** little clerk [5]**luxe** luxury [6]**logement** lodging [7]**misère** shabbiness [8]**s'apercevoir** to be aware [9]**bonne** maid [10]**faire le ménage** to do the housework [11]**éperdu** wild [12]**songer** to dream [13]**tendues de tapisseries** hung with tapestries [14]**valets en culotte courte** footmen in knee breeches [15]**assoupis... calorifère** overcome by the great heat of the furnace [16]**salon** drawing room [17]**soie** silk [18]**meubles fins** elegant furniture [19]**causerie** chat [20]**recherché** sought after [21]**couverte... jours** covered with a tablecloth that had not been changed for three days. [22]**découvrir la soupière** to uncover the soup tureen [23]**argenteries luisantes** gleaming silver [24]**peuplant... anciens** enlivening the walls with people of a past age [25]**plat délicat** delicacy

en des vaisselles merveilleuses, aux galanteries[26] murmurées et
écoutées avec un sourire de sphinx.

Elle n'avait pas de toilettes,[27] pas de bijoux,[28] rien. Et elle
n'aimait que cela; elle se sentait faite pour cela. Ella aurait tant
désiré plaire, être séduisante[29] et recherchée.

Elle avait une amie riche, une camarade d'école qu'elle ne
voulait plus aller voir, tant elle souffrait en revenant. Et elle pleu-
rait pendant des jours entiers, de chagrin,[30] de regret, de désespoir et de détresse.

Or,[31] un soir, son mari rentra, l'air fier, et tenant à la main
une large enveloppe.

—Tiens, dit-il, voici quelque chose pour toi.

Elle déchira vivement[32] le papier et en tira une carte im-
primée[33] qui portait ces mots.

Le ministre de l'Instruction publique et Mme Georges Rampon-
neau prient M. et Mme Loisel de leur faire l'honneur de venir
passer la soirée[34] à hôtel[35] du ministère, le lundi 18 janvier.

Au lieu d'être enchantée, comme l'espérait son mari, elle jeta
avec colère l'invitation sur la table, murmurant:

—Que veux-tu que je fasse de cela?

—Mais, Mathilde, je pensais que tu serais contente. Tu ne
sors jamais, et c'est une occasion, cela, une belle! J'ai eu une peine
infinie à l'obtenir. Tout le monde en veut; c'est très recherché et
on n'en donne pas beaucoup aux employés. Tu verras là tout le
monde officiel.

Elle le regardait d'un œil irrité, et elle déclara avec impatience:

—Que veux-tu que je me mette sur le dos pour aller là?

Il n'y avait pas songé; il répondit, en hésitant:

—Mais la robe avec laquelle tu vas au théâtre. Elle me semble
très bien, à moi...

Il s'arrêta, stupéfait, éperdu,[36] en voyant que sa femme pleu-
rait. Deux grosses larmes descendaient lentement des coins des
yeux vers les coins de la bouche. Il murmura:

---

[26]**galanterie** compliment   [27]**toilettes** wardrobe   [28]**bijou** jewel   [29]**séduisant**
fascinating   [30]**chagrin** grief   [31]**Or** Now   [32]**déchira vivement** quickly tore open
[33]**imprimé** printed   [34]**soirée** evening   [35]**hôtel** residence   [36]**éperdu** bewildered

—Qu'as-tu?... qu'as-tu?...

Mais, avec un effort violent, elle s'était reprise[37] et elle répondit d'une voix calme en essuyant ses joues humides:

—Rien. Seulement je n'ai pas de toilette... donc je ne peux
5 aller à cette fête. Donne ta carte à quelque collègue dont la femme
sera mieux habillée que moi.

Il était désolé.[38]

—Voyons, Mathilde, dit-il. Combien cela coûterait-il, une toilette convenable,[39] qui pourrait te servir encore en d'autres occa-
10 sions, quelque chose de très simple?

Elle réfléchit quelque secondes, songeant à la somme qu'elle
pouvait demander sans provoquer un refus immédiat.

Enfin, elle répondit en hésitant:

—Je ne sais pas exactement, mais il me semble qu'avec quatre
15 cents francs je pourrais arriver.[40]

Il avait un peu pâli, car il réservait juste cette somme pour
acheter un fusil et s'offrir des parties de chasse[41] l'été suivant,
dans la plaine de Nanterre,[42] avec quelques amis qui y allaient
chasser le dimanche.

20 Il dit cependant:

—Eh bien, je te donne quatre cents francs. Mais essaie d'avoir
une belle robe...

———————

Le jour de la fête approchait, et Mme Loisel semblait triste, inquiète, anxieuse. Sa toilette était prête cependant. Son mari lui
25 dit un soir:

—Qu'as-tu?... tu es si étrange depuis trois jours...

Et elle répondit:

—Cela m'ennuie[43] de n'avoir pas un bijou, pas une pierre,
rien à mettre sur moi. J'aurai l'air pauvre... J'aimerais presque
30 mieux ne pas aller à cette soirée.

—Tu mettras des fleurs naturelles... C'est très à la mode[44]
en cette saison-ci. Pour dix francs tu auras deux ou trois roses
magnifiques.

---

[37]**se reprendre** to regain one's self-control   [38]**désolé** heartbroken
[39]**convenable** suitable   [40]**arriver** to manage   [41]**partie de chasse** a day's hunting
[42]**Nanterre** (*town near Paris*)   [43]**ennuyer** to bother   [44]**à la mode** fashionable

Elle n'était pas convaincue.[45]

—Non... il n'y a rien de plus humiliant que d'avoir l'air pauvre au milieu de femmes riches.

Mais son mari s'écria:

—Que tu es bête![46] Va trouver ton amie Mme Forestier et demande-lui de te prêter[47] des bijoux. Tu es bien assez intime avec elle pour faire cela.

Elle poussa un cri de joie:

—C'est vrai... Je n'y avais pas pensé.

Le lendemain, elle se rendit[48] chez son amie et lui raconta sa détresse.

Mme Forestier alla vers son armoire,[49] prit un large coffret,[50] l'apporta, l'ouvrit, et dit à Mme Loisel:

—Choisis, ma chère.

Elle vit d'abord des bracelets, puis un collier[51] de perles, puis une croix en or d'un admirable travail.[52] Elle essayait les parures[53] devant la glace,[54] hésitait, ne pouvait se décider à les quitter, à les rendre. Elle demandait toujours:

—Tu n'as plus rien d'autre?...

—Mais si![55]... Cherche. Je ne sais pas ce qui peut te plaire.

Tout à coup elle découvrit, dans une voîte de satin noir, une superbe rivière de diamants,[56] et son cœur se mit à battre d'un désir fou. Ses mains tremblaient en la prenant. Elle l'attacha autour de son cou et demeura en extase devant elle-même.

Puis, elle demanda, hésitante, pleine d'angoisse:[57]

—Peux-tu me prêter cela, rien que cela?[58]...

—Mais, oui, certainement.

Elle se jeta au cou de son amie, l'embrassa avec emportement,[59] puis s'enfuit avec son trésor.

—◦•❖•◦—

Le jour de la fête arriva. Mme Loisel eut un succès. Elle était plus jolie que toutes, élégante, gracieuse, souriante et folle de joie.

---

[45]**convaincu** convinced [46]**bête** silly [47]**prêter** to lend [48]**se rendre** to go
[49]**armoire** wardrobe [50]**coffret** jewel box [51]**collier** necklace [52]**d'un admirable travail** of exquisite workmanship [53]**parure** jewel [54]**glace** mirror [55]**Mais si!** Yes, indeed! [56]**rivière de diamants** diamond necklace [57]**angoisse** anguish
[58]**rien que cela** nothing but that [59]**Elle se jeta... emportement** She threw her arms around her friend's neck, kissed her with passion

Tous les hommes la regardaient, demandaient son nom, cherchaient à être présentés. Tous les attachés du cabinet[60] voulaient valser[61] avec elle. Le ministre la remarqua.

Elle dansait avec ivresse,[62] avec emportement, ne pensant plus à rien, dans le triomphe de sa beauté, dans la gloire de son succès, dans une sorte de nuage de bonheur fait de tous ces compliments,
5 de toutes ces admirations, de tous ces désirs éveillés,[63] de cette victoire si complète et si douce au cœur des femmes.

Elle partit vers quatre heures du matin. Son mari, depuis minuit, dormait dans un petit salon désert avec trois autres messieurs dont les femmes s'amusaient[64] beaucoup.
10 Il lui jeta sur les épaules le manteau qu'il avait apporté pour la sortie,[65] modeste vêtement de la vie ordinaire, dont la pauvreté faisait contraste avec l'élégance de la toilette de bal.[66] Elle le sentit et voulut s'enfuir, pour ne pas être remarquée par les autres femmes qui s'enveloppaient de riches fourrures.[67]
15 Loisel la retenait:

—Attends donc... Tu vas attraper froid dehors. Je vais appeler un fiacre.[68]

Mais elle ne l'écoutait pas et descendait rapidement l'escalier. Lorsqu'ils furent dans la rue, ils ne trouvèrent pas de voiture; et
20 ils se mirent à chercher, criant après les cochers[69] qu'ils voyaient passer de loin.

Ils descendaient vers la Seine, désespérés, tremblants de froid. Enfin ils trouvèrent sur le quai[70] une de ces vieilles voitures qu'on ne voit dans Paris que la nuit venue, comme si elles avaient honte
25 de leur misère[71] pendant le jour.

Elle les ramena[72] jusqu'à leur porte, rue des Martyrs, et ils remontèrent tristement chez eux. C'était fini, pour elle. Et il songeait, lui, qu'il lui faudrait être au Ministère à dix heures.

Elle ôta le manteau dont elle s'était enveloppé les épaules,
30 devant la glace, afin de se voir encore une fois dans sa gloire. Mais soudain elle poussa un cri. Elle n'avait plus sa rivière autour du cou!

---

[60]**attaché de cabinet** minister's staff member [61]**valser** to waltz [62]**avec ivresse** ecstatically [63]**désirs éveillés** aroused desires [64]**s'amuser** to have a good time [65]**sortie** departure [66]**toilette de bal** ball gown [67]**s'enveloppaient de riches fourrures** wrapped rich furs around themselves [68]**fiacre** cab [69]**cocher** driver [70]**quai** bank [71]**comme si... misère** as though they were ashamed of their shabbiness [72]**ramener** to bring back

Son mari, à moitié déshabillé déjà, demanda:

—Qu'est-ce que tu as?...

Elle se tourna vers lui, folle de terreur:

—J'ai... j'ai... je n'ai plus la rivière de madame Forestier.

Il se dressa, éperdu:[73]   5

—Quoi!... comment!... Ce n'est pas possible!

Et ils cherchèrent dans les plis[74] de la robe, dans les plis du manteau, dans les poches, partout. Ils ne la trouvèrent point.

Il demandait:

—Tu es sûre que tu l'avais encore en quittant le bal?   10

—Oui, je l'ai touchée dans le vestibule du Ministère.

—Mais, si tu l'avais perdue dans la rue, nous l'aurions entendue tomber. Elle doit être dans le fiacre.

—Oui. C'est probable. As-tu pris le numéro?

—Non. Et toi, tu ne l'as pas regardé?   15

—Non.

Ils se contemplèrent désespérés. Enfin Loisel dit:

—Je vais refaire tout le chemin que nous avons fait à pied,[75] pour voir si je ne la retrouverai pas.

Et il sortit. Elle demeura en toilette de bal, sans force pour se   20
coucher, renversée[76] sur une chaise, sans feu, sans pensée.

Son mari rentra vers sept heures. Il n'avait rien trouvé.

Il se rendit à la préfecture de Police,[77] aux journaux, pour faire promettre une récompense,[78] aux compagnies de voitures, partout enfin où un peu d'espoir le poussait.   25

Elle attendit tout le jour, dans le même état de stupeur devant cet affreux[79] désastre.

Loisel revint le soir, avec la figure creusée,[80] pâlie; il n'avait rien découvert.

—Il faut, dit-il écrire à ton amie que tu as brisé la rivière   30
et que tu la faise réparer. Cela nous donnera le temps de nous retourner.[81]

Elle écrivit sous sa dictée.

—◆◆◆◆◆—   35

Au bout d'une semaine, ils avaient perdu toute espérance. Et

[73]**Il se dressa, éperdu** He stood up, startled   [74]**pli** fold   [75]**à pied** on foot
[76]**renversé** slumped back   [77]**préfecture de Police** police headquarters
[78]**récompense** reward   [79]**affreux** frightful   [80]**la figure creusée** hollow-cheeked
[81]**Cela nous donnera... retourner** That will give us time to look about us

Loisel, vieilli de cinq ans, déclara:

—Il faut penser à remplacer ce bijou.

Ils prirent, le lendemain, la boîte qui l'avait renfermé, et se rendirent chez le bijoutier,[82] dont le nom se trouvait dedans.[83] Il
5 consulta ses livres:

—Ce n'est pas moi, madame, qui ai vendu cette rivière; j'ai dû seulement fournir[84] la boîte.

Alors ils allèrent de bijoutier en bijoutier, cherchant une parure pareillle à l'autre, consultant leurs souvenirs,[85] malades tous
10 deux de chagrin et d'angoisse.

Ils trouvèrent, dans une boutique[86] du Palais-Royal, une rivière de diamants qui leur parut entièrement semblable à celle qu'ils cherchaient. Elle valait quarante mille francs. On la leur laisserait[87] à trente-six mille.

15 Ils prièrent donc le bijoutier de ne pas la vendre avant trois jours. Et ils firent condition[88] qu'on la reprendrait, pour trente-quatre mille francs, si la première était retrouvée avant la fin de février.

Loisel possédait dix-huit mille francs que lui avait laissés son
20 père. Il emprunterait[89] le reste.

Il emprunta, demandant mille francs à l'un, cinq cents à l'autre, cinq louis[90] par-ci, trois louis par-là. Il fit des billets, prit des engagements ruineux, eut affaire aux usuriers.[91] Il compromit toute la fin de son existence, risqua sa signature sans savoir même
25 s'il pourrait y faire honneur. Effrayé[92] par les angoisses de l'avenir par la noire misère qui allait peser[93] sur lui, par la perspective de toutes les privations physiques et de toutes les tortures morales, il alla chercher la rivière nouvelle, en comptant au marchand[94] trente-six mille francs.

30 Quand Mme Loisel rapporta la parure à Mme Forestier, celle-ci lui dit, d'un air blessé:[95]

---

[82]**bijoutier** jeweler [83]**dedans** inside [84]**fournir** to furnish [85]**souvenir** memory
[86]**boutique** shop [87]**On la leur laisserait** They could have it. [88]**ils firent
condition** they stipulated [89]**emprunter** to borrow [90]**louis** gold coin (*worth
twenty francs*) [91]**Il fit des billets,... usuriers** He gave promissory notes, entered
into ruinous agreements, and had to deal with usurers. [92]**Effrayé** Frightened
[93]**peser** to weigh [94]**marchand** dealer [95]**d'un air blessé** in a wounded tone

—Tu aurais dû me la rendre plus tôt, car je pouvais en avoir besoin.

Elle n'ouvrit pas la boîte, ce que craignait son amie. Si elle s'était aperçue[96] de la substitution, qu'aurait-elle pensé? qu'aurait-elle dit? Ne l'aurait-elle pas prise pour une voleuse?   5

—••✦✿✦••—

Mme Loisel connut la vie horrible des pauvres. Elle prit son parti,[97] cependant, tout à coup, avec courage. Il fallait payer cette dette. Elle payerait. On renvoya[98] la bonne; on changea de logement; on loua une chambre sous les toits.

Elle connut les gros[99] travaux du ménage. Elle lava la vaisselle,   10
grattant[1] avec ses ongles[2] roses le fond des cassaroles.[3] Elle lava le linge sale, qu'elle faisait sécher sur une corde; elle descendit à la rue, chaque matin, les ordures,[4] et monta l'eau, s'arrêtant à chaque étage pour souffler.[5] Et, vêtue comme une femme du peuple, elle alla au marché, le panier au bras,[6] défendant sou à   15
sou[7] son misérable argent.

Il fallait chaque mois payer des billets, en renouveler d'autres, obtenir du temps.

Le mari travaillait le soir à tenir les livres d'un marchand, et la nuit, souvent, il faisait de la copie[8] à cinq sous la page.   20

Et cette vie dura dix ans.

Au bout de dix ans, ils avaient tout payé, avec les frais[9] et l'accumulation des intérêts composés.[10]

Mme Loisel semblait vieille, maintenant. Elle était devenue la femme forte, et dure, et rude,[11] des ménages pauvres. Mal   25
peignée,[12] avec les jupes de travers[13] et les mains rouges, elle parlait haut,[14] lavait à grande eau les planchers.[15] Mais quel-

---

[96]**s'apercevoir** to notice   [97]**Elle prit son parti** She resigned herself   [98]**renvoyer** to dismiss   [99]**gros** rough   [1]**gratter** to scrape   [2]**ongle** nail   [3]**casserole** pan [4]**ordures** garbage   [5]**souffler** to breathe   [6]**le panier au bras** with a basket on her arm   [7]**sou** = five centimes   [8]**faire de la copie** to do copying   [9]**frais** expenses   [10]**intérêts composés** compound interest   [11]**rude** rough   [12]**mal peigné** unkempt   [13]**avec les jupes de travers** with her skirts askew   [14]**parler haut** to speak in a loud voice   [15]**laver... planchers** to wash the floors, using great quantities of water

quefois, quand son mari était au bureau, elle s'asseyait auprès de la fenêtre, et elle songeait à cette soirée d'autrefois,[16] à ce bal, où elle avait été si belle et si admirée.

Que serait-il arrivé si elle n'avait point perdu cette parure? Qui sait? qui sait? Comme la vie est singulière, changeante! Comme il faut peu de chose pour vous perdre ou vous sauver!

—◦◦◆◦◦—

Or, un dimanche, comme elle était allée faire une promenade aux Champs-Élysées[17] pour se reposer des travaux de la semaine, elle aperçut tout à coup une femme qui promenait un enfant. C'était Mme Forestier, toujours jeune, toujours belle, toujours séduisante.

Mme Loisel se sentit émue.[18] Allait-elle lui parler? Oui, certes.[19] Et maintenant qu'elle avait payé, elle lui dirait tout. Pourquoi pas?

Elle s'approcha.

—Bonjour, Jeanne.

L'autre ne la reconnaissait point, s'étonnant[20] d'être appelée ainsi familièrement par cette bourgeoise.[21] Elle murmura:

—Mais... madame!... Je ne sais... vous devez vous tromper.

—Non. Je suis Mathilde Loisel.

Son amie poussa un cri:

—Oh!... ma pauvre Mathilde, comme tu es changée!...

—Oui, j'ai eu des jours bien durs, depuis que je ne t'ai vue; et bien des misères... et cela à cause de toi!...

—De moi... Comment ça?

—Tu te rappelles bien cette rivière de diamants que tu m'as prêtée pour aller à la fête du Ministère?

—Oui. Eh bien?

—Eh bien, je l'ai perdue.

—Comment! puisque tu me l'as rapportée.

—Je t'en ai rapporté une autre toute pareille. Et voilà dix ans

---

[16]**d'autrefois** of long ago   [17]**Champs-Élysées** (*name of a famous Parisian avenue*)   [18]**ému** moved   [19]**certes** certainly   [20]**s'étonner** to be astonished, surprised   [21]**bourgeoise** here = ordinary housewife (*Madame Forestier belonged to the élite class.*)

que nous la payons. Tu comprends que ça n'était pas aisé[22] pour nous, qui n'avions rien... Enfin c'est fini, et je suis bien contente.

Mme Forestier s'était arrêtée.

—Tu dis que tu as acheté une rivière de diamants pour remplacer la mienne? 5

—Oui, tu ne t'en étais pas aperçue, hein?... Elles étaient bien pareilles...

Et elle souriait d'une joie fière et naïve.

Mme Forestier, fort émue, lui prit les deux mains.

—Oh! ma pauvre Mathilde! Mais la mienne était fausse. Elle 10 valait au plus cinq cents francs!...

EXERCISES

READING COMPREHENSION

Answer the following questions.

1. Pourquoi Mme Loisel n'était-elle pas heureuse?
2. À quoi songeait-elle souvent?
3. Pourquoi n'aimait-elle pas rendre visite à son amie?
4. Quelle réaction a-t-elle eue en recevant l'invitation à la soirée?
5. Qu'a fait alors son mari?
6. Pourquoi est-elle allée chez Mme Forestier?
7. Quelle parure a-t-elle choisie?
8. Quels détails montrent qu'elle a eu beaucoup de succès au bal?
9. Pourquoi a-t-elle voulu partir si vite après le bal?
10. Qu'est-ce que M. Loisel a fait pour retrouver la parure?
11. Pourquoi les Loisel sont-ils allés de bijoutier en bijoutier?
12. Comment ont-ils fait pour trouver les trente-six mille francs, somme énorme pour eux?
13. Quelle a été leur vie pendant dix ans?
14. Pourquoi Mme Forestier n'a-t-elle pas reconnu son amie sur les Champs-Elysées?
15. Comment Mme Loisel a-t-elle expliqué ce qui s'était passé?
16. Quelle est l'ironie de la phrase finale?

---

[22]**aisé** easy

Vocabulary Study

Study the following expressions; then select the appropriate one to replace the near-equivalent in italics in each of the sentences below.

faire honneur à	fou de joie
au bout de	se mettre sur le dos
se retourner	avoir l'air
devoir	songer à
se laisser marier avec	de sphinx
avoir une peine infinie	jeter sur les épaules

1. Elle *accepta d'épouser* un petit commis.
2. Mathilde *rêvait d'*une vie mondaine.
3. Une femme distinguée écoute les galanteries avec un sourire *énigmatique*.
4. Loisel *avait eu beaucoup de mal* à obtenir l'invitation.
5. Qu'est-ce que je *porterai* pour aller au bal?
6. Mathilde *semblait* triste.
7. Elle était *extrêmement joyeuse* au bal.
8. M. Loisel *l'enveloppa d'*un manteau en partant.
9. En écrivant à Mme Forestier, les Loisel avaient le temps de *voir ce qu'ils pouvaient faire*.
10. Loisel a donné sa signature sans savoir s'il pourrait *la respecter*.
11. Tout était payé dix ans *après*.
12. *Je suis sûre que vous* vous trompez.

Structures

A. *The Use of* c'est ... qui *to Express Emphasis*

This structure is used to emphasize the identity of the subject in a sentence.

Le ministre a invité son personnel.
C'est le ministre qui a invité son personnel.

Je vous invite.
C'est moi qui vous invite.

Note that in the case of pronouns the tonic forms of the personal subject pronouns **moi, toi, lui, elle, nous, vous, eux, elles** are substituted.

Rewrite the following sentences using the phrase **c'est ... qui** and the correct form of the subject pronouns.

EXAMPLE: Je n'ai pas vendu cette rivière.

Ce n'est pas moi qui ai vendu cette rivière.

1. Le ministre valse avec Mme Loisel.
2. Il valse avec elle.
3. Elle est la plus heureuse des femmes.
4. Tu as perdu la parure.
5. M. Loisel a trouvé un bijoutier.
6. Vous vendez des rivières?
7. J'ai fourni la boîte de la parure.
8. Il n'a pas vendu la parure.

B. The Variation in Tense with **depuis, il y a ... que,** *and* **voilà ... que**

> **Depuis, il y a ... que,** and **voilà ... que** are used in the present tense in affirmative sentences and in the **passé composé** in negative sentences.
>
> M. Loisel **travaille depuis** longtemps au ministère.
> *M. Loisel has been working for a long time at the ministry.*
>
> M. Loisel **n'a pas chassé depuis** dix ans.
> *M. Loisel has not been hunting for ten years.*
>
> **Voilà** dix ans **que nous payons** la rivière.
> *We have been paying for the necklace for ten years.*
>
> **Il y a** longtemps **que je ne t'ai pas vue.**
> *I have not seen you for a long time.*

Rewrite the following sentences using the appropriate tense.

1. Il y a longtemps que nous (avoir) _____ une bonne.
2. Il y a longtemps que tu (ne pas avoir) _____ besoin de faire le ménage.
3. Nous (ne pas sortir) _____ depuis de longues années.
4. Je (ne pas aller) _____ au bal depuis de longues années.
5. Voilà trois jours que je (réfléchir) _____ à ma toilette.
6. Tu (être) _____ si étrange depuis trois jours.
7. Je (ne pas acheter) _____ de bijou depuis longtemps.
8. Voilà des années que tu (ne pas voir) _____ ton amie.

C. *The Use of* depuis *with Past Tenses*

When a sentence is written in the past, **depuis** is used with the imperfect in affirmative sentences, and with the pluperfect in negative sentences.

Le mari (dormir) _____ depuis minuit.
Le mari **dormait** depuis minuit.

Le mari (ne pas valser) _____ depuis minuit.
Le mari **n'avait pas valsé** depuis minuit.

Rewrite the following sentences using **depuis** with past tenses.

1. Mathilde (ne pas être) invitée depuis longtemps.
2. Mathilde (sortir) seule avec son mari depuis longtemps.
3. Mathilde (mettre) la même robe depuis longtemps.
4. Mathilde (ne pas se sentir) admirée depuis longtemps.
5. Mathilde (ne pas faire) de soupe depuis plusieurs semaines.
6. Le bijoutier (ne pas vendre) ce type de rivière depuis des années.
7. Mathilde (descendre) les ordures depuis dix ans.
8. Mathilde (ne pas revoir) Madame Forestier depuis la fête.
9. Mathilde (souffrir) de la misère depuis dix ans.
10. Mathilde (connaître) la misère depuis dix ans.

D. *The Relative Pronouns* ce qui *and* ce que

Rewrite the following sentences according to the examples.

EXAMPLES: **Qu'est-ce qui** peut te plaire? (je ne sais pas)
            Je ne sais pas ce **qui** peut te plaire.

            Qu'est-ce que tu veux? (je me demande)
            Je me demande ce **que** tu veux.

1. *Qu'est ce qui* ne va pas?   (je me demande)
2. *Qu'est-ce que* tu vas faire?   (je me demande)
3. *Qu'est-ce qui* arrive?   (je ne sais pas)
4. *Qu'est-ce qui* nous arrive?   (je ne sais pas)
5. *Qu'est-ce que* tu attends?   (je me demande)
6. *Qu'est-ce qui* t'attend?   (je me demande)
7. *Qu'est-ce que* tu dis?   (je ne sais pas)
8. *Qu'est-ce que* nous avons perdu?   (je me demande)
9. *Qu'est-ce qui* nous donne le bonheur?   (on ne sait pas)

COMMUNICATIVE ACTIVITY

Prepare one of the topics listed below to be discussed in class.
Be ready to quote sentences or parts of sentences in support
of the views expressed.

1. Mathilde menait une vie médiocre avant le bal.
2. Mathilde rêvait d'une vie de luxe et de plaisirs.
3. Mathilde a mené une vie dure après le bal.
4. La vie, selon Maupassant, est pleine d'ironie.

Mateo Falcone

PROSPER MÉRIMÉE

Mateo Falcone, quand j'étais en Corse en 18... , avait sa maison près du maquis.[1] C'était un homme assez riche pour le pays; vivant noblement, c'est-à-dire sans rien faire, du produit[2] de ses troupeaux,[3] que des bergers, espèces de nomades, menaient paî-
5 tre[4] çà et là[5] sur les montagnes. Lorsque je le vis, deux années après l'événement[6] que je vais raconter, il me parut âgé de cinquante ans tout au plus. Figurez-vous un homme petit, mais robuste, avec des cheveux crépus,[7] noirs comme le jais,[8] un nez aquilin, les lèvres minces, les yeux grands et vifs,[9] et un teint[10]
10 couleur de cuir. Son habileté au tir du fusil[11] passait pour extraordinaire, même dans son pays, où il y a tant de bons tireurs. La nuit, il se servait de ses armes aussi facilement que le jour, et l'on m'a cité de lui ce trait d'adresse[12] qui paraîtra peut-être incroyable[13] à qui n'a pas voyagé en Corse. À quatre-vingts pas,[14] on
15 plaçait une chandelle[15] allumée derrière un transparent de papier,[16] large comme une assiette. Il mettait en joue,[17] puis on éteignait la chandelle, et, au bout d'une minute dans l'obscurité la plus complète, il tirait et perçait le transparent trois fois sur quatre.[18]
20   Avec un tel mérite Mateo Falcone s'était attiré[19] une grande réputation. On le disait aussi bon ami que dangereux ennemi: d'ailleurs généreux, il vivait en paix avec tout le monde dans le district de Porto-Vecchio. Mais on contait de lui[20] qu'à Corte, où il avait pris femme, il s'était débarrassé fort vigoureusement d'un
25 rival qui passait pour aussi redoutable[21] en guerre qu'en amour: du moins on attribuait à Mateo certain coup de fusil[22] qui surprit ce rival comme il était à se raser[23] devant un petit miroir pendu

---

[1]**maquis** *maquis (The* **maquis** *in Corsica is made up of many small, impenetrable trees and shrubs, so that it has been traditionally used as a shelter by criminals or outlaws. The word was used to designate the French resistance movement against the Germans occupying France during World War II.)* [2]**produit** produce [3]**troupeau** flock [4]**mener paître** to pasture [5]**çà et là** here and there [6]**événement** incident [7]**crépu** frizzy [8]**noirs comme le jais** jet black [9]**vif** quick [10]**teint** complexion [11]**Son habileté... fusil** His skill with the gun [12]**l'on m'a cité... d'adresse** I heard this proof of his skill [13]**incroyable** incredible [14]**pas** pace [15]**chandelle** candle [16]**un transparent de papier** a transparent piece of paper [17]**mettre en joue** to aim [18]**trois fois sur quatre** three times out of four [19]**s'attirer** to earn [20]**on contait de lui** it was said of him. [21]**redoutable** formidable [22]**coup de fusil** shot [23]**comme il était à se raser** as he was shaving

à sa fenêtre. L'affaire assoupie,[24] Mateo se maria. Sa femme Giuseppa lui avait donné d'abord trois filles (dont il enrageait), et
enfin un fils, qu'il nomma Fortunato: c'était l'espoir de sa famille,
l'héritier du nom. Les filles étaient bien mariées: leur père pouvait
compter au besoin sur les poignards[25] et les escopettes[26] de ses   5
gendres.[27] Le fils n'avait que dix ans, mais il annonçait déjà
d'heureuses dispositions.

Un certain jour d'automne, Mateo sortit de bonne heure avec
sa femme pour aller visiter un de ses troupeaux. Le petit Fortunato voulait l'accompagner, mais la clairière[28] était trop loin; d'ail-   10
leurs, il fallait bien que quelqu'un restât pour garder la maison;
le père refusa donc: on verra s'il n'eut pas lieu de s'en repentir.[29]

Il était absent depuis quelques heures et le petit Fortunato
était tranquillement étendu[30] au soleil, regardant les montagnes
bleues, et pensant que, le dimanche prochain, il irait dîner à la   15
ville, chez son oncle le *caporal*,[31] quand il fut soudainement interrompu dans ses méditations par l'explosion d'une arme à feu.
Il se leva et se tourna du côté de la plaine d'où partait ce bruit.
D'autres coups de fusil se succédèrent, tirés à intervalles inégaux,
et toujours de plus en plus rapprochés; enfin, dans le sentier[32]   20
qui menait de la plaine à la maison de Mateo parut un homme,
coiffé d'un bonnet pointu[33] comme en portent les montagnards,[34]
barbu,[35] couvert de haillons, et se traînant avec peine en s'appuyant sur son fusil.[36] Il venait de recevoir un coup de feu dans la
cuisse.[37]   25

Cet homme était un *bandit*,[38] qui, étant parti de nuit pour
aller chercher de la poudre[39] à la ville, était tombé en route dans
une embuscade[40] de voltigeurs corses.[41] Après une vigoureuse
défense, il avait réussi à faire sa retraite, vivement poursuivi et
tiraillant de rocher en rocher.[42] Mais il avait peu d'avance sur   30

---

[24]**L'affaire assoupie** When everything quieted down [25]**poignard** dagger
[26]**escopette** blunderbuss [27]**gendre** son-in-law [28]**clairière** clearing [29]**on verra...
repentir** we shall see if he had not good reason to regret it [30]**étendu**
stretched [31]**le caporal** the corporal (*prominent citizen in the town
administration at the time*) [32]**sentier** path [33]**bonnet pointu** pointed cap
[34]**montagnard** mountaineer [35]**barbu** bearded [36]**couvert de haillons,... fusil** in
tatters, dragging himself with difficulty, leaning on his gun [37]**cuisse** thigh
[38]**bandit** outlaw [39]**poudre** gunpowder [40]**embuscade** ambush [41]**voltigeurs
corses** Corsican light infantry [42]**vivement poursuivi... rocher** hotly pursued,
and firing from rock to rock

les soldats et sa blessure le mettait hors d'état de gagner le maquis avant d'être rejoint.[43]

Il s'approcha de Fortunato et lui dit:

—Tu es le fils de Mateo Falcone?

5 —Oui.

—Moi, je suis Gianetto Sanpiero. Je suis poursuivi par les collets jaunes.[44] Cache-moi, car je ne puis aller plus loin.

—Et que dira mon père si je te cache sans sa permission?

—Il dira que tu as bien fait.

10 —Qui sait?

—Cache-moi vite; ils viennent.

—Attends que mon père soit revenu.

—Que j'attende? malédiction![45] Ils seront ici dans cinq minutes. Allons, cache-moi, ou je te tue.

15 Fortunato lui répondit avec le plus grand sang-froid:[46]

—Ton fusil est déchargé,[47] et il n'y a plus de cartouches[48] dans ta carchera.[49]

—J'ai mon poignard.

—Mais courras-tu aussi vite que moi?

20 Il fit un saut, et se mit hors d'atteinte.[50]

—Tu n'es pas le fils de Mateo Falcone! Me laisseras-tu donc arrêter devant ta maison?

L'enfant parut touché.

—Que me donneras-tu si je te cache? dit-il en se rapprochant.

25 Le bandit fouilla[51] dans une poche de cuir qui pendait[52] à sa ceinture,[53] et il en tira une pièce de cinq francs qu'il avait réservée sans doute pour acheter de la poudre. Fortunato sourit à la vue de la pièce d'argent; il s'en saisit, et dit à Gianetto:

—Ne crains rien.

30 Aussitôt il fit un grand trou dans un tas de foin[54] placé auprès de la maison. Gianetto s'y cacha, et l'enfant le recouvrit de ma-

---

[43]**le mettait... rejoint** made it impossible for him to reach the maquis before being captured [44]**les collets jaunes** the yellow collars (*The uniform of the voltigeurs was at that time a brown tunic with a yellow collar.*) [45]**Que j'attende? malédiction!** Wait? Curses! [46]**sang-froid** calm [47]**déchargé** not loaded [48]**cartouche** cartridge [49]**carchera** *carchera (leather belt used to carry cartridges and also used as a purse)* [50]**se mettre hors d'atteinte** to put oneself out of reach [51]**fouiller** to rummage [52]**pendre** to hang [53]**ceinture** belt [54]**tas de foin** haystack

nière à lui laisser un peu d'air pour respirer, sans qu'il fût possible cependant de soupçonner[55] que ce foin cachât un homme. Il eut de plus une idée assez ingénieuse. Il alla prendre une chatte et ses petits, et les établit sur le tas de foin pour faire croire qu'il n'avait pas été remué depuis peu. Ensuite, remarquant des traces 5 de sang sur le sentier près de la maison, il les couvrit de poussière[56] avec soin, et, cela fait, il se recoucha au soleil avec la plus grande tranquillité.

Quelques minutes après, six hommes en uniforme brun à collet jaune, et commandés par un adjudant, étaient devant la 10 porte de Mateo. Cet adjudant était quelque peu parent[57] de Falcone. Il se nommait Tiodoro Gamba: c'était un homme actif, fort redouté[58] des bandits dont il avait déjà traqué[59] plusieurs.

—Bonjour, petit cousin, dit-il à Fortunato en l'accostant; comme te voilà grandi! As-tu vu passer un homme tout à 15 l'heure?[60]

—Oh! je ne suis pas encore si grand que vous, mon cousin, répondit l'enfant d'un air niais.[61]

—Cela viendra. Mais n'as-tu pas vu passer un homme, dis-moi? 20

—Si j'ai vu passer un homme?

—Oui, un homme avec un bonnet pointu en velours[62] noir, et une veste brodée de rouge et de jaune?[63]

—Un homme avec un bonnet pointu, et une veste brodée de rouge et de jaune? 25

—Oui, réponds vite, et ne répète pas mes questions.

—Ce matin, M. le curé est passé devant notre porte, sur son cheval Piero. Il m'a demandé comment papa se portait, et je lui ai répondu...

—Ah! petit drôle,[64] tu fais le malin![65] Dis-moi vite par où est 30 passé Gianetto, car c'est lui que nous cherchons; et, j'en suis certain, il a pris par ce sentier.

—Qui sait?

—Qui sait? C'est moi qui sais que tu l'as vu.

---

[55]**soupçonner** to suspect [56]**poussière** dust [57]**quelque peu parent** distantly connected [58]**fort redouté** much feared [59]**traquer** to run down [60]**tout à l'heure** just now [61]**d'un air niais** with a simple air [62]**velours** velvet [63]**une veste... jaune** a waistcoat embroidered in red and yellow. [64]**petit drôle** young scamp [65]**faire le malin** to play the fool

—Est-ce qu'on voit les passants[66] quand on dort?

—Tu ne dormais pas, vaurien;[67] les coups de fusil t'ont réveillé.

—Vous croyez donc, mon cousin, que vos fusils font tant de
5 bruit? L'escopette de mon père en fait bien davantage.

—Que le diable te confonde, maudit garnement![68] Je suis
bien sûr que tu as vu le Gianetto. Peut-être même l'as-tu caché.
Allons, camarades, entrez dans cette maison et voyez si notre
homme n'y est pas.

10 —Et que dira papa? demanda Fortunato en ricanant;[69] que
dira-t-il s'il sait qu'on est entré dans sa maison pendant qu'il était
sorti?

—Vaurien! dit l'adjudant Gamba en le prenant par l'oreille,
sais-tu qu'il ne tient qu'à moi de te faire changer de note?[70] Peut-
15 être qu'en te donnant une vingtaine de coups de plat de sabre[71]
tu parleras enfin.

Et Fortunato ricanait toujours.

—Mon père est Mateo Falcone! dit-il avec emphase.

—Sais-tu bien, petit drôle, que je puis t'emmener à Corte ou
20 à Bastia? Je te ferai coucher dans un cachot,[72] sur la paille,[73] les
fers aux pieds, et je te ferai guillotiner si tu ne dis où est Gianetto
Sanpiero.

L'enfant éclata de rire[74] à cette ridicule menace. Il répéta:

—Mon père est Mateo Falcone!

25 —Adjudant, dit tout bas un des voltigeurs, ne nous brouillons
pas[75] avec Mateo.

Gamba paraissait évidemment embarrassé.[76] Il causait à voix
basse avec ses soldats, qui avaient déjà visité toute la maison. Ce
n'était pas une opération fort longue, car la cabane[77] d'un Corse
30 ne consiste qu'en une seule pièce carrée.[78] L'ameublement[79] se
compose d'une table, de bancs,[80] de coffres[81] et d'ustensiles de

---

[66]**passant** passerby [67]**vaurien** rogue [68]**Que le diable... garnement!** May the
devil take you, cursed scamp that you are! [69]**ricaner** to chuckle [70]**il ne tient...
note?** do you know that, if I like, I can make you change your tune? [71]**en te
donnant... sabre** by giving you twenty blows or so with the flat of my sword
[72]**cachot** cell [73]**paille** straw [74]**éclater de rire** to burst out laughing. [75]**ne nous
brouillons pas** let us not get into trouble [76]**Gamba paraissait évidemment
embarrassé** It was clear that Gamba did not know what to do [77]**cabane** hut
[78]**pièce carrée** square room [79]**ameublement** furniture [80]**banc** bench [81]**coffre**
chest

chasse ou de ménage.[82] Cependant le petit Fortunato caressait sa chatte, et semblait jouir[83] de la confusion des voltigeurs et de son cousin.

Un soldat s'approcha du tas de foin. Il vit la chatte, et donna un coup de baïonnette dans le foin avec négligence,[84] et haussant 5 les épaules,[85] comme s'il sentait que sa précaution était ridicule. Rien ne remua; et le visage de l'enfant ne trahit[86] pas la plus légère émotion.

L'adjudant et sa troupe ne savaient que faire; déjà ils regardaient sérieusement du côté de la plaine, comme disposés à 10 s'en retourner par où ils étaient venus, quand leur chef, convaincu que les menaces ne produiraient aucune impression sur le fils de Falcone, voulut faire un dernier effort et essayer le pouvoir des caresses et des présents.

—Petit cousin, dit-il, tu me parais un gaillard bien éveillé![87] 15 Tu iras loin. Mais tu joues un vilain[88] jeu avec moi; et, si je ne craignais de faire de la peine à mon cousin Mateo, le diable m'emporte![89] je t'emmènerais avec moi.

—Bah!

—Mais, quand mon cousin sera revenu, je lui conterai l'af- 20 faire, et, pour ta peine d'avoir menti, il te donnera le fouet jusqu'au sang.[90]

—Savoir?[91]

—Tu verras... Mais, tiens...[92] sois brave garçon,[93] et je te donnerai quelque chose. 25

—Moi, mon cousin, je vous donnerai un avis:[94] c'est que, si vous tardez davantage,[95] le Gianetto sera dans le maquis.

L'adjudant tira de sa poche une montre d'argent qui valait bien dix écus;[96] et, remarquant que les yeux du petit Fortunato étincelaient[97] en la regardant, il lui dit en tenant la montre sus- 30 pendue au bout de sa chaîne d'acier.[98]

---

[82]**ustensile... ménage** household or hunting utensil   [83]**jouir** to enjoy
[84]**donna... négligence** carelessly stuck a bayonet in the hay   [85]**hausser les épaules** to shrug one's shoulders   [86]**trahir** to betray   [87]**un gaillard bien éveillé** a bright chap   [88]**vilain** nasty   [89]**le diable m'emporte!** I'll be hanged!
[90]**je lui conterai... sang** I'll tell him the whole story, and he will give you the whip till the blood comes, for telling lies   [91]**Savoir?** How do you know?
[92]**tiens** look here   [93]**sois brave garçon** be a good boy   [94]**avis** piece of advice
[95]**si vous tardez davantage** if you wait any longer   [96]**qui valait bien dix écus** worth a good ten crowns   [97]**étinceler** to sparkle   [98]**chaîne d'acier** steel chain

—Fripon![99] tu voudrais bien avoir une montre comme celle-ci suspendue à ton col,[1] et tu te promènerais dans les rues de Porto-Vecchio, fier comme un paon;[2] et les gens te demanderaient: «Quelle heure est-il?» et tu leur dirais: «Regardez à ma montre.»

5 —Quand je serai grand, mon oncle le caporal me donnera une montre.

—Oui; mais le fils de ton oncle en a déjà une... pas aussi belle que celle-ci, à la vérité... Cependant il est plus jeune que toi.

L'enfant soupira.[3]

10 —Eh bien, la veux-tu cette montre, petit cousin?» Fortunato, lorgnant la montre du coin de l'œil,[4] ressemblait à un chat à qui l'on présente un poulet[5] tout entier. Et comme il sent qu'on se moque de lui, il n'ose y porter la griffe,[6] et de temps en temps il détourne[7] les yeux pour ne pas s'exposer à succomber à la tenta-

15 tion;[8] mais il se lèche les babines[9] à tout moment, il a l'air de dire à son maître: «Que votre plaisanterie[10] est cruelle!»

Cependant l'adjudant Gamba semblait de bonne foi[11] en présentant sa montre. Fortunato n'avança pas la main; mais il lui dit avec un sourire amer:[12]

20 —Pourquoi vous moquez-vous de moi?

—Par Dieu! je ne me moque pas. Dis-moi seulement où est Gianetto, et cette montre est à toi.

Fortunato laissa échapper un sourire d'incrédulité;[13] et, fixant ses yeux noirs sur ceux de l'adjudant, il essayait d'y lire la foi qu'il

25 devait avoir en ses paroles.

—Que je perde[14] mon épaulette, s'écria l'adjudant, si je ne te donne pas la montre à cette condition! Les camarades sont témoins;[15] et je ne puis m'en dédire.

En parlant ainsi, il approchait toujours la montre, tant, qu'elle

30 touchait presque la joue[16] pâle de l'enfant. Celui-ci montrait bien sur sa figure le combat que se livraient en son âme la convoitise

---

[99]**Fripon?** You naughty boy! [1]**col** neck [2]**paon** peacock [3]**soupirer** to sigh [4]**lorgnant ... l'œil** ogling the watch from the corner of his eye [5]**poulet** chicken [6]**porter la griffe** to put a claw [7]**détourner** to turn away [8]**pour ne pas s'exposer... tentation** so as not to be in danger of succumbing to temptation [9]**se lécher les babines** to lick one's lips [10]**plaisanterie** joke [11]**semblait de bonne foi** seemed to be sincere [12]**amer** bitter [13]**laissa... d'incrédulité** let an incredulous smile escape him [14]**Que je perde** May I lose [15]**témoin** witness [16]**joue** cheek

et le respect dû à l'hospitalité.[17] Sa poitrine nue se soulevait avec force,[18] et il semblait près d'étouffer.[19] Cependant la montre oscillait, tournait, et quelquefois lui heurtait[20] le bout du nez. Enfin, peu à peu, sa main droite s'éleva vers la montre; le bout de ses doigts la toucha; et elle pesait tout entière dans sa main[21] sans que 5 l'adjudant lâchât[22] le bout de la chaîne... Le cadran était azuré... la boîte nouvellement fourbie...[23] au soleil, elle paraissait toute de feu... La tentation était trop forte.

Fortunato éleva aussi sa main gauche, et indiqua du pouce,[24] par-dessus son épaule, le tas de foin auquel il était adossé.[25] L'ad- 10 judant le comprit aussitôt. Il abandonna l'extrémité de la chaîne; Fortunato se sentit seul possesseur de la montre. Il se leva avec l'agilité d'un daim,[26] et s'éloigna de dix pas[27] du tas de foin, que les voltigeurs se mirent aussitôt à culbuter.[28]

On ne tarda pas à voir le foin s'agiter;[29] et un homme san- 15 glant,[30] le poignard à la main, en sortit; mais, comme il essayait de se lever, sa blessure ne lui permit plus de se tenir debout.[31] Il tomba. L'adjudant se jeta sur lui et lui arracha[32] son poignard. Aussitôt on le lia fortement malgré sa résistance.

Gianetto, couché par terre et lié comme un fagot, tourna la 20 tête vers Fortunato qui s'était rapproché.

—Fils de...! lui dit-il avec plus de mépris que de colère.

L'enfant lui jeta la pièce d'argent qu'il en avait reçue, sentant qu'il avait cessé de la mériter; mais le proscrit[33] n'eut pas l'air de faire attention à ce mouvement. Il dit avec beaucoup de sang- 25 froid à l'adjudant:

—Mon cher Gamba, je ne puis marcher; vous allez être obligé de me porter à la ville.

—Tu courais tout à l'heure plus vite qu'un chevreuil,[34] répondit le cruel vainqueur;[35] mais sois tranquille: je suis si content de te 30 tenir, que je te porterais une lieue sur mon dos sans être fatigué.

---

[17]**le combat... l'hospitalité** the fight that greed and the respect for hospitality were waging in his soul [18]**se soulevait avec force** heaved convulsively [19]**étouffer** to choke [20]**heurter** to bump [21]**elle pesait... main** its whole weight was in his hand [22]**lâcher** to let go [23]**Le cadran... fourbie** The face was sky blue, the case newly burnished [24]**pouce** thumb [25]**être adossé** lean [26]**daim** deer [27]**s'eloigna de dix pas** moved ten paces away [28]**culbuter** to knock over [29]**On ne tarda pas... s'agiter** It was not long before they saw the hay stir [30]**sanglant** bleeding [31]**se tenir debout** to keep upright [32]**arracher** to wrest away [33]**proscrit** outlaw [34]**chevreuil** roebuck [35]**vainqueur** victor

D'ailleurs, mon camarade, nous allons te faire une litière[36] avec des branches et ta capote;[37] et à la ferme de Crespoli nous trouverons des chevaux.

—Bien, dit le prisonnier; vous mettrez aussi un peu de paille
5 sur votre litière, pour que je sois plus à mon aise.[38]

Pendant que les voltigeurs s'occupaient, les uns à faire une espèce de brancard[39] avec des branches de châtaignier,[40] les autres à panser la blessure[41] de Gianetto, Mateo Falcone et sa femme parurent tout d'un coup[42] dans un sentier qui conduisait au ma-
10 quis. La femme s'avançait courbée péniblement sous le poids d'un énorme sac de châtaignes,[43] tandis que son mari ne portait qu'un fusil à la main et un autre en bandoulière,[44] car il est indigne[45] d'un homme de porter d'autre fardeau[46] que ses armes.

À la vue des soldats, la première pensée de Mateo fut qu'ils
15 venaient pour l'arrêter. Mais pourquoi cette idée? Mateo craignait-il donc la justice? Non. Il jouissait d'une bonne réputation. Mais il était corse et montagnard, et il y a peu de Corses montagnards qui, en examinant bien leur mémoire, n'y trouvent quelque peccadille,[47] telle que coups de fusil, coups de poignard
20 et autres bagatelles.[48] Mateo, plus qu'un autre, avait la conscience nette;[49] car depuis plus de dix ans il n'avait dirigé son fusil contre un homme; mais toutefois il était prudent, et il se mit en posture de faire une belle défense,[50] s'il en était besoin.

—Femme, dit-il à Giuseppa, pose ton sac et tiens-toi prête.[51]
25 Elle obéit sur-le-champ.[52] Il lui donna le fusil qu'il avait en bandoulière et qui aurait pu le gêner.[53] Il arma celui qu'il avait à la main, et il s'avança lentement vers sa maison, longeant[54] les arbres qui bordaient[55] le chemin, et prêt, à la moindre démonstration hostile, à se jeter derrière le plus gros tronc,[56] d'où il aurait
30 pu faire feu à couvert.[57] Sa femme marchait sur ses talons,[58] te-

---

[36]**litière** litter [37]**capote** cloak [38]**à l'aise** comfortable [39]**brancard** stretcher
[40]**châtaignier** chestnut tree [41]**panser la blessure** to dress the wound [42]**tout
d'un coup** all at once [43]**courbée... châtaignes** bending heavily under the
weight of an enormous bag of chestnuts [44]**porter... bandoulière** to carry a gun
slung on one's back [45]**indigne** unworthy, unfit [46]**fardeau** burden
[47]**peccadille** peccadillo [48]**bagatelle** bagatelle, trifle [49]**net** clear [50]**se mit...
défense** got ready to make a good defense [51]**se tenir prêt** to be ready
[52]**sur-le-champ** on the spot [53]**gêner** to inconvenience [54]**longer** to walk
along [55]**border** to line [56]**tronc** trunk [57]**à couvert** under cover [58]**sur ses
talons** at his heels

nant son second fusil. L'emploi d'une bonne femme, en cas de combat, est de charger les armes de son mari.

D'un autre côté, l'adjudant était fort embarrassé voyant Mateo s'avancer ainsi, le fusil en avant et le doigt sur la détente.[59]

«Si par hasard,[60] pensa-t-il, Mateo se trouvait parent de Gia- 5 netto, ou s'il était son ami, et qu'il voulût le défendre, les balles de ses deux fusils arriveraient à deux d'entre nous, aussi sûr qu'une lettre à la poste,[61] et s'il me visait,[62] malgré la parenté!...»[63]

Dans cette perplexité,[64] il prit un parti[65] fort courageux, ce fut de s'avancer seul vers Mateo pour lui conter l'affaire, en 10 l'accostant comme une vieille connaissance;[66] mais le court inter- valle qui le séparait de Mateo lui parut terriblement long.

—Holà! eh! mon vieux camarade, criait-il, comment cela va- t-il, mon brave?[67] C'est moi, je suis Gamba, ton cousin.

Mateo, sans répondre un mot, s'était arrêté, et, à mesure que[68] 15 l'autre parlait, il relevait[69] doucement[70] le canon[71] de son fusil, de sorte qu'il était dirigé vers le ciel au moment où l'adjudant le joignit.[72]

—Bonjour, frère,[73] dit l'adjudant en lui donnant la main. Il y a bien longtemps que je ne t'ai vu. 20

—Bonjour, frère.

—J'étais venu pour te dire bonjour en passant, et à ma cou- sine Pepa. Nous avons fait une longue marche aujourd'hui; mais il ne faut pas plaindre notre fatigue, car nous avons fait une fameuse prise.[74] Nous venons d'empoigner[75] Gianetto Sanpiero. 25

—Dieu soit loué![76] s'écria Giuseppa. Il nous a volé une chèvre laitière[77] la semaine passée.

Ces mots réjouirent[78] Gamba.

—Pauvre diable! dit Mateo, il avait faim.

—Le drôle s'est défendu comme un lion, pousuivit l'adjudant 30 un peu mortifié; il m'a tué un de mes voltigeurs, et, non content de cela, il a cassé le bras au caporal Chardon; mais il n'y a pas

---

[59]**détente** trigger [60]**par hasard** by chance [61]**aussi sûr... poste** as sure as a letter by mail [62]**viser** to aim [63]**parenté** relationship [64]**perplexité** difficulty [65]**prendre un parti** to make a resolve [66]**connaissance** acquaintance [67]**mon brave** old man [68]**à mesure que** as [69]**relever** to raise [70]**doucement** slowly [71]**canon** barrel [72]**joindre** to join [73]**Bonjour, frère** (*Corsican way of greeting*) [74]**une fameuse prise** a terrific catch [75]**empoigner** to seize [76]**Dieu soit loué!** God be praised! [77]**une chèvre laitière** a milch goat [78]**réjouir** to cheer

grand mal, ce n'était qu'un Français...[79] Ensuite, il s'était si bien caché, que le diable ne l'aurait pu découvrir. Sans mon petit cousin Fortunato, je ne l'aurais jamais pu trouver.

—Fortunato! s'écria Mateo.

5 —Fortunato! répéta Giuseppa.

—Oui, le Gianetto s'était caché sous ce tas de foin là-bas; mais mon petit cousin m'a montré où. Aussi je le dirai à son oncle le caporal, afin qu'il lui envoie un beau cadeau[80] pour sa peine.[81] Et son nom et le tien seront dans le rapport[82] que j'enverrai à M.
10 l'avocat général.[83]

—Malédiction![84] dit tout bas Mateo.

Ils avaient rejoint[85] les voltigeurs. Gianetto était couché sur la litière et prêt à partir. Quand il vit Mateo en la compagnie de Gamba, il sourit d'un sourire étrange; puis, se tournant vers la
15 porte de la maison, il cracha[86] en disant:

—Maison d'un traître![87]

Il n'y avait qu'un homme décidé à mourir qui eût osé prononcer le mot de traître en l'appliquant à Falcone. Un bon coup de poignard, qui n'aurait pas eu besoin d'être répété, aurait im-
20 médiatement payé l'insulte. Cependant Mateo ne fit pas d'autre geste que celui de porter sa main à son front comme un homme accablé.[88]

Fortunato était entré dans la maison en voyant arriver son père. Il reparut bientôt avec une jatte[89] de lait qu'il présenta les
25 yeux baissés[90] à Gianetto.

—Loin de moi! lui cria le proscrit d'une voix foudroyante.[91]

Puis, se tournant vers un des voltigeurs:

—Camarade, donne-moi à boire, dit-il.

Le soldat remit[92] sa gourde[93] entre ses mains, et le bandit but
30 l'eau que lui donnait un homme avec lequel il venait d'échanger des coups de fusil. Ensuite il demanda qu'on lui attachât les mains de manière qu'il les eût croisées[94] sur sa poitrine, au lieu de les avoir liées[95] derrière le dos.

---

[79]**ce n'était qu'un Français** (*Corsica had been French for only a short while when the story was written*) [80]**cadeau** gift [81]**pour sa peine** for his pains
[82]**rapport** report [83]**avocat général** Public Prosecutor [84]**Malédiction!** Curses!
[85]**rejoindre** to rejoin [86]**cracher** to split [87]**traître** traitor [88]**accablé** overcome
[89]**jatte** bowl [90]**les yeux baissés** with downcast eyes [91]**foudroyant** thundering
[92]**remettre** to put [93]**gourde** flask [94]**croisé** crossed [95]**lié** tied

—J'aime, disait-il, à être couché à mon aise.

On se hâta de le satisfaire; puis l'adjudant donna le signal du départ, dit adieu[96] à Mateo, qui ne lui répondit pas, et descendit vers la plaine.

Il se passa près de dix minutes avant que Mateo ouvrît la 5
bouche. L'enfant regardait d'un œil inquiet[97] tantôt sa mère et tantôt[98] son père, qui, s'appuyant sur son fusil, le considérait avec une expression de colère concentrée.

—Tu commences bien! dit enfin Mateo d'une voix calme, mais effrayante[99] pour qui connaissait l'homme. 10

—Mon père! s'écria l'enfant en s'avançant, les larmes aux yeux, comme pour se jeter à ses genoux.

Mais Mateo lui cria:

—Arrière de moi![1]

Et l'enfant s'arrêta et sanglota,[2] immobile, à quelques pas de 15
son père.

Giuseppa s'approcha. Elle venait d'apercevoir la chaîne de la montre, dont un bout sortait de la chemise de Fortunato.

—Qui t'a donné cette montre? demanda-t-elle d'un ton sévère. 20

—Mon cousin l'adjudant.

Falcone saisit la montre, et, la jetant avec force contre une pierre, il la mit en mille pièces.

—Femme, dit-il, cet enfant est-il de moi?

Les joues brunes de Giuseppa devinrent d'un rouge de 25
brique.

—Que dis-tu, Mateo? et sais-tu bien à qui tu parles?

—Eh bien, cet enfant est le premier de sa race qui ait fait une trahison.[3]

Les sanglots et les hoquets[4] de Fortunato redoublèrent, et 30
Falcone tenait ses yeux de lynx toujours attachés sur lui. Enfin il frappa la terre de la crosse[5] de son fusil, puis le jeta sur son épaule et reprit le chemin du maquis en criant à Fortunato de le suivre. L'enfant obéit.

Guiseppa courut après Mateo et lui saisit le bras. 35

---

[96]**dire adieu** to say good-bye [97]**inquiet** uneasy [98]**tantôt... tantôt** now . . . now [99]**effrayant** terrifying [1]**Arrière de moi!** Stay away! [2]**sangloter** to sob
[3]**trahison** treachery, treason [4]**hoquet** choking [5]**crosse** but

—C'est ton fils, lui dit-elle d'une voix tremblante en attachant ses yeux noirs sur ceux de son mari, comme pour lire ce qui se passait dans son âme.

—Laisse-moi, répondit Mateo: je suis son père.

5 Giuseppa embrassa son fils et entra en pleurant dans sa cabane. Elle se jeta à genoux devant une image de la Vierge[6] et pria avec ferveur. Cependant Falcone marcha quelque deux cents pas dans le sentier et ne s'arrêta que dans un petit ravin[7] où il descendit. Il sonda[8] la terre avec la crosse de son fusil et la trouva

10 molle et facile à creuser.

—Fortunato, va auprès de cette grosse pierre.

L'enfant fit ce qu'il lui commandait, puis il s'agenouilla.

—Dis tes prières.

—Mon père, mon père, ne me tuez pas.

15 —Dis tes prières! répéta Mateo d'une voix terrible.

L'enfant, tout en balbutiant[9] et en sanglotant, récita le *Pater* et le *Credo*. Le père, d'une voix forte, répondait *Amen!* à la fin de chaque prière.

—Sont-ce là toutes les prières que tu sais?

20 —Mon père, je sais encore l'*Ave Maria* et la litanie que ma tante m'a apprise.

—Elle est bien longue, n'importe.

L'enfant acheva la litanie d'une voix éteinte.[10]

—As-tu fini?

25 —Oh! mon père, grâce! pardonnez-moi! Je ne le ferai plus! Je prierai tant mon cousin le caporal qu'on fera grâce[11] au Gianetto!

Il parlait encore; Mateo avait armé[12] son fusil et le couchait en joue[13] en lui disant:

—Que Dieu te pardonne!

30 L'enfant fit un effort désespéré pour se relever[14] et embrasser les genoux de son père; mais il n'en eut pas le temps. Mateo fit feu, et Fortunato tomba raide mort.[15]

Sans jeter un coup d'œil sur le cadavre, Mateo reprit le chemin de sa maison pour aller chercher une bêche[16] afin d'enter-

---

[6]**Vierge** Virgin [7]**ravin** ravine [8]**sonder** to feel [9]**balbutier** to stammer
[10]**acheva... éteinte** finished the litany in a stifled voice [11]**faire grâce** to
pardon [12]**armer** to cock [13]**coucher en jour** to aim [14]**se relever** to get up
[15]**tomber raide mort** to fall stone dead [16]**bêche** spade

rer[17] son fils. Il avait fait à peine quelques pas qu'il rencontra
Giuseppa, qui accourait alarmée du coup de feu.

—Qu'as-tu fait? s'écria-t-elle.

—Justice.

—Où est-il?

—Dans le ravin. Je vais l'enterrer. Il est mort en chrétien; je
lui ferai changer une messe. Qu'on dise à mon gendre Tiodoro
Bianchi de venir demeurer avec nous.

5

EXERCISES

READING COMPREHENSION

Answer the following questions.

1. Où et comment vivait Mateo Falcone deux ans après cette histoire?
2. Montrez qu'il était un bon tireur.
3. Quelle action montre que c'était un homme violent au moment de son mariage?
4. Selon vous, pourquoi n'était-il pas content d'avoir trois filles l'une après l'autre?
5. Quel âge avait Fortunato au moment du drame?
6. Qu'est-ce qu'il a entendu dans la plaine?
7. Pourquoi le bandit devait-il s'appuyer sur son fusil?
8. Où voulait-il aller?
9. Pourquoi a-t-il donné de l'argent à Fortunato?
10. Pourquoi Fortunato a-t-il mis la chatte sur le foin et qu'est-ce que cela montre en lui?
11. Comment Fortunato a-t-il répondu aux questions de l'adjudant?
12. Comment l'adjudant l'a-t-il menacé?
13. Que montre la déclaration: «Mon père est Mateo Falcone»?
14. Pourquoi l'adjudant était-il embarrassé?
15. Comment a-t-il fait pour que Fortunato lui dise où était le bandit?

---

[17]**enterrer** to bury

16. Quels détails montrent que Fortunato était dans une situation difficile?
17. Montrez que l'adjudant et ses soldats ont bien traité leur prisonnier.
18. Pourquoi Mateo Falcone ne portait-il pas le sac et qu'en pensez-vous?
19. Comment Mateo s'est-il approché de sa maison?
20. Pourquoi l'adjudant a-t-il dû s'avancer tout seul vers Mateo?
21. Montrez la différence de réaction entre Mateo et sa femme quand ils ont appris la capture du bandit.
22. Qu'a dit et fait le bandit en voyant Mateo et quand Fortunato a voulu lui donner du lait?
23. Le bandit a bu l'eau du soldat. Que montre ce détail?
24. Qu'a fait Mateo en voyant la montre et qu'a-t-il dit à sa femme au sujet de son fils?
25. Pourquoi Giuseppa a-t-elle embrassé Fortunato?
26. Décrivez l'exécution. Quels détails vous semblent particulièrement terribles?
27. Quelle explication Mateo a-t-il donnée à sa femme après?
28. Mateo Falcone veut que son gendre vienne chez eux. Comment interprétez-vous ce désir?

VOCABULARY STUDY

Select the phrase in Column B closest or most logically related in meaning to each term in Column A; then write a sentence of your own with each phrase.

A	B
1. lier	a. comme un lion
2. accoster	b. comme le jais
3. noir	c. comme une brique
4. fier	d. comme une vieille connaissance
5. étinceler	e. comme un chevreuil
6. large	f. comme un fagot
7. se défendre	g. comme un paon
8. rouge	h. comme une assiette
9. agile	i. comme le soleil

Write sentences of your own using one or more of the following expressions in each sentence.

porter un fusil en bandoulière ou à la main	être bon tireur
une arme à feu	donner un coup de poignard
la crosse	poursuivre l'ennemi
le canon	traquer quelqu'un
la balle	empoigner
armer son fusil	faire une prise
mettre en joue ou coucher en joue	faire une trahison
viser	trahir
avoir le doigt sur la détente	le traître
faire feu ou tirer sur	le cachot
	mettre les pieds aux fers à
	panser la blessure

Study the following expressions; then select the one appropriate to replace the near-equivalent in italics in each of the sentences below.

à mesure que	passer pour
gêner	faire croire
jouir de	mettre hors d'état de
ne pas tarder à	se jeter
valoir	être embarrassé

1. On vit *bientôt* le foin s'agiter.
2. Mateo *avait* une bonne réputation.
3. Le rival de Mateo *avait la réputation d'être* redoutable.
4. La blessure *rendait* le bandit *incapable de* gagner le maquis.
5. La chatte devait *donner l'impression* que personne n'était caché.
6. L'adjudant *ne savait pas quoi faire.*
7. La montre *coûtait* beaucoup d'argent.
8. Le fusil que Mateo portait en bandoulière pouvait l'*embarrasser.*
9. Mateo relevait son fusil *pendant* que l'adjudant parlait.
10. Fortunato *est tombé* à genoux.

STRUCTURES

A. The Imperfect of venir de + Infinitive

Venir de in the imperfect tense is used to describe an action that immediately precedes a past action or situation.

Il avait reçu un coup de feu.

Il **venait de recevoir** un coup de feu.
He had just been shot at.

Rewrite the following sentences, using **venir de** in the imperfect + *infinitive*.

1. Les parents de Fortunato étaient sortis.
2. L'explosion avait interrompu les méditations de Fortunato.
3. Un coup de feu avait mis Gianetto hors d'état de marcher.
4. Fortunato avait recouvert le bandit de foin.
5. Fortunato avait reçu une montre.
6. L'adjudant avait compris.
7. Au retour des parents, on avait pris le bandit.
8. Ils avaient rejoint les voltigeurs.
9. Le mère avait aperçu la montre.
10. Fortunato avait fait une trahison.

B. The Use of quand + Future

The future is used after **quand** where the present would be used in English.

Si j'étais grand, mon oncle me donnerait une montre.

Quand je **serai grand,** mon oncle me donnera une montre.
*When I **am older** my uncle will give me a watch.*

Rewrite the following sentences using **quand** + *future*.

1. Si j'avais quinze ans, mon oncle me donnerait une montre.
2. Si Fortunato entendait des coups de feu, il se réveillerait.
3. Si le bandit recevait des coups de feu, il se cacherait.
4. Si on tenait le bandit, on le mettrait en prison.

5. Que dirait mon père s'il savait qu'on est entré?
6. Si tu me disais où est Gianetto, cette montre serait à toi.
7. Si Fortunato faisait une trahison, il recevrait la montre.
8. Si les parents voyaient Fortunato, ils seraient en colère.

C. *The Imperative, Second Person Singular, in the Affirmative*

Rewrite the following sentences according to the example.

EXAMPLE: Fortunato demande à Gianetto d'**attendre** son père.

Attends mon père.

1. Gianetto demande à Fortunato de faire un trou.
2. L'adjudant demande à Fortunato d'être bon garçon.
3. L'adjudant demande à Fortunato de répondre vite.
4. Mateo demande à sa femme de poser son sac.
5. Mateo demande à Fortunato d'aller auprès de la pierre.
6. Mateo demande à Fortunato de dire ses prières.

D. *The Imperative, Second Person Singular, in the Negative*

Rewrite the following sentences according to the example.

EXAMPLE: L'adjudant demande à Fortunato de **ne pas répéter** les questions

Ne répète pas les questions.

1. Gianetto demande à Fortunato de ne pas attendre trop longtemps.
2. Fortunato dit à Gianetto de ne rien craindre.
3. L'adjudant demande à Fortunato de ne pas faire le malin.
4. Il lui demande de ne pas rire.
5. Il lui demande de ne pas mentir.
6. Fortunato demande à l'adjudant de ne pas aller dans la maison.

E. *The Use of Pronouns with the Imperative*

Rewrite the following sentences according to the example.

EXAMPLE: Gianetto demande à Fortunato de **le cacher.**

Cache-moi.

1. Gianetto demande à Fortunato de le recouvrir de foin.
2. L'adjudant demande à Fortunato de lui répondre.
3. L'adjudant demande à Fortunato de lui dire où est Gianetto.

4. Gianetto demande au voltigeur de lui donner à boire.
5. Mateo demande à Fotunato de le suivre.
6. Fortunato demande à son père de lui pardonner.

COMMUNICATIVE ACTIVITY

Prepare the topic listed below to be discussed in class. You should be ready to quote sentences or parts of sentences from the text in support of the views expressed.

1. Mateo était un homme redoutable.
2. Fortunato était un garçon éveillé: il savait ce qu'il fallait dire et faire en présence du bandit et de l'adjudant.
3. Il y a beaucoup de détails sur la Corse du 19ᵉ siècle.

Discussion: Peut-on tuer pour obéir au code de l'honneur?

*O*riflamme[1]

Eugène Ionesco

[1]**oriflamme** streamer

«Pourquoi, me dit Madeleine, n'as-tu pas déclaré son décès[2] à temps? Ou alors te débarrasser du cadavre plus tôt, quand c'était plus facile!»

Ah! je suis paresseux, indolent, désordonné, brisé de fatigue
5 à ne pas agir![3] Je ne sais jamais où je fourre mes affaires.[4] Je perds tout mon temps, j'use mes nerfs, je me détruis à les chercher, à fouiller dans des tiroirs,[5] à ramper[6] sous les lits, à m'enfermer dans des chambres noires,... J'entreprends toujours un tas de choses que je n'achève jamais, j'abandonne mes projets, je lâche[7]
10 tout... Pas de volonté, parce que pas de vrai but![8]... S'il n'y avait pas la dot de ma femme, ses quelques maigres revenus...

«Tu as laissé passer dix ans!... Ça commence à sentir, dans la maison. Les voisins s'inquiètent, ils demandent d'où ça vient. Ils finiront par le savoir... C'est ton manque d'initiative qui est cause
15 de tout. Il faudra bien le dire au commissaire. Ça va faire des histoires![9]... Au moins, si on pouvait prouver qu'il est mort depuis dix ans: au bout de dix ans, c'est la prescription![10]... Si tu avais déclaré son décès à temps, on l'aurait, maintenant, cette prescrip-tion!... Nous serions tranquilles!... Nous n'aurions pas à nous
20 cacher des voisins, nous pourrions recevoir,[11] comme tout le monde!...

—Mais, Madeleine, on nous aurait arrêtés, voyons, la pres-cription n'aurait pas eu le temps de jouer,[12] nous serions en prison ou guillotinés, depuis dix ans, cela est évident!» eus-je l'intention
25 de lui répondre. Allez apprendre[13] la logique à une femme!... Je la laissai parler, m'efforçant de ne pas écouter.

«C'est à cause de lui que ça va mal. Rien ne nous réussit! s'exclama encore Madeleine.

—Ce n'est qu'une supposition.

30 —Et puis il occupe la plus belle pièce de notre appartement: notre chambre à coucher de jeunes mariés!»

Pour la dix-millième fois, peut-être, faisant mine de me diri-

---

[2]**décès** death [3]**brisé... agir** so dead tired that I cannot do anything [4]**je fourre mes affaires** I put my things [5]**à fouiller... tiroirs** going through drawers [6]**ramper** to creep [7]**lâcher** to drop [8]**but** purpose [9]**ça va... histoires** It'll make things uncomfortable [10]**prescription** end of the statute of limitations [11]**recevoir** to entertain [12]**jouer** to be enforced [13]**Allez apprendre** Just try and teach

ger vers les cabinets,[14] je tournai à gauche, dans le couloir, pour aller contempler le mort dans sa chambre.

J'ouvris la porte. Tout espoir était vain: il ne disparaîtrait jamais de lui-même.[15] Il avait encore grandi. Il lui faudrait bientôt un autre divan. Sa barbe avait poussé, lui venait aux genoux. Pour les ongles, ça s'arrangeait,[16] c'était Madeleine qui les lui coupait. 5

Justement,[17] j'entendis ses pas. Je n'arrivais jamais à être seul avec le cadavre. Malgré des précautions infinies, elle me surprenait à chaque fois. Elle me suspectait, m'épiait,[18] ne me laissait aucune liberté dans mes mouvements, m'appelait, me suivait, était toujours là. 10

Je suis sujet à insomnies. Elle, non. Malgré la malchance[19] qui pèse sur nous, Madeleine dort très bien.

Parfois, au beau milieu[20] de la nuit, espérant pouvoir profiter de l'obscurité et du sommeil de Madeleine, je quittais mon lit, en prenant bien soin de ne pas en faire grincer les ressorts; retenant 15 ma respiration, je parvenais[21] jusqu'à la porte; à peine avais-je saisi la poignée[22] que la lampe de chevet[23] s'allumait. Madeleine, déjà un pied hors des couvertures, m'interpellait:[24] «Où vas-tu? Tu vas *le* voir? Attends-moi!» 20

D'autres fois, la croyant occupée à la cuisine, je me précipitais vers la chambre du mort dans l'espoir insensé[25] d'être enfin, au moins pour quelques secondes, seul à seul avec lui. Je la trouvais là, assise sur le divan, tenant le défunt par l'épaule, guettant[26] mon arrivée. 25

Je ne fus donc pas étonné d'avoir, cette fois encore, Madeleine sur mes talons,[27] prête à me faire des reproches, selon son habitude.[28] Comme j'attirais son attention sur la beauté du regard de feu, brillant dans la pénombre[29] de la pièce, elle s'écria, parfaitement insensible à ce charme malgré tout assez inaccoutumé:[30] 30

---

[14]**faisant mine... cabinets** pretending to go to the bathroom [15]**de lui-même** of his own accord [16]**Pour... s'arrangeait** As for his fingernails, no problem
[17]**Justement** As a matter of fact [18]**épier** spy [19]**malchance** ill luck [20]**au beau milieu** right in the middle [21]**en prenant... parvenais** making sure not to make the springs squeak, holding my breath, I reached [22]**poignée** handle [23]**lampe de chevet** bedside lamp [24]**interpeller** to ask questions [25]**insensé** senseless
[26]**guetter** to watch [27]**talon** heel [28]**selon son habitude** as was her custom
[29]**regard de feu... pénombre** fiery look shining in the semi-darkness
[30]**inaccoutumé** unusual

«Depuis dix ans, tu n'as même pas encore fermé ses paupières!

—C'est vrai... acquiesçai-je, d'un air pitoyable.[31]

—Comment peut-on, continua-t-elle, être étourdi à ce
5 point?[32] Tu ne diras pas que tu n'as pas eu le temps, tu ne fais
rien toute la journée!

—Je ne peux pas penser à tout!

—Tu ne penses à rien!

—Bon. Je le sais. Tu me l'as dit et répété cent mille fois!

10 —Si tu le sais, pourquoi ne te corriges-tu pas?

—Tu n'avais qu'à fermer ses paupières toi-même!

—J'ai bien autre chose à faire que d'être tout le temps après
toi, commencer ce que tu ne continueras pas, terminer ce que tu
as laissé en panne,[33] mettre de l'ordre partout. J'ai à m'occuper
15 de tout l'appartement, de la cuisine; je lave, je raccommode,[34] je
cire[35] le parquet, je change son linge et le tien, j'essuie la poussière,[36] je fais la vaisselle, j'écris des poésies que je vends pour
augmenter nos maigres ressources, je chante, la fenêtre ouverte,
malgré mes soucis, pour que les voisins ne se doutent pas qu'il y
20 a quelque chose qui ne va pas chez nous, tu sais bien que nous
n'avons pas de bonne, ah! avec ce que tu gagnes, si je n'étais pas
là!...

—Ça va, ça va... », fis-je, accablé, et je voulus quitter la pièce.

«Où vas-tu? Tu oubliais encore de fermer ses paupières!»

25 Je revins sur mes pas.[37] M'approchai du cadavre. Qu'il était
vieux, vieux! Les morts vieillissent plus vite que les vivants. Qui
aurait reconnu là le beau jeune homme qui, un soir, dix ans auparavant, nous avait rendu visite, était tombé subitement
amoureux[38] de ma femme et — mettant à profit[39] mes cinq mi-
30 nutes d'absence — était devenu son amant, le soir même?

«Tu vois, me dit Madeleine, si, le lendemain du meurtre, tu
étais allé au commissariat, dire que tu l'avais tué dans un moment
de colère, ce qui était la pure vérité, par jalousie, comme c'était
un crime passionnel, tu n'aurais même pas été inquiété;[40] on

---

[31]**acquiesçai-je... pitoyable** I concurred, looking pitiful [32]**étourdi à ce point** so
scatterbrained [33]**en panne** undone [34]**raccommoder** to mend [35]**cirer** to wax
[36]**essuyer la poussière** to wipe off the dust [37]**revins sur mes pas** retraced my
steps [38]**était tombé... amoureux** had suddenly fallen in love [39]**mettre à
profit** to take advantage [40]**inquiété** bothered

t'aurait fait signer une petite déclaration, on t'aurait laissé partir, on aurait enfoui la déclaration dans un dossier; toute l'affaire serait classée,[41] oubliée depuis longtemps. C'est à cause de ta né- gligence que nous en sommes là. Chaque fois que je te disais: va faire ta déclaration, tu me répondais: demain, demain, demain!... 5 Et ça fait dix ans avec tes demains. Et nous voilà, maintenant. Par ta faute, par ta faute!...

—J'irai demain! dis-je, dans l'espoir qu'elle me laisserait tran- quille.

—Oh! je te connais; tu n'iras pas. D'ailleurs, à quoi cela 10 pourrait-il bien servir,[42] à présent? C'est trop tard. On ne croira pas — dix ans après — que tu l'as tué dans un moment de colère! Quand on attend dix ans, ça ressemble vraiment à de la prémédi- tation. Je me demande ce qu'on pourrait bien leur raconter, si on voulait se mettre en règle,[43] un jour ou l'autre!... Comme il est 15 devenu vieux, tu pourrais peut-être dire que c'est ton père, que tu l'as tué hier. Mais ce ne serait peut-être pas une bonne excuse.

—On ne nous croirait pas. On ne nous croirait pas», murmurai-je.

Je suis un esprit réaliste; si je manque de volonté, par contre 20 je raisonne clairement. Aussi, le manque de logique de Madeleine, ses jugements sans fondement[44] dans le réel ont toujours été, pour moi, insupportables.[45]

«Allons de l'autre côté!» dis-je et je fis deux pas.

«Tu allais encore oublier de fermer ses paupières! Pense donc 25 un peu à ce qu'on te dit!» cria Madeleine.

◆◆◆

Quinze autres jours s'écoulèrent.[46] Il vieillissait et grandissait de plus en plus vite. Nous en étions effrayés. Il faisait, de toute évidence, de la progression géométrique, cette maladie incurable des morts. Comment avait-il pu attraper cela chez nous? 30

Il ne tenait plus sur le divan. Nous fûmes obligés d'étendre

---

[41]**on aurait... classée** the statement would have been filed alway (i.e., the whole case would have been dismissed) [42]**à quoi... servir** what use would it be [43]**se mettre en règle** to put everything in order [44]**fondement** foundation [45]**insupportable** unbearable [46]**Quinze autres jours s'écoulèrent.** Two more weeks went by.

le corps sur le parquet. De cette façon, nous récupérâmes le meuble, que nous installâmes dans la salle à manger. J'avais pu, pour la première fois depuis dix ans, m'allonger[47] après déjeuner, m'assoupir,[48] lorsque les cris de Madeleine me réveillèrent en
5 sursaut.[49]

«Es-tu sourd? me disait-elle, affolée.[50] Tu ne t'en fais pas,[51] toi, tu dors toute la journée...

—C'est parce que je ne dors pas de la nuit!

— ... comme s'il ne se passait rien dans la maison. Écoute
10 donc!»

De la chambre du mort, des craquements se faisaient entendre. Du plâtre devait tomber du plafond. Sous l'action d'une poussée[52] irrésistible, les murs gémissaient.[53] Le plancher, jusque dans la salle à manger, l'appartement tout entier, vibrait, chavi-
15 rait[54] comme un bateau. Une fenêtre éclata.[55] Les vitres volèrent en morceaux.[56] Heureusement, cette fenêtre ne donnait que sur la cour intérieure.[57]

«Que vont penser les voisins! se désespéra Madeleine.

—Allons voir!»
20 Nous avions fait à peine deux pas en direction de la chambre du mort lorsque la porte céda, tomba avec fracas,[58] se brisa, laissant apparaître, énorme, la tête du vieux couchée par terre, le regard vers le plafond.

«Il a toujours les yeux ouverts», remarqua Madeleine.
25 En effet, ils étaient ouverts. Ils étaient très grands, maintenant, ronds, éclairant, tels deux phares,[59] d'une lumière froide, blanche, tout le couloir.

«Heureusement que la porte s'est brisée! dis-je, pour tranquilliser Madeleine. Comme ça, il aura de la place. Le couloir est
30 long.

—Toujours optimiste! Regarde donc!»

Cependant qu'elle haussait les épaules,[60] je regardai. C'était

---

[47]**s'allonger** to lie down [48]**s'assoupir** to fall asleep [49]**me réveillèrent en
sursaut** startled me out of my sleep [50]**affolé** panic-stricken [51]**tu ne t'en fais
pas** you don't care [52]**poussée** pressure [53]**gémir** to creak [54]**chavirer** to sway
[55]**éclater** to break [56]**voler en morceaux** to fly into pieces [57]**ne donnait...
intérieure** was only facing the backyard [58]**fracas** crash [59]**phare** headlight
[60]**hausser les épaules** to shrug one's shoulders

très inquiétant. Il s'allongeait à vue d'œil.[61] Je traçai un signe, à
là craie, à quelques centimètres de sa tête. Ce signe fut atteint,
puis dépassé, en quelques minutes.

«Il faut agir! déclarai-je, on ne peut vraiment plus attendre.

—Enfin, dit Madeleine, tu t'es réveillé, tu as tout de même   5
compris. Il y a longtemps, mon pauvre ami, que tu aurais dû *agir*.

—Ce n'est peut-être pas trop tard!»

J'avais compris mes torts. Tout tremblant, je tentais de m'excuser.

«Idiot!» répondit Madeleine, comme pour me donner du   10
courage.

Je ne pouvais rien entreprendre avant la nuit. Nous étions au
mois de juin, nous avions encore des heures à attendre.Plusieurs
heures; c'était beaucoup; j'aurais eu le temps de me reposer,
penser à autre chose, ou dormir, si Madeleine n'avait pas été là,   15
anxieuse plus que jamais. Pensez donc: pas moyen d'avoir une
minute de tranquillité avec ses sermons, ses «je te l'avais bien dit»,
sa manie d'avoir toujours eu raison.

Cependant, la tête du mort avançait toujours, dans l'antichambre, approchait de plus en plus de la salle à manger, dont   20
je fus, bientôt, obligé d'ouvrir la porte. Les étoiles avaient à peine
fait leur apparition dans le ciel que la tête s'était déjà montrée
dans l'embrasure.[62] Il fallait encore attendre, il y avait trop de
gens dans la rue. C'était l'heure du dîner; nous n'avions pas faim.
Soif, oui; mais, pour chercher un verre à la cuisine, il fallait en-   25
jamber[63] le corps, Même ce petit effort était au-dessus de nos
forces.

Nous n'avions pas allumé. Ses yeux éclairaient suffisamment
la pièce.

«Ferme les volets!»[64] me recommanda Madeleine.   30

Puis, me montrant du doigt la tête du mort:

«Ça va tout nous mettre sens dessus dessous.[65]»

La tête était arrivée en bordure du tapis, qu'elle poussait et
plissait.[66] Je la soulevai, la mis par-dessus: «Comme cela, ça
n'abîmera[67] pas le tapis.»   35

---

[61]**s'allongeait... d'œil** grew longer before our eyes   [62]**dans l'embrasure.** in the
doorway.   [63]**enjamber** to step over   [64]**volet** shutter   [65]**Ça va... dessous.**
Everything will be topsy-turvy.   [66]**La tête... plissait.** The head had reached
the rug, which it pushed up in folds.   [67]**abîmer** to damage

En fin de compte,[68] je me sentais assez déprimé.[69] Cette histoire, qui durait depuis des années!... En outre, ce soir-là j'avais
le trac,[70] car j'avais à «agir». Aux tempes, je sentis un peu de
sueur. Je frissonnai.[71]

5   Madeleine eut un cri de révolte: «C'est épouvantable, enfin.
Des choses pareilles, il n'y a qu'à nous que cela arrive!»

    Je regardai son pauvre visage torturé. J'eus pitié. J'allai vers
elle, lui dis gentiment:[72]

    «Si nous nous aimions, en vérité, tout cela n'aurait plus d'im-
10 portance.» Je joignis les mains: «Aimons-nous, Madeleine, je t'en
supplie, tu sais, l'amour arrange tout, il change la vie. Me
comprends-tu?»

    Je voulus l'embrasser. Elle se dégagea, l'œil sec, la bouche
dure.[73]

15   «J'en suis certain!» balbutiai-je[74] encore. Puis, prenant mon
élan:[75] «Te rappellus-tu, jadis, toutes les aurores étaient pour
nous des victoires! Nous étions aux portes du monde. Te souviens-
tu, te souviens-tu? L'univers était et n'était plus, ou n'était qu'un
voile transparent à travers lequel brillait une lumière éclatante,
20 une lumière de gloire venant de tous les côtés, de plusieurs soleils.
La lumière nous pénétrait, comme une chaleur douce. Nous nous
sentions légers, dans un monde délivré de sa pesanteur, étonnés
d'exister, heureux d'être. C'est cela l'amour, c'est cela la jeunesse.
Si nous le voulions, du fond du cœur, rien n'aurait de l'impor-
25 tance, nous chanterions des hymnes de joie!

    —Ne dis pas de sottises, répondit Madeleine, ce n'est pas
l'amour qui va nous débarrasser de ce cadavre. La haine non plus,
d'ailleurs. Ce n'est pas une affaire de sentiment.

    —Je t'en débarrasserai», dis-je, en laissant retomber mes bras.
30   Je me retirai dans mon coin. M'enfonçai dans mon fauteuil.[76]
Me tus.[77] Madeleine, sur sa chaise, la mine renfrognée, se mit à
coudre.[78]

---

[68]**En fin de compte** Everything considered [69]**déprimé** depressed [70]**avoir le
trac** to be in a funk [71]**Aux tempes... frissonnai.** I felt a little sweat on my
temples. I shivered. [72]**gentiment** kindly [73]**Elle se dégagea... dure.** She broke
away, with a cold look and harsh expression around her mouth. [74]**balbutier**
to stammer [75]**prenant mon élan** getting enthusiastic [76]**M'enfonçai dans mon
fauteuil** sank into my armchair [77]**se taire** to keep silent [78]**la mine renfrognée...
coudre** looking glum, started sewing

Je contemplai la tête du mort qui n'était plus qu'à cinquante centimètres, environ, du mur opposé à la porte. Il avait encore vieilli depuis tout à l'heure. C'est bizarre, nous nous étions, malgré tout, habitués à lui; je me rendis compte, soudain, que je regrettais sincèrement de m'en séparer. S'il s'était tenu tranquille, 5 on l'aurait gardé avec nous, longtemps encore; toujours, peut-être. En somme, il avait grandi, vieilli dans notre maison, avec nous, ça compte cela! Que voulez-vous, on s'attache à tout, ainsi est le cœur de l'homme... La maison nous paraîtra bien vide, pensais-je, quand il ne sera plus là... Que de souvenirs il nous 10 rappelait! Il avait été le témoin muet[79] d'un passé entier, pas toujours agréable, bien sûr... On peut même dire: à cause de lui, pas agréable! Que voulez-vous, la vie n'est jamais gaie!... Je me souvenais à peine que c'était moi qui l'avais assassiné ou plutôt, pour employer une expression moins défavorable pour moi: «ex- 15 écuté», dans un moment de colère... ou d'indignation... On s'était pardonné, depuis le temps, tacitement...; s'il fallait tenir compte de tout, les fautes étaient partagées.[80] Au fait, *lui*, avait-il vraiment oublié?

Madeleine m'interrompit dans mes pensées: 20
«Son front touche au mur. C'est le moment!
—Oui!» me décidai-je.

Je me levai. Ouvris les volets. Regardai par la fenêtre. La nuit d'été était très belle. Il devait être deux heures après minuit. Personne dans la rue. Les fenêtres, partout, obscures. En haut, 25 en plein ciel, la lune, ronde, épanouie,[81] un astre[82] bien vivant. La voie lactée.[83] Des nébuleuses, des nébuleuses à profusion, des chevelures, des routes dans le ciel, des ruisseaux, de l'argent liquide, de la lumière palpable, neige de velours. Des fleurs blanches, des bouquets et des bouquets, des jardins dans le ciel, 30 des forêts étincelantes, des prairies... Et de l'espace, surtout, de l'espace, un espace infini!...

«Allons, me dit Madeleine, à quoi penses-tu? Il ne faut pas que l'on nous voie. Je vais faire le guet.[84]»

---

[79]**témoin muet** silent witness [80]**s'il fallait... partagées** if everything was to be taken into consideration, mistakes were made on both sides [81]**épanoui** beaming [82]**astre** heavenly body [83]**voie lactée** Milky Way [84]**faire le guet** to be on the lookout

Elle enjamba la fenêtre. Courut jusqu'au coin de la rue. Regarda à gauche, à droite, me fit signe: «Vas-y![85]»

Le fleuve se trouvait à trois cents mètres de la maison. Avant d'y arriver, il fallait traverser deux rues, passer par la petite place
5 T., où l'on risquait de rencontrer des fêtards[86] américains, en uniforme, qui fréquentaient le bar. Éviter, ensuite, les péniches amarrées le long de la berge:[87] pour cela, faire un détour, ce qui compliquait l'aventure. Je n'avais pas le choix, Je ne pouvais que jouer le tout pour le tout.[88]

10 Après avoir jeté un dernier regard dans la rue, je pris le mort par les cheveux, le soulevai avec peine, posai sa tête sur la balustrade[89] et sautai sur le trottoir.[90] («Pourvu qu'il ne fasse pas tomber les poteries[91]», pensai-je.) Je tirai du dehors. Ce fut comme si j'avais traîné[92] la chambre à coucher, le long couloir, la
15 salle à manger, l'appartement entier, tout l'immeuble;[93] puis comme si je m'arrachais, moi-même, les sortant par ma bouche, mes propres entrailles, les poumons,[94] l'estomac, le cœur, un tas de sentiments obscurs, de désirs insolubles, de pensées malodorantes, une idéologie corrompue, une morale décomposée,
20 fixés aux organes comme des plantes parasites. Je souffrais atrocement, je n'en pouvais plus,[95] je suais[96] des larmes, du sang. Il fallait tenir bon;[97] mais que c'était dur, et la peur d'être surpris, avec ça. J'avais passé par la fenêtre sa tête, sa longue barbe, son cou, le tronc, me trouvai devant la porte de la maison voisine,
25 cependant que les pieds étaient encore dans le corridor. Madeleine, qui m'avait rejoint, tremblait de frayeur.[98] Je tirai encore, de toutes mes forces, retenant, avec beaucoup de mal, un cri de douleur. Tirant toujours, marchant à reculons[99] («Il n'y a personne, me disait Madeleine, toutes les fenêtres sont éteintes»),
30 j'arrivai au coin de la rue, tournai, traversai, tournai, traversai. Une secousse.[1] Tout le corps était sorti. Nous nous trouvions au beau milieu de la petite place T., éclairée comme en plein jour.

---

[85]**Vas-y!** Go ahead! [86]**fêtard** merrymaker [87]**des péniches... berge** the barges berthed along the bank [88]**Je ne pouvais... tout.** All I could do was risk everything (in order) to achieve my purpose. [89]**balustrade** hand rail [90]**trottoir** sidewalk [91]**Pourvu qu'il... poteries** I only hope he won't knock down the flower pots [92]**traîner** to haul [93]**immeuble** building [94]**mes propres entrailles... poumons** my own bowels, my lungs [95]**n'en plus pouvoir** to be exhausted [96]**suer** to sweat [97]**tenir bon** to hold out [98]**frayeur** fright [99]**à reculons** backward [1]**secousse** jolt

Je haletai.[2] Un camion[3] roulait, dans le lointain. Un chien hurla.[4] Madeleine n'y tint plus:[5] «Laisse-le et rentrons! fit-elle.

—Ce serait imprudent! Rentre, si tu veux. Je m'en occupe.»

Je demeurai seul. Je m'étonnai de voir combien le corps était devenu léger. Il avait beaucoup grandi, évidemment, mais en s'amincissant[6] puisqu'il ne s'était jamais nourri.[7] Je tournai sur place; le défunt s'enroulait[8] autour de mon corps, comme un ruban. «Il sera ainsi plus facile de le porter jusqu'au fleuve», pensai-je.

Hélas! lorsque sa tête arriva sur ma hanche,[9] elle fit soudain entendre ce sifflement aigu, prolongé, des morts.[10] On ne pouvait s'y méprendre.[11]

À ce sifflement, d'autres répondirent, de tous les côtés: la police! Les chiens aboyèrent,[12] les trains partirent, les fenêtres de la place s'éclairèrent, des têtes s'y montrèrent, les Américains, en uniforme, sortirent du bar, avec les filles.

Au coin de la rue, deux flics[13] apparurent, sifflet[14] en mains. Ils approchaient, en courant. Ils n'étaient plus qu'à deux pas. J'étais perdu.

Tout à coup, la barbe du mort se déploya,[15] en parachute, me soulevant de terre. Un des flics fit un saut de géant: trop tard, il n'attrapa que mon soulier[16] gauche. Je lui jetai l'autre. Les soldats AMÉRICAINS, enthousiasmés, prirent des photos. Je montais très vite, tandis que les flics, me menaçant du doigt, criaient: «Coquin! Petit coquin!» Toutes les fenêtres applaudissaient. Seule, Madeleine, à la sienne, levant les yeux vers moi, me lança, avec mépris:[17] «Tu ne seras donc jamais sérieux! Tu t'élèves, mais tu ne montes pas dans mon estime!»

J'entendis encore les Américains me saluer de leurs *hello boy!* croyant à un exploit sportif; je laissai tomber mes vêtements, mes cigarettes, les flics se les partagèrent. Puis ce ne furent que voies lactées que je parcourais,[18] oriflamme, à toute allure, à toute allure.[19]

---

[2]**haleter** to pant [3]**camion** truck [4]**hurler** to howl [5]**n'y tint plus** could take it no longer [6]**s'amincir** to get thin [7]**se nourrir** to eat [8]**s'enrouler** to wrap around [9]**hanche** hip [10]**fit entendre... des morts** gave out that piercing, drawn-out whistle that dead people have [11]**On... s'y méprendre** There could be no mistake about it. [12]**aboyer** to bark [13]**flic** cop [14]**sifflet** whistle [15]**se déployer** to spread out [16]**soulier** shoe [17]**me lança avec mépris** called to me with contempt [18]**parcourir** to roam through [19]**à toute allure** at full speed

EXERCISES

READING COMPREHENSION

Answer the following questions.

1. Que reprochait Madeleine au narrateur au commencement de l'histoire?
2. De quoi s'accusait le narrateur?
3. Expliquez: «au bout de dix ans, c'est la prescription».
4. Dans quelle pièce se trouvait le cadavre?
5. Pourquoi le narrateur ne pouvait-il jamais voir le cadavre seul à seul?
6. Quel nouveau reproche Madeleine a-t-elle fait en voyant les yeux brillants du cadavre?
7. Quelles étaient les activités de Madeleine et qu'en pensez-vous?
8. Pourquoi le narrateur avait-il tué le jeune homme?
9. Qu'est-ce que cela montrait chez lui et chez Madeleine?
10. Pourquoi la justice n'était-elle pas sévère pour ce genre de crime? Seriez-vous plus sévère?
11. Donnez un exemple du manque de logique chez Madeleine.
12. Madeleine ne s'arrêtait pas de critiquer son mari. Donnez-en des exemples.
13. Pourquoi a-t-il fallu poser le cadavre sur le parquet?
14. Qu'a pu faire le narrateur après avoir récupéré le divan?
15. Qu'est-ce qui s'est passé alors?
16. Pourquoi était-ce inquiétant?
17. Pourquoi le narrateur ne pouvait-il pas agir tout de suite?
18. Qu'a fait le narrateur pour calmer Madeleine et comment a-t-elle réagi?
19. Quels étaient les sentiments du narrateur à l'égard (= *toward*) du mort et comment s'expliquaient-ils?
20. Qu'est-ce que le narrateur a vu dans le ciel en ouvrant les volets?
21. De quelle manière voulait-il se débarrasser du mort?
22. Quelles difficultés a-t-il eues pour le faire?
23. De quelle manière a-t-il porté le cadavre?
24. Quels bruits a-t-il entendus sur sa hanche et autour de lui?
25. Que s'est-il passé quand les deux flics se sont approchés?
26. Qu'ont fait les soldats américains et les autres spectateurs?
27. Quelle a été la déclaration finale de Madeleine?
28. Où est allée l'oriflamme?

VOCABULARY STUDY

A. Write sentences of your own with each of the following words and phrases.

fermer les paupières
avoir de la sueur aux tempes
avoir la face (la mine) épanouie
prendre par les cheveux
se couper la barbe (les ongles)
menacer du doigt
joindre les mains
hausser les épaules
laisser retomber les bras
haleter

enjamber
retenir ma, ta, etc. respiration
marcher à reculons
ramper
s'allonger
s'assoupir
se réveiller en sursaut
trembler de frayeur
frissonner
gémir
souffrir atrocement

B. Study the following expressions; then select the appropriate one to replace the near-equivalents in italics in each of the sentences below.

s'écouler   s'allonger   s'élever
épier   arriver   s'efforcer
s'assoupir   se nourrir   achever

1. Dix ans *ont passé.*
2. Le cadavre ne *mangeait* pas.
3. Le narrateur ne *réussissait* jamais à rester seul avec le défunt.
4. Madeleine le *guettait* toujours.
5. Le narrateur *se couchait* sur le divan.
6. Quand il *s'endormait,* Madeleine le réveillait.
7. Elle lui disait: «Pourquoi ne *termines*-tu pas ce que to as commencé?»
8. Le narrateur *essayait* de calmer sa femme.
9. Le narrateur *est monté* dans le ciel.

C. Prepare mini-dialogues with each of the following phrases.

EXAMPLE: Pourquoi ne finis-tu pas ce que tu commences?
           —Ça va!

Ça va! (*O.K.!*)
Vas-y! (*Go ahead!*)

Je t'en supplie! (*Please!*)
Ne dis pas de sottises!

Voyons! (*Come now!*)
Tu vois!
Hélas!
Que voulez-vous! (*What do you expect!*)
Enfin!
C'est le moment! (*Now is the time!*)

Je te l'avais bien dit! (*I told you so!*)
Il n'y a qu'à nous (moi, toi, etc.) que cela arrive! (*It only happens to us!*)

STRUCTURES

A. The Formation of the Conditional: Review Exercise

Rewrite the following sentences in the conditional according to the example.

EXAMPLE: Je suis enfin libre.

Je *serais* enfin libre.

1. Madeleine me fait des reproches.
2. Pourquoi ne vas-tu pas au commissariat?
3. Nous sommes tranquilles.
4. Nous pouvons recevoir.
5. Nous avons la prescription.
6. On ne veut pas nous écouter.
7. On ne nous croit pas.
8. Je vends des poésies.
9. Je sais travailler.
10. Je vais dans la chambre du défunt.
11. Je vois le cadavre seul.
12. Le corps ne tient plus sur le divan.
13. Il faut un autre divan.
14. Pourquoi ne le mets-tu pas par terre?

B. The Use of the Definite Article

Wheras in English possessive adjectives are used with parts of the body, in French, the definite article is generally used.

Madeleine raised *her eyes.*
Madeleine leva *les yeux.*

Complete the following sentences, using the definite article with the noun in parentheses.

1. Madeleine a levé (tête) vers moi.
2. Le narrateur avait (tempes) pleines de sueur.
3. Madeleine a haussé (épaules).
4. J'ai pris le mort par (cheveux).
5. Madeleine tenait le défunt par (épaule).
6. Le narrateur a joint (mains).

C. The Use of Reflexive Verbs

Whereas simple verbs and possessive adjectives are used with parts of the body in English, reflexive verbs and definite articles are used in French.

He wiped his face.
Il s'est essuyé le visage.

Write sentences using *reflexive* verbs with parts of the body.

EXAMPLE: Le narrateur / arrachait / poumons.

    Le narrateur s'arrachait les poumons.

1. Le narrateur / arrachait / cœur.
2. Le narrateur / sentait / tête légère en montant.
3. Le défunt / ne coupait pas / ongles.
4. Madeleine / lavait / cheveux tous les jours.

COMMUNICATIVE ACTIVITY

Prepare one of the topics listed below to be discussed in class. Be ready to quote sentences or parts of sentences from the text in support of the views expressed.

1. Les aspects de la personnalité du narrateur sont positifs et négatifs.
2. Les aspects de la personnalité de Madeleine sont plus négatifs que positifs.

(continued)

---

3. La conception de l'amour dans *Oriflamme* est celle d'un homme âgé.
4. Certains aspects semblent particulièrement absurdes et fantastiques.
5. Cette histoire est plus pessimiste qu'optimiste.

—◦•✕◈✕•◦—

REVIEW EXERCISE

Review the vocabulary and grammar points in Part II. Then rewrite each sentence; use the correct form of the word in parentheses or supply the missing word.

Madeleine ne cessait pas de faire _____ (*noun*) à son mari, le narrateur. «Pourquoi ne _____ (*interrogative conditional of* **aller** *with* **tu**) au commissariat de _____ (*noun*) pour déclarer _____ (*noun*)? Nous serions tranquilles. Nous _____ (*conditional of* **pouvoir**). Maintenant le cadavre est mort _____ (*preposition*) dix ans et commence à _____ (*verb*) dans toute la maison. Il faut absolument nous en _____ (*verb*).»

_____ (*numeral adjective*) jours plus tard le cadavre vieillissait et _____ (*imperfect of* **grandir**) de plus en plus _____ (*adverb*). Un jour, une fenêtre, puis une porte _____ (**passé composé** *of* **se briser**). «Bon. Il faut _____ (*verb*)», a dit le mari. Il avait _____ (**tempes**) pleines de sueur. Pour calmer Madeleine il a joint _____ (**mains**) et dit: «Je t'en _____ (*verb*)! Aimons- _____ (*personal pronoun*). L'amour _____ (*verb*) tout.» Elle a répondu: «Ne _____ (*verb*) pas de sottises». Alors le mari a tiré le cadavre au dehors. C'était comme s'il s'arrachait _____ (**poumons, cœur, estomac**). Madeleine tremblait de _____ (*noun*). Le cadavre s'est enroulé autour du narrateur en faisant entendre _____ (*noun*). On ne pouvait s'y _____ (*verb*). Puis il y a eu d'autres sifflements. La police est arrivée, des chiens _____ (*verb in the* **passé composé**), des trains _____ (*verb in the* **passé composé**), des Américains _____ (*verb in the* **passé composé**) du bar. La barbe du mort a soulevé le narrateur de _____ (*noun*). Les flics criaient et le menaçaient du _____ (*noun*). Madeleine, levant _____ (**yeux**) sur lui, a dit: «Tu ne monteras pas dans mon _____ (*noun*)». Les flics ont pu _____ (*verb*) ses vêtements et ses cigarettes pendant qu'il parcourait _____ (*noun*).

PART THREE

──◦✦◆✦◦──

Part Three, devoted to contemporary novels, presents very different visions of the human condition: death and suffering on the one hand and a paradise regained on the other. In *Une mort très douce,* Simone de Beauvoir (1908–1986), watches helplessly as her ailing mother, needlessly kept alive, slowly dies. Stéphanie is the passionate and fervent protagonist in *Je déteste les enfants,* taken from *La Tristesse du cerf-volant,* by Belgian-born writer Françoise Mallet-Joris (1930–   ). Working with retarded children in a hospital, Stéphanie wonders what her role should be to alleviate their suffering. Michel Tournier (1924–   ) rewrites Daniel Defoe's *Robinson Crusoe* from a completely different point of view, giving Crusoe's Man Friday the lead. *Vendredi ou la vie sauvage* opposes humanity's ruthless exploitation of its environment and of other beings and introduces the reader into a rather Edenic world where Robinson and Friday, no longer master and slave, live happily naked in a land of plenty, far from the turmoil of civilization.

The three stories appear in their original versions, in order of increasing complexity in grammar and vocabulary.

STUDY GUIDE

The following suggestions will help you in your reading of the selections:

1. Glance at the vocabulary exercises before reading the stories.
2. Review the use of the imperfect with progressive actions; the

use of the subjunctive with certain expressions; and the use of prepositions with parts of the body, with infinitives, with past participles, and with superlatives.

3. Try to guess the general meaning of each sentence before looking at the footnotes and vocabulary. Reread the story aloud with the aid of the footnotes, when necessary.

4. Try to recall the main ideas of the story and list them in order of importance. Then try to recall the expressions you learned in this unit to ensure you know how they are used. Rewrite your ideas in a cohesive paragraph.

5. Prepare yourself for the *Communicative Activity*. Write your thoughts on the topics chosen for discussion and practice them aloud several times in order to improve your oral proficiency.

Une Mort très douce

Simone de Beauvoir

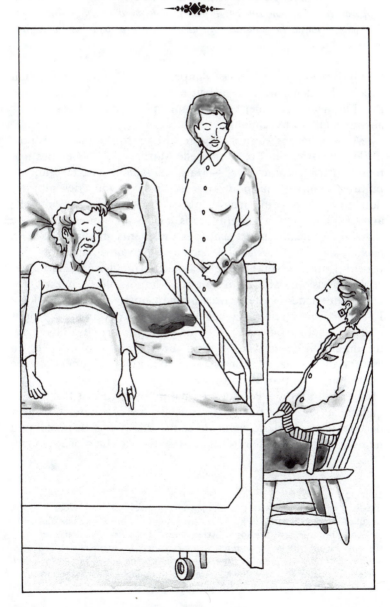

(Mme de Beauvoir, la mère de la narratrice et de Poupette, a été hospi-
talisée à Paris à cause d'une fracture. Ce qu'elle ignore, c'est qu'on a
découvert un cancer pendant l'opération. Le Dr N. lui enlève une tumeur
déjà très avancée, voulant à tout prix prolonger sa vie, ne serait-ce que
5 *de quelques jours. La malade croit qu'on l'a opérée pour une péritonite*
la seconde fois.)

Le lundi matin je parlai avec Poupette au téléphone: la fin était
proche. L'œdème ne se résorbait pas;[1] le ventre ne se refermait
pas. Les médecins avaient dit aux infirmières[2] qu'il ne restait qu'à
10 abrutir maman de calmants.[3]

À deux heures, devant la porte 114, je trouvai ma sœur, hors
d'elle. Elle avait dit à mademoiselle Martin: «Ne laissez pas maman souffrir comme hier. —Mais, madame, si on fait tant de
piqûres,[4] simplement pour des escarres,[5] le jour des grandes
15 douleurs la morphine n'agira plus.» Pressée de questions, elle
avait expliqué qu'en général, dans les cas analogues à celui de
maman, le malade meurt dans des tourments abominables. *Ayez*
pitié de moi. Achevez-moi.[6] Le docteur P.[7] avait donc menti? Me
procurer un revolver, abattre[8] maman; l'étrangler.[9] Romantiques
20 et vaines visions. Mais il m'était aussi impossible de m'imaginer
entendant pendant des heures maman hurler. «Allons parler à
P.» Il arrivait et nous l'avons harponné:[10] «Vous avez promis
qu'elle ne souffrirait pas. —Elle ne souffrira pas.» Il nous fit remarquer que si on avait voulu à tout prix la prolonger et lui
25 assurer une semaine de martyre,[11] il aurait fallu une nouvelle
opération, des transfusions, des piqûres remontantes.[12] Oui.
Même N. avait dit à Poupette le matin: «Nous avons fait tout ce
qu'il fallait faire tant qu'il restait une chance. Maintenant, essayer
de ralentir sa mort, ce serait du sadisme.» Mais cette abstention
30 ne nous suffisait pas. Nous demandâmes à P.: «La morphine em-

---

[1] **l'œdème ne se résorbait pas** the edema was not resolving [2] **infirmière** nurse
[3] **abrutir avec des calmants** to knock out with tranquilizers [4] **faire une piqûre**
to give a shot [5] **escarre** bedsore [6] **Achevez-moi.** Finish me off. (*Italicized*
sentences were spoken by an uncle dying of cancer.) [7] **Le docteur P.** (*The*
author gives only the initial of the name of the doctor, a real, not an invented
person.) [8] **abattre** to shoot down [9] **étrangler** to strangle [10] **harponner** to
corner [11] **martyre** martyrdom [12] **remontant** fortifying

pêchera les grandes douleurs? —On lui donnera les doses néces-
saires.»

Il avait parlé avec fermeté et il nous inspirait confiance. Nous
nous sommes calmées. Il est entré dans la chambre de maman
pour lui refaire son pansement:[13] «Elle dort, lui avons-nous dit. 5
—Elle ne s'apercevra même pas de ma présence.» Sans doute
dormait-elle encore quand il est sorti. Mais, me rappelant ses angoisses de la veille,[14] j'ai dit à Poupette: «Il ne faudrait pas qu'elle
ouvre les yeux et se retrouve seule.» Ma sœur a poussé la porte;
elle s'est retournée vers moi, blême,[15] et elle s'est abattue[16] sur la 10
banquette en sanglotant: «J'ai vu son ventre!» J'ai été lui chercher
de l'équanil.[17] Quand le docteur P. est revenu, elle lui a dit: «J'ai
vu son ventre! c'est affreux! —Mais non, c'est normal», a-t-il répondu avec un peu d'embarras. Poupette m'a dit: «Elle pourrit[18]
vivante» et je ne lui ai pas posé de question. Nous avons causé. 15
Puis je me suis assise au chevet[19] de maman: je l'aurais crue morte
sans le faible halètement du cordonnet noir sur la blancheur de
la liseuse.[20] Vers six heures elle a soulevé les paupières: «Mais
quelle heure est-il? Je ne comprends pas. C'est déjà la nuit? —Tu
as dormi tout l'après-midi. —J'ai dormi quarante-huit heures! 20
—Mais non.» Je lui ai rappelé les événements de la veille. Elle
regardait au loin, à travers la vitre, les ténèbres et les enseignes
au néon: «Je ne comprends pas», répéta-t-elle d'un air offensé.
Je lui ai parlé des visites et des coups de téléphone que j'avais
reçus pour elle. «Ça m'est égal»,[21] m'a-t-elle dit. Elle ruminait 25
son étonnement:[22] «J'ai entendu les médecins; ils disaient: il faut
l'abrutir.» Pour une fois, ils avaient manqué de vigilance. J'ai expliqué: inutile de souffrir comme la veille; on la ferait beaucoup
dormir en attendant que ses escarres se soient cicatrisées.[23] «Oui,
m'a-t-elle dit avec reproche, mais je perds des jours.» 30

«Aujourd'hui, je n'ai pas vécu. —Je perds des jours.» Chaque
journée gardait pour elle une valeur irremplaçable. Et elle allait

---

[13]**pansement** dressing [14]**veille** day before [15]**blême** livid [16]**s'abattre** to throw
oneself down [17]**équanil** brand name of a tranquilizer [18]**pourrir** to rot
[19]**chevet** bedside [20]**sans le faible... liseuse** but for the slight heaving of the
black watch cord on her white bed jacket [21]**Ça m'est égal** I don't care
[22]**ruminait son étonnement** lingered over her astonishment [23]**se cicatriser** to
heal

mourir. Elle l'ignorait: mais moi je savais. En son nom, je ne me résignais pas.

Elle a bu un peu de bouillon et nous avons attendu Poupette: «Elle se fatigue à dormir ici, a dit maman. —Mais non.» Elle a
5 soupiré:[24] «Ça m'est égal.» Et après un instant de réflexion: «Ce qui m'inquiète, c'est que tout m'est égal.» Avant de se rendormir elle m'a demandé, d'un air soupçonneux:[25] «Mais est-ce qu'on peut comme ça abrutir les gens?» Était-ce une protestation? Je crois plutôt qu'elle souhaitait que je la rassure: sa torpeur était
10 artificiellement provoquée et n'indiquait pas un déclin.

Quand mademoiselle Cournot est entrée, maman a soulevé ses paupières. Ses yeux ont roulé dans ses orbites,[26] elle a accommodé son regard,[27] elle a dévisagé[28] la garde[29] avec une gravité plus poignante encore que celle de l'enfant qui découvre le
15 monde: «Vous, qui êtes-vous? —C'est mademoiselle Cournot. —Pourquoi êtes-vous là, à cette heure-ci? —C'est la nuit», lui ai-je redit. Ses yeux écarquillés[30] interrogeaient mademoiselle Cournot: «Mais pourquoi? —Vous savez bien: je passe toutes les nuits assise à côté de vous.» Maman a dit avec une ombre de blâme:
20 «Tiens! quelle drôle d'idée!» Je me suis préparée à partir. «Tu pars? —Ça t'ennuie que je parte?» Elle m'a répondu de nouveau: «Ça m'est égal. Tout m'est égal.»

Je ne suis pas partie tout de suite; les infirmières de jour disaient que maman ne passerait sans doute pas la nuit. Le pouls
25 sautait de 48 à 100. Il s'est stabilisé vers dix heures. Poupette s'est couchée; je suis rentrée chez moi. J'étais sûre à présent que P. ne nous avait pas abusées.[31] Maman s'éteindrait[32] d'ici un jour ou deux sans trop souffrir.

Elle se réveilla lucide. Dès qu'elle avait mal on la calmait.
30 J'arrivai à trois heures; elle dormait, avec Chantal[33] à son chevet: «Pauvre Chantal, m'a-t-elle dit un peu plus tard. Elle a tant à faire, et je lui prends son temps. —Mais ça lui fait plaisir. Elle t'aime tant.» Maman a médité; d'un air surpris et navré[34] elle m'a dit: «Moi, je ne sais plus si j'aime personne.»

---

[24]**soupirer** to sigh [25]**soupçonneux** suspicious [26]**ses yeux... orbites** she rolled her eyes [27]**a accommodé son regard** focused her eyes [28]**dévisager** to scrutinize [29]**garde** night nurse [30]**écarquillé** wide open [31]**abuser** to delude [32]**s'éteindre** to pass away [33]**Chantal** (*All first names in this selection refer to family members.*) [34]**navré** pained

Je me rappelais sa fierté: «On m'aime parce que je suis gaie.»
Peu à peu, beaucoup de gens lui étaient devenus importuns.[35]
Maintenant son cœur s'était tout à fait engourdi:[36] la fatigue lui
avait tout pris. Et pourtant, aucun de ses mots les plus affectueux
ne m'avait autant touchée que cette déclaration d'indifférence. [5]
Autrefois, les formules apprises, les gestes convenus[37] éclipsaient
ses vrais sentiments. J'en mesurais la chaleur au froid que laissait
en elle leur absence.

Elle s'est endormie, le souffle si imperceptible que j'ai rêvé:
«S'il pouvait s'arrêter, sans secousse.» Mais le cordonnet noir se [10]
soulevait, retombait: le saut ne serait pas si facile. Je l'ai réveillée
à cinq heures comme elle l'avait exigé,[38] pour lui donner un
yaourt: «Ta sœur y tient:[39] c'est bon pour moi.» Elle en a mangé
deux ou trois cuillerées:[40] je pensais à ces nourritures qu'en certains lieux on dépose sur les tombes des défunts. Je lui ai fait [15]
respirer une rose que Catherine avait apportée la veille: «La dernière rose de Meyrignac.[41]» Elle n'y a jeté qu'un coup d'œil distrait.[42] Elle s'est replongée[43] dans le sommeil; elle en a été ar-
rachée par une brûlure à la fesse.[44] Piqûre de morphine: sans
résultat. Comme l'avant-veille,[45] je tenais sa main, je l'exhortais: [20]
«Une minute. La piqûre va agir. Dans une minute c'est fini.
—C'est un supplice[46] chinois», a-t-elle dit d'un ton neutre, trop
affaiblie même pour protester. J'ai de nouveau sonné,[47] insisté:
seconde piqûre. On a arrangé le lit, déplacé un peu maman qui
s'est rendormie, les mains glacées. La femme de chambre a grom- [25]
melé[48] parce que j'ai renvoyé le dîner qu'elle apportait à six
heures: implacable routine des cliniques où l'agonie,[49] la mort
sont des incidents quotidiens. À sept heures et demie, maman
m'a dit: «Ah! maintenant, je me sens bien. Vraiment bien. Il y a
longtemps que je ne m'étais pas sentie aussi bien.» La fille aînée [30]
de Jeanne est arrivée et m'a aidée à lui faire absorber un peu de
bouillon et de crème au café. C'était difficile, parce qu'elle toussait:[50] un début d'étouffement.[51] Poupette et mademoiselle Cour-

---

[35]**importun** unwelcome   [36]**s'engourdir** to grow numb   [37]**convenu** conventional
[38]**exiger** to demand   [39]**y tient** insists   [40]**cuillerée** spoonful   [41]**Meyrignac** village
where their summer home was   [42]**distrait** listless   [43]**se replonger** to sink back
[44]**brûlure à la fesse** burning on her buttock   [45]**avant-veille** two days before
[46]**supplice** torture   [47]**sonner** to ring   [48]**grommeler** to grumble   [49]**agonie** dying
[50]**tousser** to cough   [51]**étouffement** suffocation

not m'ont conseillé de partir. Il n'arriverait sans doute rien cette nuit même et ma présence inquiéterait maman. Je l'ai embrassée, et elle m'a dit avec un de ses hideux sourires: «Je suis contente que tu m'aies vue tellement bien!»

5   Je me suis couchée à minuit et demi, après avoir pris du belladénal.[52] Je me suis réveillée: le téléphone sonnait: «Il n'y en a plus que pour quelques minutes. Marcel vient te chercher en auto.» Marcel — le cousin de Lionel — m'a fait traverser à toute allure Paris désert. Nous avons avalé un café au comptoir d'un
10 bistrot qui rougeoyait près de la porte Champerret.[53] Poupette est venue au-devant de[54] nous dans le jardin de la clinique: «C'est fini.» Nous sommes montés. C'était tellement attendu, et tellement inconcevable, ce cadavre couché sur le lit à la place de maman. Sa main, son front étaient froids. C'était elle encore, et à
15 jamais son absence. Une gaze soutenait le menton, encadrant son visage inerte.[55] Ma sœur voulait aller chercher des vêtements rue Blomet:[56] «À quoi bon? —Il paraît que ça se fait. —Nous ne le ferons pas.» Je n'imaginais pas d'habiller maman avec une robe et des souliers comme si elle allait dîner en ville; et je ne pensais
20 pas qu'elle l'eût souhaité: elle avait souvent déclaré qu'elle se désintéressait de sa dépouille.[57] «Il n'y a qu'à lui mettre une de ses longues chemises de nuit», ai-je dit à mademoiselle Cournot. «Et son alliance?[58]» a demandé Poupette en prenant l'anneau[59] dans le tiroir de la table. Nous la lui avons passée au doigt. Pourquoi?
25 Sans doute parce qu'il n'y avait aucune place sur terre pour ce petit cercle d'or.

    Poupette était à bout de forces. Après un dernier regard à ce qui n'était plus maman je l'ai emmenée très vite. Nous avons bu un verre avec Marcel au bar du Dôme. Elle a raconté.
30   À neuf heures, N. est sorti de la chambre et il a dit d'un air furieux: «Encore une agrafe qui a sauté.[60] Après tout ce qu'on a fait pour elle: c'est vexant![61]» Il est parti, laissant ma sœur aba-

---

[52]**belladénal** brand name of a sleeping pill [53]**au comptoir... Champerret** at the counter of a bistro with glowing lights near the Champerret gate (*one of the many old gates in Paris*) [54]**venir au-devant de** to come and meet [55]**Une gaze... inerte** A gauze held up her chin, encircling her still face [56]**Blomet** street where the mother had lived [57]**dépouille** remains [58]**alliance** wedding ring [59]**anneau** ring [60]**Encore... sauté.** Another staple has come off. [61]**vexant** annoying

sourdie.[62] En dépit de ses mains glacées, maman se plaignait d'avoir trop chaud et elle respirait avec un peu de peine. On lui a fait une piqûre et elle s'est endormie. Poupette s'est déshabillée, couchée, et a feint[63] de lire un roman policier. Vers minuit, maman s'est agitée. Poupette et la garde se sont approchées de son lit. Elle a ouvert les yeux: «Que faites-vous là, pourquoi avez-vous l'air anxieuses? Je vais très bien. —C'est que tu as fait un cauchemar.[64]» En arrangeant ses draps, mademoiselle Cournot a touché ses pieds: le froid de la mort les avait gagnés. Ma sœur a hésité à m'appeler. Mais ma présence, à cette heure, aurait effrayé maman qui gardait toute sa lucidité. Elle s'est recouchée. À une heure maman a de nouveau bougé. D'une voix mutine,[65] elle a murmuré les mots d'une vieille rengaine[66] que papa chantait: «Tu t'en vas et tu nous quittes.» Poupette a dit: «Mais non, je ne te quitte pas», et maman a eu un petit sourire entendu.[67] Elle avait de plus en plus de mal à respirer. Après une nouvelle piqûre, elle a murmuré d'une voix un peu pâteuse:[68] «Il faut... réserver... l'armore. —Il faut réserver l'armoire?[69] —Non, a dit maman. La Mort.» En appuyant[70] très fort sur le mot: mort. Elle a ajouté: «Je ne veux pas mourir. —Mais tu es guérie!» Ensuite elle a un peu divagué:[71] «J'aurais voulu avoir le temps de présenter mon livre... Il faut qu'elle donne le sein[72] à qui elle veut.» Ma sœur s'est habillée: maman avait à peu près perdu conscience. Elle a crié soudain: «J'étouffe.[73]» La bouche s'est ouverte, les yeux se sont dilatés, immenses dans ce visage vidé de sa chair:[74] dans un spasme elle est entrée dans le coma. «Allez téléphoner», a dit mademoiselle Cournot. Poupette m'a appelée, je n'ai pas répondu. La standardiste[75] a insisté pendant une demi-heure avant que je ne me réveille. Pendant ce temps Poupette était revenue près de maman, déjà absente; le cœur battait, elle respirait, assise, les yeux vitreux,[76] sans rien voir. Et ç'a été fini: «Les docteurs disaient qu'elle s'éteindrait comme une bougie:[77] ce n'est pas ça, pas ça du tout, a dit ma sœur en sanglotant. —Mais, madame, a répondu la garde, je vous assure que ça été une mort très douce.»

---

[62]**abasourdi** speechless [63]**feindre** to pretend [64]**cauchemar** nightmare [65]**mutin** roguish [66]**rengaine** tune [67]**entendu** knowing [68]**pâteux** thick [69]**armoire** cupboard [70]**appuyer** to stress [71]**divaguer** to ramble [72]**donner le sein** to suckle [73]**étouffer** to suffocate [74]**chair** flesh [75]**standardiste** operator [76]**vitreux** glassy [77]**bougie** candle

EXERCISES

READING COMPREHENSION

Answer the following questions.

1. Pourquoi Mme de Beauvoir était-elle hospitalisée?
2. Que savait-elle?
3. Pourquoi l'infirmière ne voulait-elle pas lui faire beaucoup de piqûres?
4. À quoi a pensé Simone, la narratrice, pour que sa mère ne souffre plus?
5. Qu'est-ce que le Dr P. a promis?
6. Pourquoi le Dr N. lui-même ne voulait-il plus ralentir sa mort?
7. Qu'est-ce qui a fait sangloter Poupette quand on a refait le pansement?
8. Comment Simone l'a-t-elle calmée?
9. Quel détail montre la confusion mentale de la malade?
10. Expliquez en quoi les médecins avaient manqué de vigilance.
11. Que montre la phrase: «Je perds des jours»? Et qu'est-ce qui est ironique?
12. Quel autre signe de confusion mentale la malade a-t-elle donné quand la garde de nuit est entrée?
13. Pourquoi Simone a-t-elle été touchée par la déclaration de sa mère: «Je ne sais plus si j'aime personne»?
14. Peut-on toujours montrer ses vrais sentiments ou faut-il les cacher derrière des formules conventionnelles?
15. À quoi a pensé Simone quand sa mère a mangé du yaourt?
16. Qu'est-ce qu'on a fait quand la malade a eu une brulûre à la fesse?
17. Pourquoi la femme de chambre a-t-elle grommelé?
18. Comment Simone a-t-elle pu dormir après être rentrée?
19. Expliquez: «C'était tellement attendu et tellement inconcevable».
20. Traditionnellement on habille les morts en France, mais Simone ne veut pas. Quelles raisons en donne-t-elle et qu'est-ce que cela montre en elle?
21. Pourquoi le Dr N. était-il tellement furieux juste avant la mort de sa malade?
22. Pourquoi Poupette a-t-elle d'abord hésité à téléphoner à sa sœur?
23. Comment la malade est-elle morte?
24. Quelle est l'ironie de la phrase: «ça été une mort très douce»?

VOCABULARY STUDY

A. Write sentences of your own with each of the following words and phrases.

avoir des escarres	le supplice
avoir des brûlures aux fesses	recevoir une piqûre
avoir du mal à respirer	être abruti de calmants
étouffer	s'engourdir
souffrir	divaguer
hurler de douleur	entrer dans le coma
le tourment	perdre conscience

B. Study the following expressions; then select the appropriate one to replace the near-equivalent in italics in each of the sentences below.

ne pas passer la nuit	dévisager
la veille de	à bout de forces
prolonger la vie	tuer
ignorer	au chevet
se cicatriser	s'éteindre comme une bougie

1. Le médecin veut *ralentir la mort.*
2. On aimerait pouvoir *abattre* une personne qui souffre.
3. Les escarres ne *guérissent* pas vite.
4. Certains malades *ne savent pas* qu'ils vont mourir.
5. Les infirmières savent que ce malade *mourra bientôt.*
6. C'est une chance de *mourir doucement.*
7. La garde doit rester *auprès* du lit.
8. Les infirmières sont souvent *extrêmement fatiguées.*
9. Quand on ne reconnaît pas une personne, on la *regarde fixement.*
10. La malade chantait encore *le jour précédant* sa mort.

STRUCTURES

A. *Use of the Subjunctive with* ennuyer

Ça + **ennuyer** is followed by the subjunctive.

Ça t'ennuie que je parte?
Will it bother you if I leave?

Replace **si** with **que** in the sentences below, making all necessary changes.

1. Ça l'ennuie si Simone part?
2. Ça vous ennuie si l'infirmière vous fait une piqûre?
3. Ça t'ennuie si maman ne prend pas son yaourt?
4. Ça m'ennuie si Simone ne peut pas venir tout de suite.
5. Ça t'ennuie si je vais chercher des vêtements?
6. Ça ennuie l'infirmière si personne ne vient l'aider.
7. Ça n'ennuie pas la garde si on met une chemise de nuit à la morte.
8. Ça t'ennuie si je lis un roman policier?

B. *Formation of the* passé composé *with Reflextive Verbs*

Auxiliary **être** is used to form the **passé composé** of reflexive verbs. The past participle agrees with the subject when **se** is a direct object pronoun, as in the following example.

Elles se calment.
Elles se **sont calmées.**

Rewrite the following sentences in the **passé composé.**

1. La malade se couche.
2. Elle ne s'aperçoit de rien.
3. Sa tête s'engourdit.
4. Elle s'endort.
5. Elle se réveille lucide.
6. Ses paupières se soulèvent.
7. Jamais je (*f.*) ne me sens mieux.
8. Elle se replonge dans le sommeil.
9. À minuit, la bouche s'ouvre.
10. Nous (*f.*) nous approchons du lit.
11. Les yeux se dilatent.
12. Nous (*f.*) nous retrouvons seules.

C. The Use of Verbs with Infinitives

There are three main constructions of verbs with infinitives.

1. With verbs like **laisser, vouloir, pouvoir, faire,** and **falloir,** the infinitive immediately follows the verb (there is no preceding preposition). **Aller** + *infinitive* means to be about to do.

   Je vais parler au docteur.

2. With verbs like **aider, tenir, hésiter, se préparer,** and **se fatiguer,** the infinitive is preceded by **à.**

3. With verbs like **conseiller, essayer,** and **se plaindre,** the infinitive is preceded by **de. Venir de** + *infinitive* means *to have just done.*

   Nous **venons de parler.**

Complete the sentences with **à** or **de.** Leave a blank if no preposition is required.

1. Mme de Beauvoir venait _____ être opérée.
2. «Ne laissez pas maman _____ souffrir», a dit Poupette.
3. La mère allait _____ mourir.
4. «Essayer _____ ralentir sa mort, ce serait du sadisme», a dit N.
5. Il faut _____ calmer la douleur.
6. Poupette ne se fatiguait pas _____ dormir avec sa mère.
7. Elle tenait _____ rester à son chevet.
8. Simone se préparait _____ partir.
9. Simone lui a fait _____ respirer une rose.
10. La fille de Jeanne m'a aidée _____ faire manger maman.
11. J'hésitais _____ m'en aller.
12. On m'a conseillée _____ partir quand elle a toussé.
13. Maman se plaignait _____ avoir trop chaud.
14. Poupette voulait _____ aller chercher des vêtements.

COMMUNICATIVE ACTIVITY

Prepare one of the topics listed below to be discussed in class. You should be ready to quote sentences or parts of sentences in support of your views.

1. L'auteur décrit les progrès de la maladie et la mort de sa propre mère avec beaucoup de réalisme et de vérité, sans cacher des détails qui pourraient choquer le lecteur.
2. La malade ignorait qu'elle mourait d'un cancer. Si vous étiez médecin, diriez-vous ou ne diriez-vous pas la vérité à vos malades atteints d'une maladie incurable. Donnez vos raisons.
3. L'auteur décrit la transformation de sa mère tantôt confuse, tantôt lucide, plus vraie dans ses sentiments. Donnez-en des exemples.
4. Le Dr N. a opéré Mme de Beauvoir, sachant très bien que le cancer était déjà très avancé. Simone ne voulait pas que sa mère souffre inutilement, posant ainsi le problème de l'euthanasie (*mercy killing*). Êtes-vous pour ou contre l'euthanasie? Justifiez votre point de vue.

Je déteste les enfants

Françoise Mallet-Joris

(Stéphanie, jeune étudiante idéaliste, prépare un doctorat de psychologie.
Le problème qui la tourmente, c'est celui du rôle qu'elle doit jouer pour
réparer l'injustice qu'elle voit régner partout dans le monde. Venue faire
un stage[1] à l'hôpital Saint-Luc de Lille, elle soigne des enfants anormaux,
5 *victimes innocentes du mal universel. Son besoin, métaphysique et reli-*
gieux, de tout donner d'elle-même à tous les enfants, est si absolu qu'elle
ne peut se contenter des résultats partiels qu'elle obtient avec eux. Son
amie Jeanne, étudiante comme elle, est plus réaliste et pratique, venant
en aide là où elle peut, sans se soucier de refaire le monde.)

10   L'enfant était assis contre le mur, les genoux au menton,
quand Stéphanie et Jeanne entrèrent.
    —On n'aurait pas dû le laisser seul, dit Jeanne.
    Elle prit place derrière le bureau sur lequel il y avait de la
pâte à modeler,[2] des crayons-feutres,[3] du papier. Stépha alla s'as-
15 seoir par terre de l'autre côté de la pièce, contre le mur, les genoux au menton.
    —Tu ne veux pas venir faire un peu de modelage, Gilbert?
dit Jeanne avec douceur.
    L'enfant ne répondit pas, mais lui lança un regard à la fois
20 hostile et implorant.
    Jeanne se leva, un bâton de terre glaise[4] bleu et un jaune à
plat[5] sur la main, et s'approcha du petit.
    —Me touche pas![6] hurla l'enfant.
    —Me touche pas! hurla Stépha.
25   Jeanne sursauta.[7]
    L'enfant tourna la tête.
    Un peu après il se leva, fit quelques pas en direction de
Stépha toujours accroupie,[8] et esquissa[9] un geste.
    Stépha cria.
30   L'enfant recula de quelques pas, vivement.
    Il se rapprocha. Il esquissa un geste, cette fois tout près de
l'épaule de Stépha.
    Stépha cria, mais plus faiblement.

---

[1]**stage** training period [2]**pâte à modeler** modeling clay [3]**crayon-feutre** felt
pen [4]**bâton de terre glaise** stick of clay [5]**à plat** flat [6]**Me touche pas** = Ne me
touche pas [7]**sursauter** to get startled [8]**accroupi** squatting [9]**esquisser un
geste** to make a vague gesture

L'enfant recula, mais moins loin et moins vivement.

Il se rapprocha. D'un pas encore. Il tendit l'index, l'approcha de Stépha avec d'infinies précautions, et du bout du doigt, lui toucha l'épaule. Stépha ne bougea pas.

—Me touche pas..., dit l'enfant. 5

C'était presque un chuchotement.[10]

Stépha se mit à rire.

L'enfant la regarda un moment, esquissa un sourire, puis, comme épouvanté par la communication établie, retourna en courant jusqu'au mur, s'accroupit, les genoux au menton, et se 10 cacha le visage dans les mains.

C'était la quatrième fois que Jeanne et Stépha venaient à Saint-Luc, avec l'autorisation du docteur Lhomme.

Stépha se cacha le visage dans les mains. Cela dura un temps qui parut à Jeanne infini. 15

L'enfant regarda entre ses doigts. Stépha ne bougea pas. L'enfant se leva et alla vers Stépha, lentement, sur la pointe des pieds. Stépha ne bougea pas.

Jeanne se sentait un peu bête, assise derrière son étal[11] de bâtons de terre glaise, de cubes, de crayons de couleurs. 20

L'enfant s'assit, les genoux au menton, appuyé au mur, mais faisant face à Stépha. Stépha leva la tête.

—Ça va être la fin de l'heure..., chuchota[12] Jeanne. Et il n'a pas encore fait de modelage... Essaie de l'amener jusqu'à la table...

—Il n'a pas envie..., murmura Stépha, d'une voix presque 25 imperceptible.

L'enfant les regardait l'une et l'autre, sans bouger la tête, mais avec une inquiétude évidente.

—Et moi, dit Jeanne, à peine plus haut; qu'est-ce que je vais mettre dans mon compte rendu?[13] Que tu l'as regardé? 30

Dans un mouvement d'une brusquerie[14] animale, l'enfant se détendit,[15] tourna le dos aux deux femmes, et reprit sa position première, les genoux au menton, les mains cachant le visage, une petite boule[16] d'où sortait un murmure farouche.[17] «Me touche pas... Me touche pas...» 35

---

[10]**chuchotement** whisper   [11]**étal** display   [12]**chuchoter** to whisper   [13]**compte rendu** report   [14]**brusquerie** abruptness   [15]**se détendre** to become limp   [16]**boule** ball   [17]**farouche** grim

Stépha se dressa, essuyant la poussière de sa jupe.[18]

—Tu vois ce que tu as fait, avec ton compte rendu? Il est de nouveau tout seul.

Elle poussa sur le bouton qui avertissait[19] l'infirmière et, sans 5 un regard à l'enfant, sortit dans le couloir.

—Il faut encore qu'on voie la petite Anna.

Elle allait vers la petite salle qui servait de réfectoire. Jeanne la suivait, volubile et affolée.[20]

—Voyons, Steph, je n'ai pas dit ça pour te critiquer, mais 10 comprends bien que c'est à moi que Lhomme demande les comptes rendus! Et tu sais comme elle est! Vous auriez pu tenter[21] ceci, vous auriez pu tenter cela...

Mme Bardin, l'infirmière en chef, leur barra le chemin.

—Anna est dans la petite chambre jaune. Elle ne voulait pas 15 manger, elle perturbait les autres enfants... Vous la voyez quand même?

—Pourquoi pas?

Maintenant Jeanne consultait se montre.

—Allons, viens, ça meublera[22] ton rapport...

20 Anna, minuscule, maigre, jaune, laide, avec les grands yeux noirs des enfants du Sahel,[23] était attachée par une sangle[24] sur une chaise haute, et une toute jeune infirmière, brutale par affolement,[25] essayait de lui entonner[26] une purée de carottes. L'enfant crachait, hurlait, s'étouffait[27] à demi.

25 —Mais, lâchez-la donc! Vous ne voyez pas qu'elle s'étrangle?[28]

—Je voudrais vous y voir, vous!

Stépha regardait la petite fille. Gilbert, au moins, était beau. Et orphelin, ce qui lui donnait une chance. Anna, ex-enfant martyre retirée à ses parents[29] (à cinq ans elle avait un passé), promise 30 à un avenir d'hôpitaux psychiatriques, de rééducations sans fin, de paperasseries,[30] de placements et de déplacements, tout cela pour qu'en cas de réussite, de réinsertion, on finisse par la caser comme bonne à tout faire sous-payée.[31] (Ces cas «stabilisés»

---

[18]**se dressa... jupe** stood up, wiping the dust off her skirt [19]**avertir** to inform [20]**volubile et affolée** talking her head off [21]**tenter** to try [22]**meublera ton rapport** will pad your report [23]**enfant du Sahel** children from Algeria [24]**sangle** strap [25]**affolement** nervousness [26]**entonner** to stuff down, force-feed [27]**s'étouffer** to choke [28]**s'étrangler** to choke [29]**ex-enfant martyre... parents** former battered child taken from her parents [30]**paperasserie** red tape [31]**la caser... sous-payée** find her a job as an underpaid maid of all work

formaient un petit réservoir de main-d'œuvre à bon marché.[32])
Ou si elle avait vraiment fait beaucoup de progrès, peut-être
deviendrait-elle ouvrière[33] dans l'une de ces usines[34] (et pourquoi
pas l'usine Matthyssen[35]?) où les femmes sont condamnées à l'envahissement[36] progressif des bronches[37] et des poumons par la 5
bourre de laine[38] comme les mineurs à la silicose[39]... Et elle ne
voulait pas manger. Elle protestait sans savoir, crachait sa purée
de carottes, vomissait sa tranche de veau,[40] hurlait quand on lui
entonnait de force une bouillie protéinée.[41] Stépha regardait la
cuiller forcer les coins de la petite bouche convulsée. 10

—Laissez-moi essayer, vous voulez bien? Je sais que vous êtes
surchargée...

L'infirmière se radoucissait,[42] brave fille au fond, mais débordée.[43]

Stépha délia[44] la petite, la prit sur ses genoux, la berça.[45] L'ai- 15
gre[46] odeur des vomissures[47] imprégnait le petit corps nerveux.
La purée, dix fois recrachée dans l'assiette, avait un aspect
glaireux.[48]

—Je ne pourrais pas en avoir une autre part?[49] Elle ne va pas
manger ça! 20

—Quand le chariot[50] est passé, il est passé! Elle n'avait qu'à...

Punie. Punie pour cause de souffrance. Et ça n'allait pas cesser. Une chance sur un million pour que se retourne[51] l'arithmétique de ce petit destin insignifiant.

L'enfant se calmait. Stépha plongea la cuiller dans l'assiette, 25
avec un air de voracité.

—Tu vois? C'est pour moi? Je vais tout manger! Je ne vais
pas t'en laisser! Que c'est bon!

Et elle plongeait la cuiller dans la purée, dans la salive, dans
la morve,[52] et elle avalait péniblement, mais avec un sourire, un 30
défi[53] qui ne s'adressait ni à l'enfant encore méfiante[54] ni à l'infir-

---

[32]**main-d'œuvre à bon marché** cheap labor [33]**ouvrière** worker [34]**usine** mill
[35]**Mathyssen** (*Stéphanie's family owned a mill*) [36]**envahissement** invasion
[37]**bronches** bronchi [38]**bourre de laine** tag wool [39]**silicose** black lung disease
[40]**tranche de veau** slice of veal [41]**bouillie protéinée** proteine-rich pap [42]**se
radoucir** to soften up [43]**brave... débordée** nice girl basically, but overworked
[44]**délier** to untie [45]**bercer** to rock [46]**aigre** sour [47]**vomissure** vomit
[48]**glaireux** slimy [49]**part** helping [50]**chariot** (*meal*) cart [51]**se retourner** to
reverse [52]**morve** snot [53]**défi** defiance [54]**méfiant** distrustful

mière restée sur le pas de la porte, par curiosité. À Jeanne, peut-être?

Il lui fallut absorber la moitié de l'assiette avant que la petite, dont l'angoisse changeait de sens, gémît en ouvrant la bouche.

5 Doucement, Stépha approchait la cuiller de la petite bouche résignée.

«Mange, mon petit trésor. Mange pour sortir d'ici. Mange pour devenir grande et grosse, avec une souffrance aussi grosse que toi. Mange pour que ça dure et dure encore, cette mocheté
10 de vie.[55] Mange. Tu n'as qu'à t'imaginer que c'est de la bourre de laine, ma pauvre petite affreuse[56]...»

Quand l'enfant eut avalé cinq ou six cuillerées, elle la remit dans son lit.

—Ne lui mettez pas les sangles, voulez-vous? Elle est tran-
15 quille maintenant...

—D'accord, d'accord... Mais ce soir tout sera à recommencer.

Stépha faillit dire: Je repasserai. Mais demain? Se consacrer[57] à Anna? Et Gilbert? Et les autres? Et la fin du stage? Il faudrait donner toute sa vie, et à chacun. Et ce serait injuste encore, et si
20 totalement insuffisant!

—Oh! après tout... sanglez-la si vous voulez, dit-elle sèche-ment.

Et s'enfuit pour vomir dans les lavabos.[58]

«On a beau ne pas être dégoûtée[59]...», pensait l'infirmière.
25 Elle se figurait que c'était la purée que Stépha rejetait.

—Tu vois? Quand tu veux..., dit Jeanne en enfourchant son vélosolex.[60]

Dans le jardin de la clinique, sous les grands arbres roux[61] d'un automne, Stéphanie était debout à côté de la petite Austin.
30 —Qu'est-ce que ça veut dire, quand je veux?

—Eh bien, quand tu veux obtenir... obtenir des résultats... balbutiait Jeanne, tout de suite décontenancée.[62]

---

[55]**cette mocheté de vie** this lousy life [56]**ma... affreuse** my poor little ugly one
[57]**se consacrer** to take care [58]**lavabos** rest room [59]**On a beau... dégoûtée** You can only take that much [60]**enfourchant son vélosolex** getting on her motorbike [61]**roux** russet [62]**décontenancé** confused

—Parce que quelquefois je ne veux pas?

—C'est-à-dire... que... oui... parfois tu donnes aux enfants le sentiment... l'impression que tu es de leur côté, tu comprends?

—*De leur côté?* Mais comment est-ce que je pourrais ne pas être de leur côté?

La fureur soudaine de Stépha affola[63] Jeanne.

—Quoi? Qu'est-ce que j'ai encore dit?

Mais déjà le moteur de la petite voiture ronflait[64] et Stépha démarrait,[65] avec un calme factice,[66] une lenteur voulue, s'arrêtant au stop du bout de l'avenue, repartant posément[67]...

«Quand elle fait tout si minutieusement, c'est qu'elle est folle de rage, se désolait Jeanne. Mais pourquoi? Pourquoi? J'ai encore été maladroite[68]...»

Et elle se faisait des reproches, se donnait tort,[69] alors qu'à quelques kilomètres, ayant arrêté sa voiture sur une aire de repos,[70] Stépha, fumant cigarette sur cigarette, se disait avec rage: «Le pire, c'est qu'elle a raison, cette idiote. Elle doit avoir raison. Il faut que j'arrive à admettre qu'elle a raison, ou alors...»

Ou alors, elle entrevoyait[71] de si étranges, de si infinies perspectives, qu'elle prenait peur.

⁕⟡⁕

En fait, elle voyait bien ce que Jeanne voulait dire: qu'elle était du côté de la maladie. Et c'était injuste, parce qu'elle souffrait de les voir souffrir, Gilbert, Albin, la petite Sarah qui ne pouvait parler que plongée dans un bain, dans l'eau originelle, le petit Georges qui se mordait les mains[72] et les bras, ceux qui ne parlaient pas, ceux qui s'automutilaient, les petits asthmatiques, les anorexiques, les autistes. Elle en souffrait, à sa manière sombre et presque hargneuse[73] (et parfois Lhomme, qui n'était pas une imbécile, s'en apercevait et pontifiait:[74] «Souffrir n'est pas guérir»), mais elle souffrait surtout de cette interrogation, lentement surgie des ténèbres,[75] comme la lune émerge de la mer: ils

---

[63]**affoler** to disturb   [64]**ronfler** to hum   [65]**démarrer** to drive off   [66]**factice** false   [67]**posément** calmly   [68]**maladroit** clumsy   [69]**se donner tort** to blame oneself   [70]**aire de repos** rest area   [71]**entrevoir** to glimpse   [72]**se mordre les mains** to bite one's hands   [73]**hargneux** snappy   [74]**pontifier** to speak pompously   [75]**surgie des ténèbres** looming out of the darkness

souffraient, mais est-ce qu'ils n'étaient pas *dans le vrai?*[76] Avec
leurs bronches, leurs petits estomacs révoltés, leurs réactions in-
cohérentes, leurs vomissements, leurs défécations, leur silence
même, ne témoignaient[77]-ils pas que ce monde était insoute-
5 nable,[78] n'en exigeaient-ils pas un autre, et qu'on écartât[79] les
apparences pour leur rendre le vrai, celui d'avant, celui dont on
distingue encore le reflet dans le regard bleuâtre,[80] doucement
étonné, des nourrissons?[81]

—◆◆◆◆—

—Pourquoi ne pas vous diriger vers la pratique?[82] demandait
10 parfois le docteur Lhomme à Stéphanie, qu'elle aimait bien. Évidemment, vous vous fiez[83] un peu trop à votre intuition, vous
prenez des risques, mais en somme vous avez un excellent contact,
et avec le temps et l'expérience, vous apprendrez à dominer cette
émotivité, mais si!... qui vous limite un peu. Je suis prête à parier[84]
15 que vous obtiendriez des résultats!
    Les mots mêmes de Jeanne. Quels résultats?
    Stéphanie répondait:
    —Je déteste les enfants.

(La déclaration paradoxale de Stéphanie montre bien qu'elle retrouve chez
20 *les enfants sa propre souffrance devant un monde injuste. Cependant, ce*
qu'elle a déjà fait à l'hôpital prouve qu'elle les aime plus qu'elle ne les
déteste. Son désir, c'est de les aimer tous, sans les choisir, sans s'attacher
à celui-là parce qu'il est plus beau que d'autres, sans refuser cet autre
parce qu'il est affreux. Quelques mois plus tard, elle met fin au conflit
25 *qui la déchire. Renonçant à une carrière probablement brillante comme*
psychologue, opposée à la vie «normale» qui l'attend en France, elle part
pour le Cameroun où elle pourra enfin se consacrer entièrement aux
enfants africains dans une unité médicale.)

---

[76]**être dans le vrai** to be right [77]**témoigner** to bear witness [78]**insoutenable**
unbearable [79]**écarter** to brush aside [80]**bleuâtre** bluish [81]**nourrisson** infant
[82]**Pourquoi... pratique?** Why don't you make a career out of it? [83]**se fier** to
trust [84]**parier** to bet

READING COMPREHENSION

Answer the following questions.

1. Qu'est-ce qui tourmentait Stéphanie?
2. Que faisait-elle à l'hôpital?
3. De quoi avait-elle besoin?
4. En quoi son amie Jeanne était-elle différente?
5. Comment Stéphanie s'est-elle assise en entrant dans la chambre où était le petit Gilbert?
6. Qu'est-ce que Jeanne a proposé à Gilbert?
7. Quelle a été sa réaction, puis celle de Stéphanie?
8. Qu'est-ce que Stéphanie a fait lorsque l'enfant a voulu se rapprocher d'elle?
9. Qu'est-ce qui montrait que l'enfant était inhibé?
10. Qu'est-ce que Stéphanie a essayé de faire et pourquoi n'a-t-elle pas réussi?
11. Qui était Anna et quel était son avenir probable?
12. Qu'est-ce que l'infirmière essayait de faire?
13. Quelle a été la méthode de Stéphanie pour faire manger la petite?
14. Comment s'exprimaient la révolte et la souffrance de Stéphanie quand elle a parlé à Anna?
15. Pour quelle raison Stéphanie est-elle allée vomir selon l'infirmière? Et selon vous?
16. Quel reproche Jeanne a-t-elle fait à Stéphanie en sortant de l'hôpital?
17. Comment Stéphanie a-t-elle démarré et qu'est-ce que cela montrait?
18. Quels types d'enfants anormaux se trouvaient dans l'hôpital?
19. Comment Stéphanie s'expliquait-elle le fait qu'elle était du côté des malades plutôt que du côté des médecins?
20. Comment les enfants exprimaient-ils leur révolte et que réclamaient-ils?
21. Quel conseil le Dr Lhomme a-t-elle donné à Stéphanie?
22. Comment s'explique la réponse de Stéphanie?
23. Qu'a-t-elle fait quelques mois plus tard? Qu'en pensez-vous?

Vocabulary Study

A. Write sentences of your own with each of the following words and phrases.

se dresser	sursauter
s'accroupir	retourner en courant
faire face	s'enfuir
marcher sur la pointe des pieds	enfourcher
tendre l'index	faire des pas
tourner le dos	écarter

B. Study the following verbs; then select the appropriate one to replace the near-equivalent in italics in each of the sentences below.

esquisser	sangler
avoir envie de	repasser
entonner	se consacrer à
s'étouffer	avertir
délier	tenter

1. Stéphanie voulait *s'occuper des* malades.
2. L'enfant *s'étranglait* à demi.
3. Vous pourriez *essayer* autre chose.
4. Gilbert *a commencé à faire* un geste.
5. Vous pouvez *attacher* la petite Anna.
6. Stépha a d'abord *détaché* Anna.
7. Le bouton servait à *informer* l'infirmière.
8. Gilbert ne *voulait* pas jouer.
9. Si vous voulez, je *reviendrai* ce soir.
10. L'infirmière essayait de lui *faire avaler* la bouillie.

Structures

A. *The Use of the Subjunctive with* il faut que

Rewrite the following sentences, using the subjunctive with **on**.

EXAMPLE: Il faut voir Anna.

Il faut qu'on voie Anna.

1. Il faut aller voir Anna.
2. Il faut sortir d'ici.
3. Il faut partir.

4. Il faut avertir l'infirmière.
5. Il faut être du côté des enfants.
6. Il faut obtenir des résultats.
7. Il faut faire un rapport.
8. Il faut apprendre.

B. *The Use of* aller *and* venir *with Infinitives*

The construction **aller** + *infinitive* can have two meanings. It may serve as an expression of the immediate future, or it may simply stand for the verb *to go* + another action.

Gilbert **va s'asseoir** dans un instant.
Gilbert is going to sit down in a moment.

or:

Gilbert se retourne et **va s'asseoir** dans un coin.
Gilbert turns around and goes and sits down in a corner.

Likewise, when **venir** is followed by an infinitive, it can have two meanings. If the infinitive is preceded by the preposition **de** (**venir de** + *infinitive*), the construction is an expression of the immediate past. If no preposition is present, the construction simply stands for the verb *to come* + another action.

Gilbert *vient de s'asseoir.*
Gilbert *has just sat down.*

or:

Gilbert *vient s'asseoir* à côté de Stéphanie.
Gilbert *comes and sits down* next to Stéphanie.

Translate the following sentences.

1. Stéphanie entre et va s'asseoir par terre.
2. Viens jouer avec moi.
3. Qu'est-ce que je vais mettre dans mon compte rendu?
4. Stéphanie vient de hurler.
5. Gilbert va se cacher dans un instant.
6. Jeanne se lève et va offrir le crayon.
7. Jeanne vient d'offrir le crayon.
8. Gilbert ne vient pas prendre le crayon.
9. Les deux étudiantes sortent et vont voir Anna.
10. Va dire au docteur de nous attendre.

C. *The Use of Reflexive Verbs*

In French, reflexive verbs express *actions*. To express a *state*, one uses the verb **être** followed by the past participle of the verb.

Stéphanie **s'est dressée.**   *Stéphanie **stood up.***
Stéphanie **était dressée.**   *Stéphanie **was standing.***

Rewrite the sentences below following the example.

EXAMPLE: Stéphanie **était levée.**
                      *Stéphanie **s'est levée.***

1. Stéphanie était assise.
2. Stéphanie était accroupie.
3. Gilbert était rapproché.
4. Gilbert était caché.
5. Gilbert était détendu.
6. L'infirmière était radoucie.
7. L'enfant était calmé.
8. La voiture était arrêtée.

COMMUNICATIVE ACTIVITY

Prepare one of the topics listed below to be discussed in class. You should be ready to quote sentences or parts of sentences in support of the views expressed.

1. La révolte de Stéphanie s'exprime dans ses rapports avec les autres et dans ses actions et paroles. Donnez-en les principaux exemples.
2. L'auteur donne des détails précis et réalistes sur les souffrances des enfants anormaux et sur la condition de certains ouvriers. Donnez-en les principaux exemples.
3. Peut-on vivre une vie normale si on veut transformer un monde injuste en un monde meilleur, ou faut-il tout quitter et consacrer sa vie entière au service des malheureux? Justifiez vos opinions.
4. Quels sont les problèmes qui vous semblent tourmenter les étudiants américains d'aujourd'hui et quelles solutions pouvez-vous proposer?

Vendredi ou la vie sauvage

Michel Tournier

1

(Après le naufrage du voilier[1] *La Virginie, Robinson se retrouve seul*
sur une petite île déserte du Pacifique qu'il appellera Speranza[2] *plus tard.*
Bien qu'il n'ait pas besoin de travailler beaucoup — l'île est très fertile et
pleine de gibier[3] *— Robinson a peur de la paresse et peur de devenir une*
5 *bête sauvage. Comme remède, il choisit le travail et la discipline et se*
construit une maison, plante toutes sortes de cultures et d'arbres fruitiers,
domestique des chèvres, accumule même des réserves par pure avarice.
Cela ne lui suffit pas. Il rédige[4] *une charte, avec tout un système de*
lois,[5] *se nomme gouverneur, puis, après une première visite d'Indiens*
10 *cannibales du Chili, général de sa place fortifiée. Une des lois l'oblige à*
parler à haute voix, car il a peur d'oublier son anglais, et il observe tous
les matins la cérémonie du salut au drapeau.[6] *En d'autres mots, Robinson*
se recrée un univers d'Anglais civilisé. Il est tout seul pourtant.
Et voilà qu'un certain vendredi, la seconde et dernière visite des
15 *Indiens araucans du Chili met fin à sa solitude: il sauve la vie à un*
jeune Indien qu'il nomme Vendredi en souvenir de ce jour. Vendredi
devient un serviteur modèle, chargé de tous les principaux travaux, et
rémunéré en or! Bien qu'il aime son maître, il commence à lui désobéir,
jusqu'au jour où, ayant accidentellement mis le feu à quarante tonneaux
20 *de poudre*[7] *en fumant la pipe, une explosion gigantesque détruit toutes les*
constructions. Chose remarquable, Robinson n'en veut[8] *pas à Vendredi,*
aspirant depuis longtemps à la liberté. Une vie nouvelle commence alors
pour les deux hommes libres, une vie sauvage dans laquelle c'est Vendredi
qui sera le guide et l'initiateur de son ancien maître.)

25 Pourtant, c'est à propos d'un plat que pour la première fois
Robinson et Vendredi se disputèrent. Autrefois — avant l'explosion — il ne pouvait pas y avoir de dispute entre eux. Robinson
était le maître. Vendredi n'avait qu'à obéir. Robinson pouvait ré-
primander, ou même battre Vendredi. Maintenant, Vendredi
30 était libre. Il était l'égal de Robinson. Aussi ils pouvaient se fâcher[9]
l'un contre l'autre.

---

[1]**voilier** sailing ship   [2]**Speranza** Hope (*in Spanish*)   [3]**gibier** game   [4]**rédiger** to
draw up   [5]**loi** law   [6]**drapeau** flag; **salut au drapeau** trooping the colors
[7]**tonneaux de poudre** barrels of gunpowder   [8]**en vouloir** to hold a grudge
[9]**se fâcher** to get angry

C'est ce qui arriva lorsque Vendredi prépara dans un grand coquillage[10] une quantité de rondelles[11] de serpent avec une garniture de sauterelles.[12] Depuis plusieurs jours d'ailleurs, il agaçait[13] Robinson. Rien de plus dangereux que l'agacement quand on doit vivre seul avec quelqu'un. Robinson avait eu la veille   5 une indigestion de filets de tortue aux myrtilles.[14] Et voilà que Vendredi lui mettait sous le nez cette fricassée[15] de python et d'insectes! Robinson eut un haut-le-cœur[16] et envoya d'un coup de pied la grande coquille rouler dans le sable avec son contenu. Vendredi furieux la ramassa et la brandit[17] à deux mains au-des-   10 sus de la tête de Robinson.

Les deux amis allaient-ils se battre? Non! Vendredi se sauva.[18]

Deux heures plus tard, Robinson le vit revenir en traînant derrière lui sans douceur une sorte de mannequin. La tête était faite dans une noix de coco.[19] les jambes et les bras dans des tiges[20]   15 de bambou. Surtout, il était habillé avec des vieux vêtements de Robinson, comme un épouvantail à oiseaux.[21] Sur la noix de coco, coiffée d'un chapeau de marin, Vendredi avait dessiné le visage de son ami. Il planta le mannequin debout près de Robinson.

—Je te présente Robinson Crusoé, gouverneur de l'île de   20 Speranza, lui dit-il.

Puis il ramassa la coquille sale et vide qui était toujours là et, avec un rugissement,[22] il la brisa sur la noix de coco qui s'écroula[23] au milieu des tubes de bambou brisés. Ensuite Vendredi éclata de rire, et alla embrasser Robinson.   25

—◦❖◦—

Robinson comprit la leçon de cette étrange comédie. Un jour que Vendredi mangeait des gros vers de palmier vivants roulés dans

---

[10]**coquillage** shell [11]**rondelle** slice [12]**avec une garniture de sauterelles** garnished with grasshoppers [13]**agacer** to get on someone's nerves [14]**filets... myrtilles** fillets of turtle with blackberries [15]**fricassée** fricassee (*stew*) [16]**avoir un haut-le-cœur** to feel sick [17]**brandir** to brandish [18]**se sauver** to flee [19]**noix de coco** coconut [20]**tige** shoot [21]**épouvantail à oiseaux** scarecrow [22]**rugissement** roar [23]**s'écrouler** to break into pieces

des œufs de fourmis,[24] Robinson exaspéré alla sur la plage. Dans le sable mouillé, il sculpta une sorte de statue couchée à plat ventre avec une tête dont les cheveux étaient des algues. On ne voyait pas la figure cachée dans l'un des bras replié,[25] mais le corps brun et nu ressemblait à Vendredi. Robinson avait à peine terminé son œuvre quand Vendredi vint le rejoindre, la bouche encore pleine de vers de palmier.

—Je te présente Vendredi, le mangeur de serpents et de vers, lui dit Robinson en lui montrant la statue de sable.

Puis il cueillit[26] une branche de coudrier[27] qu'il débarrassa de ses rameaux[28] et de ses feuilles, et il se mit à fouetter[29] le dos et les fesses du Vendredi de sable qu'il avait fabriqué dans ce but.

Dès lors,[30] ils vécurent à quatre sur l'île. Il y avait le vrai Robinson et la poupée Robinson, le vrai Vendredi et la statue de Vendredi, et tout ce que les deux amis auraient pu se faire de mal — les injures,[31] les coups,[32] les colères — ils le faisaient à la copie de l'autre. Entre eux ils n'avaient que des gentillesses.[33]

2

Pourtant Vendredi trouva moyen d'inventer un autre jeu encore plus passionnant et curieux que celui des deux copies.

Un après-midi, il réveilla assez rudement Robinson qui faisait la sieste[34] sous un eucalyptus. Il s'était fabriqué un déguisement[35] dont Robinson ne comprit pas tout de suite le sens. Il avait enfermé ses jambes dans des guenilles nouées en pantalon.[36] Une courte veste couvrait ses épaules. Il portait un chapeau de paille,[37] ce qui ne l'empêchait pas de s'abriter[38] sous une ombrelle[39] de palmes. Mais surtout, il s'était fait une fausse barbe en se collant des touffes de coton sur les joues.[40]

---

[24]**des gros vers... fourmis** fat, live, palm-tree worms rolled in ant eggs
[25]**replié** bent [26]**cueillir** to break off [27]**coudrier** hazel tree [28]**qu'il débarrassa... rameaux** from which he removed the twigs [29]**fouetter** to whip [30]**Dès lors** Henceforth [31]**injure** insult [32]**coup** blow [33]**ils n'avaient que des gentillesses** they were as nice as could be [34]**faire la sieste** to take a nap [35]**déguisement** disguise [36]**dans des guenilles... pantalon** in rags tied up as trousers [37]**paille** straw [38]**s'abriter** to take shelter [39]**ombrelle** sunshade [40]**en se collant... joues** by sticking tufts of cotton on his cheeks

—Sais-tu qui je suis? demanda-t-il à Robinson en déambulant[41] majestueusement devant lui.

—Non.

—Je suis Robinson Crusoé, de la ville d'York en Angleterre, le maître du sauvage Vendredi! 5

—Et moi, alors, qui suis-je? demanda Robinson stupéfait.

—Devine![42]

Robinson connaissait trop bien Vendredi pour ne pas comprendre à demi-mot[43] ce qu'il voulait. Il se leva et disparut dans la forêt. 10

Si Vendredi était Robinson, le Robinson d'autrefois, maître de l'esclave Vendredi, il ne restait à Robinson qu'à devenir Vendredi, le Vendredi esclave d'autrefois. En réalité, il n'avait plus sa barbe carrée[44] et ses cheveux rasés[45] d'avant l'explosion, et il ressemblait tellement à Vendredi qu'il n'avait pas grand-chose à 15 faire pour jouer son rôle. Il se contenta de se frotter la figure[46] et le corps avec du jus de noix pour se brunir[47] et d'attacher autour de ses reins[48] le pagne de cuir[49] des Araucans que portait Vendredi le jour où il débarqua dans l'île. Puis il se présenta à Vendredi et lui dit: 20

—Voilà, je suis Vendredi!

Alors Vendredi s'efforça de faire de longues phrases dans son meilleur anglais, et Robinson lui répondit avec les quelques mots d'araucan qu'il avait appris du temps que Vendredi ne parlait pas du tout anglais. 25

—Je t'ai sauvé de tes congénères[50] qui voulaient te sacrifier aux puissances maléfiques, dit Vendredi.

Et Robinson s'agenouilla[51] par terre, il inclina sa tête jusqu'au sol en grommelant des remerciements éperdus.[52] Enfin prenant le pied de Vendredi, il le posa sur sa nuque.[53] 30

Ils jouèrent souvent à ce jeu. C'était toujours Vendredi qui en donnait le signal. Dès qu'il apparaissait avec son ombrelle et sa fausse barbe, Robinson comprenait qu'il avait en face de lui Robinson, et que lui-même devait jouer le rôle de Vendredi. Ils

---

[41]**déambuler** to parade [42]**deviner** to guess [43]**comprendre à demi-mot** catch on [44]**carré** square cut [45]**rasé** shaven [46]**se frotter la figure** to rub one's face [47]**brunir** to become dark-skinned [48]**autour de ses reins** round his waist [49]**pagne de cuir** leather loincloth [50]**congénères** fellow tribesmen [51]**s'agenouiller** to kneel [52]**éperdu** delirious [53]**nuque** back of the neck

ne jouaient d'ailleurs jamais des scènes inventées, mais seulement des épisodes de leur vie passée, alors que Vendredi était un esclave apeuré[54] et Robinson un maître sévère. Mais aucune scène ne plaisait autant à Vendredi que celle du début, quand il fuyait
5 les Araucans qui voulaient le sacrifier, et quand Robinson l'avait sauvé.

Robinson avait compris que ce jeu faisait du bien à Vendredi parce qu'il le guérissait du mauvais souvenir qu'il avait de sa vie d'esclave. Mais à lui aussi Robinson, ce jeu faisait du bien, parce
10 qu'il avait toujours un peu de remords d'avoir été un maître dur pour Vendredi.

3

Un jour, Vendredi revint d'une promenade en portant un petit tonneau sur son épaule. Il l'avait trouvé à proximité de l'ancienne forteresse, en creusant[55] le sable pour attraper un lézard.
15 Robinson réfléchit longtemps, puis il se souvint qu'il avait enterré[56] deux tonneaux de poudre reliés[57] à la forteresse par un cordon d'étoupe[58] qui permettait de les faire exploser à distance. Seul l'un des deux avait explosé peu après la grande catastrophe. Vendredi venait donc de retrouver l'autre. Robinson fut surpris
20 de le voir si heureux de sa trouvaille.[59]

—Qu'allons-nous faire de cette poudre, tu sais bien que nous n'avons plus de fusil?

Pour toute réponse, Vendredi introduisit la pointe de son couteau dans la fente[60] du couvercle[61] et ouvrit le tonnelet.[62] Puis
25 il y plongea la main et en retira une poignée[63] de poudre qu'il jeta dans le feu. Robinson avait reculé en craignant une explosion. Il n'y eut pas d'explosion, seulement une grande flamme verte qui se dressa avec un souffle de tempête[64] et disparut aussitôt.

—Tu vois, expliqua Vendredi, le fusil est la façon la moins
30 jolie de brûler la poudre. Enfermée dans le fusil, la poudre crie et devient méchante. Laissée en liberté, elle est belle et silencieuse.

---

[54]**apeuré** frightened [55]**creuser** to dig [56]**enterrer** to bury [57]**relié** connected
[58]**cordon d'étoupe** fuse [59]**trouvaille** find [60]**fente** slit [61]**couvercle** cover
[62]**tonnelet** keg [63]**poignée** handful [64]**qui se dressa... tempête** which blew up with a mighty puff

Puis il invita Robinson à jeter lui-même une poignée de poudre dans le feu mais, cette fois, il sauta en l'air en même temps
que la flamme, comme s'il voulait danser avec elle. Et ils recom-
mencèrent, et encore, et encore, et il y avait ainsi de grands rideaux[65] de feu verts et mouvants, et sur chacun d'eux la silhouette   5
noire de Vendredi dans une attitude différente.

Plus tard, ils inventèrent une autre façon de jouer avec la
poudre. Ils recueillirent[66] de la résine de pin dans un petit pot.
Cette résine — qui brûle déjà très bien — ils la mélangèrent[67]
avec la poudre. Ils obtinrent ainsi une pâte noire, collante[68] et   10
terriblement inflammable. Avec cette pâte, ils couvrirent le tronc
et les branches d'un arbre mort qui se dressait au bord de la
falaise.[69] La nuit venue ils y mirent le feu: alors tout l'arbre se
couvrit d'une carapace[70] d'or palpitant, et il brûla jusqu'au matin,
comme un grand candélabre de feu.   15

Ils travaillèrent plusieurs jours à convertir toute la poudre en
pâte à feu et à en enduire[71] tous les arbres morts de l'île. La nuit,
quand ils s'ennuyaient et ne trouvaient pas le sommeil, ils allaient
ensemble allumer un arbre. C'était leur fête nocturne et secrète.

4

Au cours des années qui avaient précédé l'explosion et la destruc-   20
tion de l'île civilisée, Robinson s'était efforcé d'apprendre l'anglais
à Vendredi. Sa méthode était simple. Il lui montrait une marguerite,[72] et il lui disait:

—Marguerite.

Et Vendredi répétait: 25

—Marguerite.

Et Robinson corrigeait sa prononciation défectueuse aussi
souvent qu'il le fallait. Ensuite, il lui montrait un chevreau,[73] un
couteau, un perroquet,[74] un rayon de soleil, un fromage, une
loupe,[75] une source,[76] en prononçant lentement: 30

—Chevreau, couteau, perroquet, soleil, fromage, loupe,
source.

---

[65]**rideau** curtain [66]**recueillir** to collect [67]**mélanger** to mix [68]**collant** sticky
[69]**falaise** cliff [70]**carapace** shell [71]**enduire** to smear [72]**marguerite** daisy
[73]**chevreau** kid [74]**perroquet** parrot [75]**loupe** magnifying glass [76]**source** spring

Et Vendredi répétait après lui, et répétait aussi longtemps que le mot ne se formait pas correctement dans sa bouche.

Lorsque la catastrophe s'était produite, Vendredi savait depuis longtemps assez d'anglais pour comprendre les ordres que
5 lui donnait Robinson et nommer tous les objets utiles qui les entouraient. Un jour cependant, Vendredi montra à Robinson une tache[77] blanche qui palpitait[78] dans l'herbe, et il lui dit:

—Marguerite.

—Oui, répondit Robinson, c'est une marguerite.

10 Mais à peine avait-il prononcé ces mots que la marguerite battait des ailes et s'envolait.

—Tu vois, dit-il aussitôt, nous nous sommes trompés. Ce n'était pas une marguerite, c'était un papillon.[79]

—Un papillon blanc, rétorqua[80] Vendredi, c'est une margue-
15 rite qui vole.

Avant la catastrophe, quand il était le maître de l'île et de Vendredi, Robinson se serait fâché. Il aurait obligé Vendredi à reconnaître qu'une fleur est une fleur, et un papillon un papillon. Mais là, il se tut et réfléchit.

20 Plus tard, Vendredi et lui se promenaient sur la plage. Le ciel était bleu, sans nuages, mais comme il était encore très matin, on voyait le disque blanc de la lune à l'ouest. Vendredi qui ramassait des coquillages montra à Robinson un petit galet[81] qui faisait une tache blanche et ronde sur le sable pur et propre. Alors, il leva la
25 main vers la lune et dit à Robinson:

—Écoute-moi. Est-ce que la lune est le galet du ciel, ou est-ce ce petit galet qui est la lune du sable?

Et il éclata de rire, comme s'il savait d'avance que Robinson ne pourrait pas répondre à cette drôle de question.

30 Puis il y eut une période de mauvais temps. Des nuages noirs s'amoncelèrent[82] au-dessus de l'île, et bientôt la pluie se mit à crépiter.[83] Vendredi et Robinson s'étaient abrités sous un arbre. Vendredi s'echappa soudain et s'exposa à la douche.[84] Il renversait[85] son visage en arrière et laissait l'eau couler sur ses joues. Il
35 s'approcha de Robinson.

---

[77]**tache** spot [78]**palpiter** to flutter [79]**papillon** butterfly [80]**rétorquer** to retort
[81]**galet** pebble [82]**s'amonceler** to gather [83]**crépiter** to patter
[84]**douche** shower [85]**renverser** to tilt back

—Regarde, lui dit-il, les choses sont tristes, elles pleurent. Les arbres pleurent, les rochers pleurent, les nuages pleurent, et moi, je pleure avec eux. Ouh, ouh, ouh! La pluie, c'est le grand chagrin de l'île et de tout...

Robinson commençait à comprendre. Il acceptait peu à peu que les choses les plus éloignées[86] les unes des autres — comme la lune et un galet, les larmes et la pluie — puissent se ressembler au point d'être confondues,[87] et que les mots volent d'une chose à une autre, même si ça devait un peu embrouiller[88] les idées.

Il entra tout à fait dans le jeu quand Vendredi lui expliqua les règles du *Portrait araucan en cinq touches*. Vendredi lui disait par exemple:

—C'est une mère qui te berce, c'est un cuisinier[89] qui sale[90] ta soupe, c'est une armée de soldats qui te retient prisonnier, c'est une grosse bête qui se fâche, hurle et trépigne[91] quand il fait du vent, c'est une peau de serpent aux mille écailles[92] qui miroitent[93] au soleil. Qu'est-ce que c'est?

—C'est l'Océan! triompha Robinson.

Et pour montrer qu'il avait compris la règle du jeu, il interrogea Vendredi à son tour:

—C'est une toison[94] géante où deux hommes sont cachés comme des puces,[95] c'est le sourcil[96] qui se fronce[97] au-dessus du gros œil de la mer, c'est un peu de vert sur beaucoup de bleu, c'est un peu d'eau douce dans beaucoup d'eau salée, c'est un bateau toujours immobile à l'ancre. Qu'est-ce que c'est?

—C'est notre île, Speranza, s'écria Vendredi, et il posa à son tour une autre devinette:[98]

—Si c'était un arbre, ce serait un palmier à cause des poils fauves[99] qui en couvrent le tronc. Si c'était un oiseau, ce serait le corbeau[1] du Pacifique à cause de son cri rauque et aboyant,[2] si c'était une partie de mon corps, ce serait ma main gauche à cause de la fidélité avec laquelle elle aide ma main droite. Si c'était un poisson ce serait le brochet[3] chilien à cause de ses dents aiguisées.[4]

---

[86]**éloigné** distant [87]**confondu** identical [88]**embrouiller** to confuse [89]**cuisinier** cook [90]**saler** to salt [91]**trépigner** to trample [92]**écaille** scale [93]**miroiter** to shimmer [94]**toison** fleece [95]**puce** flea [96]**sourcil** eyebrow [97]**se froncer** to knit [98]**devinette** riddle [99]**poils fauves** fawn-colored hairs [1]**corbeau** crow [2]**rauque et aboyant** harsh and barking [3]**brochet** pike [4]**aiguisé** sharp

Si c'était un fruit, ce serait deux noisettes,[5] à cause de ses petits yeux bruns. Qu'est-ce que c'est?

—C'est Tenn, notre bon chien, répondit Robinson. Je l'ai reconnu avec son poil fauve, son aboiement,[6] sa fidélité, ses crocs[7]
5 aiguisés et ses petits yeux noisette.

Mais parce qu'il évoquait le souvenir du bon Tenn disparu, Robinson sentit une tristesse l'envahir, et une drôle de boule se gonfler[8] dans sa gorge et l'empêcher de parler.

Vendredi s'en aperçut et s'en voulut[9] de sa maladresse.[10]

5

10 Un matin, Vendredi fut réveillé par la voix de Robinson qui l'appelait par son nom. Il se dressa sur son séant[11] et regarda autour de lui. Personne! Pourtant il n'avait pas rêvé. Tout à coup, juste au-dessus de sa tête, partant des branches de l'arbuste[12] sous lequel il avait dormi, l'appel retentit[13] à nouveau:

15 —Vendredi! Vendredi!

Il se leva et inspecta le feuillage[14] du petit arbre. C'est alors qu'il vit un oiseau vert et gris s'enfuir à tire-d'aile[15] avec une espèce de ricanement[16] dans la direction d'un petit bois où les deux amis allaient rarement.

20 Il voulut en avoir le cœur net[17] et se dirigea vers ce point de l'île. Il n'eut pas à chercher longtemps: l'un des plus beaux arbres — un tulipier[18] — paraissait chargé de gros fruits bizarres... qui se révélèrent en réalité comme autant de nids[19] de perroquets.

L'après-midi, il revint avec Robinson. Les perroquets faisaient
25 un grand vacarme de caquetages[20] dans les branches du tulipier, mais ils se turent[21] soudain en voyant approcher les deux amis, et c'est dans un grand silence que Vendredi et Robinson s'arrêtèrent sous l'arbre.

—Je n'ai jamais vu de perroquets dans l'île, dit Robinson. Ils

---

[5]**noisette** hazel nut [6]**aboiement** bark [7]**croc** fang [8]**se gonfler** to swell [9]**s'en vouloir** to regret [10]**maladresse** awkwardness [11]**se dresser sur son séant** to sit up [12]**arbuste** shrub [13]**retentir** to ring out [14]**feuillage** foliage [15]**s'enfuir à tire-d'aile** to fly swiftly away [16]**avec une espèce de ricanement** with a kind of mocking sound [17]**vouloir... net** to be determined to get to the bottom of it [18]**tulipier** a type of magnolia tree [19]**qui... perroquets** which actually turned out to be as many parrots' nests [20]**vacarme de caquetages** cackling racket [21]**se taire** to become silent

one dû tous arriver en même temps pour pondre[22] leurs œufs et viennent sans doute d'une autre île pas trop éloignée.

Vendredi ouvrait la bouche pour lui répondre, mais il fut interrompu par la cacophonie des perroquets qui se remettaient tous à[23] parler ensemble. *Jamais vu, jamais vu, jamais vu,* criait l'un, *une autre île, une autre île, une autre île,* répétait un autre, *arriver en même temps, arriver en même temps, arriver en même temps,* caquetait[24] un troisième, et tout un groupe d'oiseaux verts perchés sur la plus proche branche leur cornaient aux oreilles[25] *trop éloignée, trop éloignée, trop éloignée.*

Assourdis[26] par tout ce bruit, Vendredi et Robinson s'enfuirent jusque vers les grands pins qui bordaient la plage.

—C'est bien la première fois depuis mon naufrage que je suis gêné[27] par des bruits de voix, s'écria Robinson qui se souvenait de ses longues années de solitude.

—*Bruits de voix, bruits de voix, bruits de voix!* glapit[28] une voix aigre[29] dans les branches du pin le plus proche.

Il fallut fuir encore plus loin, au bord de la mer, à l'endroit où les vagues croulent[30] sur le sable mouillé.

Dès lors, Robinson et Vendredi eurent la plus grande difficulté à échanger des phrases sans qu'aussitôt une voix moqueuse, partant du buisson ou de l'arbuste voisin, ne vienne les interrompre en répétant certains mots qu'ils avaient prononcés. Exaspéré, Robinson ne se déplaçait plus qu'avec un bâton qu'il lançait rageusement[31] dans la direction d'ou venait la voix. Jamais il n'atteignit un perroquet, mais souvent on en voyait un s'enfuir avec un cri qui ressemblait à un rire moqueur.

—En vérité, lui dit Vendredi quelques jours plus tard, je crois que c'est une bonne leçon. Nous parlons trop. Il n'est pas toujours bon de parler. Dans ma tribu, chez les Araucans, plus on est sage, moins on parle. Plus on parle, moins on est respecté. Les animaux les plus bavards[32] sont les singes[33] et, parmi les hommes, ce sont les petits enfants et les vieilles femmes qui parlent le plus.

---

[22]**pondre** to lay   [23]**se remettre à** to start again   [24]**caqueter** to cackle   [25]**cornaient aux oreilles** blared at them   [26]**assourdi** deafened   [27]**gêné** bothered   [28]**glapir** to yap   [29]**aigre** shrill   [30]**crouler** to crash   [31]**rageusement** furiously   [32]**bavard** talkative   [33]**singe** monkey

6

(Un jour, une tache blanche apparaît à l'horizon. C'est un voilier anglais qui se dirige droit sur l'île.)

Robinson était très ému. Il ne savait plus depuis combien de temps il était dans l'île, mais il avait l'impression d'y avoir passé
5 la plus grande partie de sa vie. On raconte qu'avant de mourir un homme revoit souvent tout son passé étalé devant lui comme un panorama. C'était un peu le cas de Robinson qui revoyait le naufrage, l'exploitation frénétique de l'île, puis l'arrivée de Vendredi, les travaux que Robinson lui avait imposés, l'explosion, la
10 destruction de toute son œuvre, et ensuite c'était une longue vie heureuse et douce, pleine de jeux violents et sains[34] et des inventions extraordinaires de Vendredi. Est-ce que tout cela allait prendre fin?

Dans la chaloupe[35] s'amoncelaient les petits tonneaux destinés
15 à renouveler la provision d'eau douce du navire. À l'arrière, on voyait debout, le chapeau de paille incliné sur une barbe noire, un homme botté et armé, le commandant sans doute.

L'avant de l'embarcation racla le fond[36] et se souleva avant de s'immobiliser. Les hommes sautèrent dans l'écume des vagues[37]
20 et tirèrent la chaloupe sur le sable pour la mettre hors de portée[38] de la marée montante.[39] La barbe noire tendit la main à Robinson et se présenta.

—William Hunter, de Blackpool, commandant de la goélette[40] le *Whitebird*.
25 —Quel jour sommes-nous? lui demanda Robinson.

Étonné, le commandant se tourna vers l'homme qui le suivait et qui devait être son second.[41]

—Quel jour sommes-nous, Joseph?

—Le samedi 22 décembre 1787, Sir, répondit-il.
30 —Le samedi 22 décembre 1787, répéta le commandant tourné vers Robinson.

Le cerveau de Robinson travailla à vive allure. Le naufrage

---

[34]**sain** healthy [35]**chaloupe** rowboat [36]**racla le fond** scraped the bottom [37]**l'écume des vagues** the foamy waves [38]**hors de portée** out of reach [39]**marée montante** rising tide [40]**goélette** schooner [41]**second** first mate

de *La Virginie* avait eu lieu le 30 septembre 1759. Il y avait donc exactement vingt-huit ans, deux mois et vingt-deux jours. Il ne pouvait imaginer qu'il soit depuis si longtemps dans l'île! Malgré tout ce qui s'était passé depuis son arrivée sur cette terre déserte, cette durée de plus de vingt-huit années lui paraissait impossible 5 à faire tenir entre le naufrage de *La Virginie* et l'arrivée du *Whitebird*. Et il y avait autre chose encore: il calculait que si l'on était en 1787, comme le disaient les nouveaux venus, il aurait exactement cinquante ans. Cinquante ans! L'âge d'un vieux bonhomme en somme. Alors que grâce à la vie libre et heureuse qu'il 10 menait[42] à Speranza, grâce surtout à Vendredi, il se sentait de plus en plus jeune! Il décida en tout cas de cacher aux arrivants la date véritable de son naufrage, de peur de passer pour un menteur.[43]

—J'ai été jeté sur cette côte alors que je voyageais à bord de 15 *La Virginie,* commandée par Pieter van Deyssel, de Flessingue. Je suis le seul rescapé de la catastrophe. Le choc m'a malheureusement fait perdre en partie la mémoire, et notamment[44] je n'ai jamais pu retrouver la date à laquelle il a eu lieu.

—Je n'ai jamais entendu parler de ce navire dans aucun port, 20 observa Hunter, mais il est vrai que la guerre avec les Amériques a bouleversé toutes les relations maritimes.

Robinson ne savait évidemment pas que les colonies anglaises de l'Amérique du Nord avaient combattu l'Angleterre pour conquérir leur indépendance, et qu'il en était résulté une guerre qui 25 avait duré de 1775 à 1782. Mais il évita de poser des questions qui auraient trahi son ignorance.

Cependant Vendredi aidait les hommes à décharger[45] les tonnelets et il les guidait vers le plus proche point d'eau. Robinson comprit que si l'Indien s'empressait[46] si gentiment au service des 30 matelots,[47] c'était dans l'espoir qu'ils l'emmèneraient le plus tôt possible à bord du *Whitebird*. Lui-même devait s'avouer qu'il brûlait d'envie[48] de visiter ce fin voilier, merveilleusement construit pour battre tous les records de vitesse et qui devait être pourvu[49] des derniers perfectionnements de la marine à voile. En atten- 35

---

[42]**mener** to lead [43]**menteur** liar [44]**notamment** particularly [45]**décharger** to unload [46]**s'empresser** to show eagerness [47]**matelot** sailor [48]**s'avouer...
d'envie** admit to himself that he was dying [49]**pourvu** equipped

dant, le commandant Hunter, le second Joseph et tous les hommes qu'il voyait s'affairer[50] autour de lui paraissaient laids, grossiers, brutaux et cruels, et il se demandait s'il arriverait à reprendre l'habitude de vivre avec ses semblables.[51]

5   Il avait entrepris de montrer à Hunter les ressources de l'île en gibier et en aliments[52] frais. Les hommes grimpaient le long des troncs à écailles pour faire tomber d'un coup de sabre les choux palmistes,[53] et on entendait les rires de ceux qui poursuivaient les chevreaux avec des cordes. Cela lui faisait mal de voir
10 ces brutes mutiler les arbres et massacrer les bêtes de son île, mais il ne voulait pas être égoïste[54] envers les premiers hommes qu'il revoyait après tant d'années. À l'emplacement[55] où s'élevait autrefois la banque de Speranza, de hautes herbes se creusaient sous le vent avec un murmure soyeux.[56] Un matelot y trouva coup sur
15 coup[57] deux pièces d'or. Il ameuta[58] aussitôt ses compagnons à grands cris, et après des disputes violentes, on décida d'incendier toute la prairie pour faciliter les recherches. Robinson ne put s'empêcher de penser que cet or était à lui en somme,[59] et que les bêtes allaient être privées[60] par cet incendie de la meilleure
20 pâture de toute l'île. Chaque nouvelle pièce trouvée était l'occasion de bagarres[61] souvent sanglantes qui se livraient[62] au couteau ou au sabre.

    Il voulut détourner[63] son attention de ce spectacle en faisant parler Joseph, le second. Celui-ci lui décrivit aussitôt avec enthou-
25 siasme la traite[64] des Noirs qui fournissait la main-d'œuvre des plantations de coton des États du Sud de l'Amérique. Les Noirs étaient enlevés en Afrique sur des bateaux spéciaux où ils étaient entassés[65] comme de la marchandise. Aux États-Unis, on les vendait et on rechargeait le bateau avec du coton, du sucre, du café
30 et de l'indigo. C'était un fret[66] de retour idéal qui s'écoulait[67]

---

[50]**s'affairer** to busy oneself   [51]**semblables** fellowmen   [52]**aliment** food
[53]**chou palmiste** palm cabbage   [54]**égoïste** selfish   [55]**emplacement** spot
[56]**se creusaient... soyeux** were bending in the wind, humming softly   [57]**coup sur
coup** one after another   [58]**ameuter** to stir up   [59]**en somme** all things
considered (*Robinson had salvaged the gold from the shipwreck.*)
[60]**privé** deprived   [61]**bagarre** fight   [62]**qui se livraient** that were fought
[63]**détourner** to distract   [64]**traite** slave trade   [65]**entassé** piled up   [66]**fret** freight
[67]**s'écouler** to sell off

avantageusement au passage dans les ports européens. Puis Hunter prit la parole et raconta en riant comment, au cours de la guerre, il avait coulé[68] un transport de troupes français envoyé en renfort aux insurgés américains. Tous ces hommes s'étaient noyés sous ses yeux. Robinson avait l'impression d'avoir soulevé 5 une pierre et d'observer des cloportes noirs et grouillants.[69]

Une première fois la chaloupe avait regagné le bord du *Whitebird* pour y déposer tout un chargement de fruits, de légumes et de gibier au milieu desquels se débattaient des chevreaux ligotés.[70] Les hommes attendaient les ordres du comman- 10 dant avant d'effectuer un second voyage.

—Vous me ferez bien l'honneur de déjeuner avec moi, dit-il à Robinson.

Et sans attendre sa réponse, il ordonna qu'on embarque l'eau douce et qu'on revienne ensuite pour le mener à bord avec son 15 invité.

Lorsque Robinson sauta sur le pont[71] du *Whitebird,* il y fut accueilli par un Vendredi radieux que la chaloupe avait amené lors de son précédent voyage. L'Indien avait été adopté par l'équipage[72] et paraissait connaître le navire comme s'il y était né. Rob- 20 inson le vit s'élancer dans les haubans,[73] se balançant[74] à quinze mètres au-dessus des vagues avec un grand rire heureux. Il se souvint alors que Vendredi aimait tout ce qui avait rapport à l'air et que ce beau voilier svelte, léger et blanc était certainement la chose aérienne la plus merveilleuse qu'il eût jamais vue. Il 25 éprouva[75] un peu de tristesse en constatant[76] combien l'Indien paraissait plus heureux que lui de l'arrivée du *Whitebird.*

Il avait fait quelques pas sur le pont, lorsqu'il distingua une petite forme humaine attachée demi-nue au pied du mât de misaine.[77] C'était un enfant qui pouvait avoir une douzaine d'an- 30 nées. Il était maigre comme un oiseau déplumé[78] et tout son dos était strié[79] de marques sanglantes. On ne voyait pas son visage, mais ses cheveux formaient une masse rouge qui retombait sur ses

---

[68]**couler** to sink [69]**cloportes... grouillants** wriggling black sowbugs
[70]**ligoté** tied up [71]**pont** deck [72]**équipage** crew [73]**s'élancer... haubans** to leap on the shrouds [74]**se balancer** to swing [75]**éprouver** to feel [76]**constater** to notice [77]**mât de misaine** foremast [78]**déplumé** plucked [79]**strié** streaked

épaules minces et parsemées de taches de rousseur.[80] Robinson
ralentit[81] le pas en le voyant.

—C'est Jean, notre mousse,[82] lui dit le commandant.

Puis il se tourna vers Joseph.

5   —Qu'a-t-il encore fait?

Aussitôt une face rougeaude[83] coiffée d'une toque[84] de cuisinier surgit de l'écoutille de la cambuse,[85] comme un diable qui
sort d'une boîte.[86]

—Je ne peux rien en tirer,[87] dit le maître coq. Ce matin il m'a
10 gâté[88] un pâté de poule en le salant trois fois par distraction. Il a
eu ses douze coups de garcette.[89] Il en aura d'autres s'il n'apprend
pas à faire attention.

Et la tête disparut aussi soudainement qu'elle avait surgi.

—Détache-le, dit le commandant au second. Il faut qu'il nous
15 serve au carré.[90]

Robinson déjeuna avec le commandant et le second. Il n'entendit plus parler de Vendredi qui devait manger avec l'équipage.
Il eut du mal à venir à bout des terrines[91] et des viandes en sauce,
violemment épicées,[92] dont on remplit plusieurs fois son assiette.
20 Il n'avait plus l'habitude de ces nourritures lourdes et indigestes,
lui qui ne mangeait plus que des choses légères, fraîches et naturelles depuis si longtemps.

C'était le mousse Jean qui servait à table, à demi enfoui[93] dans
un immense tablier[94] blanc. Robinson chercha son regard sous la
25 masse de ses cheveux fauves, mais il était si absorbé par sa peur
de commettre quelque maladresse qu'il paraissait ne pas le voir.
Le commandant était sombre et silencieux. C'était Joseph qui en-
tretenait la conversation en expliquant à Robinson les dernières
acquisitions de la technique de la voile et de la science de la navi-
30 gation.

Après le déjeuner, Hunter se retira dans sa cabine, et Joseph
entraîna[95] Robinson sur la passerelle de commandement.[96] Il

---

[80]**parsemées... rousseur** dotted with freckles [81]**ralentir** to slow down
[82]**mousse** (ship's) boy [83]**rougeaud** reddish [84]**toque** cap [85]**l'écoutille de la
cambuse** the hatchway to the steward's room [86]**comme... boîte** like a
Jack-in-the-box [87]**tirer** to get out [88]**gâter** to spoil [89]**garcette** cat o'nine tails
[90]**carré** wardroom [91]**venir... terrines** to finish the casseroles [92]**épicé** spicy
[93]**enfoui** buried [94]**tablier** apron [95]**entraîner** to take along [96]**passerelle de
commandemant** bridge

voulait lui montrer un instrument récemment introduit dans la navigation, le sextant, qui servait à mesurer la hauteur du soleil au-dessus de l'horizon. Tout en écoutant la démonstration enthousiaste de Joseph, Robinson manipula avec plaisir le bel objet de cuivre,[97] d'acajou[98] et d'ivoire qui avait été extrait de son coffret.

Ensuite Robinson alla s'étendre sur le pont pour faire la sieste comme il en avait l'habitude. Au-dessus de lui, la pointe du mât décrivait des cercles irréguliers dans un ciel parfaitement bleu où s'était égaré[99] un croissant de lune translucide. En tournant la tête, il voyait Speranza, une bande de sable blond, puis un amas[1] de verdure, enfin le chaos rocheux.[2]

C'est alors qu'il comprit qu'il ne quitterait jamais l'île. Ce *Whitebird* avec ses hommes, c'était l'envoyé d'une civilisation où il ne voulait pas retourner. Il se sentait jeune, beau et fort à condition de demeurer à Speranza avec Vendredi. Sans le savoir, Joseph et Hunter lui avaient appris que, pour eux, il avait cinquante ans. S'il s'en allait avec eux, il serait un vieil homme aux cheveux gris, à l'allure digne, et il deviendrait bête et méchant comme eux. Non, il resterait fidèle à la vie nouvelle que lui avait enseignée Vendredi.

Lorsqu'il fit part[3] de sa décision de demeurer sur l'île, seul Joseph manifesta de la surprise. Hunter n'eut qu'un sourire glacé. Au fond il était peut-être soulagé de n'avoir pas deux passagers supplémentaires à embarquer sur un navire étroit où la place était chichement[4] distribuée.

—Je considère tout le ravitaillement[5] et l'or que nous avons embarqués, comme l'effet de votre générosité, lui dit-il courtoisement. En souvenir de notre passage à Speranza, permettez-moi de vous offrir notre petite yole[6] qui s'ajoute inutilement à nos deux chaloupes de sauvetage réglementaires.[7]

C'était un canot léger et de bonne tenue,[8] idéal pour un ou deux hommes par temps calme. Il remplacerait avantageusement la vieille pirogue de Vendredi. C'est dans cette embarcation que

---

[97]**cuivre** copper [98]**acajou** mahogany [99]**s'égarer** to get lost [1]**amas** mass
[2]**rocheux** rocky [3]**faire part** to inform [4]**chichement** scantly [5]**ravitaillement**
food supplies [6]**yole** skiff [7]**chaloupes de sauvetage réglementaires**
regulation life boats [8]**de bonne tenue** quite seaworthy

Robinson et son compagnon regagnèrent[9] l'île comme le soir tombait.

En reprenant pied sur ses terres, Robinson éprouva un immense soulagement.[10] Le *Whitebird* et ses hommes avaient apporté
5 le désordre et la destruction dans l'île heureuse où il avait mené une vie idéale avec Vendredi. Mais qu'importait? Aux premières lueurs de l'aube,[11] le navire anglais lèverait l'ancre et reprendrait sa place dans le monde civilisé. Robinson avait fait comprendre au commandant qu'il ne souhaitait pas que l'existence et la posi-
10 tion de son île sur la carte fussent révélées par l'équipage du *Whitebird*. Le commandant avait promis, et Robinson savait qu'il respecterait son engagement. Robinson et Vendredi avaient encore de belles et longues années de solitude devant eux.

7

L'aube était pâle encore quand Robinson descendit de son arau-
15 caria.[12] Il détestait les heures tristes et blêmes qui précèdent le lever du soleil, et il avait l'habitude d'attendre ses premiers rayons pour se lever. Quant à Vendredi, il faisait toujours la grasse matinée.[13] Mais cette nuit-là, il avait mal dormi. C'était sans doute ce repas indigeste qu'il avait pris à bord du *Whitebird,* ces viandes,
20 ces sauces et ce vin qui lui avaient donné un sommeil lourd, entrecoupé[14] de réveils brusques et de cauchemars.

Il fit quelques pas sur la plage. Comme il s'y attendait, le *Whitebird* avait disparu. L'eau était grise et le ciel décoloré. Les oiseaux observaient un silence de mort. Robinson sentit une
25 grande tristesse l'envahir. Dans quelques minutes, dans une heure au plus, le soleil se lèverait et rendrait la vie et la joie à toute l'île. En attendant, Robinson décida d'aller regarder Vendredi dormir dans son hamac. Il ne le réveillerait pas, mais sa présence le réconforterait.[15]

30 Le hamac était vide. Ce qui était plus surprenant, c'était la disparition des menus[16] objets dont Vendredi agrémentait[17] ses

---

[9]**regagner** to get back to [10]**soulagement** relief [11]**aux premières lueurs de l'aube** at the rays of dawn [12]*An araucaria is a South American evergreen tree.* [13]**faire la grasse matinée** to stay in bed [14]**entrecoupé** broken
[15]**réconforter** to comfort [16]**menu** small [17]**agrémenter** to embellish

siestes, miroirs, flageolets,[18] sarbacanes,[19] fléchettes,[20] plumes, balles, etc. La chevrette[21] Anda avait disparu, elle aussi. Une peur panique envahit brusquement Robinson. Et si Vendredi était parti avec le *Whitebird*? Il courut vers la plage: la yole et la vieille pirogue étaient là, tirées sur le sable sec. Si Vendredi avait voulu rejoindre la goélette anglaise, il aurait emprunté[22] l'une de ces deux embarcations et il l'aurait abandonnée en mer ou hissée[23] à bord. Pourquoi aurait-il fait cette traversée nocturne à la nage?

Alors Robinson commença à battre[24] toute l'île en appelant Vendredi. Il courut d'une plage à l'autre, des falaises aux dunes, de la forêt aux marécages,[25] du chaos rocheux aux prairies, de plus en plus désespéré, trébuchant[26] et criant, de plus en plus convaincu que Vendredi l'avait trahi et abandonné. Mais pourquoi, pourquoi?

Alors il se souvint de l'admiration de Vendredi pour le beau bateau blanc, et comme il se balançait heureusement en riant d'une vergue[27] à l'autre audessus des flots. C'était cela: Vendredi avait été séduit par ce nouveau jouet, plus magnifique que tous ceux qu'il avait construits lui-même dans l'île.

Pauvre Vendredi! Car Robinson se souvenait aussi des horribles détails que Joseph, le second, lui avait donnés sur la traite des Noirs qui se pratiquait entre l'Afrique et les plantations de coton d'Amérique. Sans doute le naïf Indien était-il déjà au fond de la cale[28] du *Whitebird,* dans les fers des esclaves...

Robinson était accablé[29] de douleur. Il continuait ses recherches, mais il ne trouvait que des souvenirs qui achevaient de lui crever[30] le cœur, la harpe éolienne[31] et le cerf-volant,[32] brisés par les hommes de la goélette, et tout à coup il sentit quelque chose de dur sous ses pieds. C'était le collier de Tenn, rongé par les moisissures.[33] Alors Robinson appuya son front contre le tronc d'un eucalyptus, et il pleura toutes les larmes de son corps.

Quand il releva la tête, il vit à quelques mètres de lui une demi-douzaine de vautours[34] qui l'observaient de leurs petits yeux

---

[18]**flageolet** flageolet (*pipe used as musical instrument*) [19]**sarbacane** blowtube
[20]**fléchette** dart [21]**chevrette** young she-goat [22]**emprunter** to borrow
[23]**hisser** to hoist [24]**battre** to scour [25]**marécage** marsh [26]**trébucher** to trip
[27]**vergue** yard [28]**cale** hold [29]**accablé** overcome [30]**crever** to break [31]**harpe
éolienne** Aeolian harp [32]**cerf-volant** kite [33]**rongé par les moisissures** eaten
away by the mold [34]**vautour** vulture

rouges et cruels. Robinson voulait mourir, les vautours l'avaient
deviné, mais justement, il ne voulait pas que son corps fût déchiqueté par les charognards.[35] Il se souvint du fond de la grotte
où il avait passé de si bonnes heures. Sans doute l'explosion avait
5 bouché[36] l'entrée de la grande caverne, mais il se sentait si dimi-
nué, si faible et rapetissé[37] qu'il était bien sûr de trouver un passage, une fente entre deux blocs. Alors il descendrait tout au fond
du trou qui était doux et tiède,[38] il s'accroupirait, la tête sur les
genoux, les pieds croisés,[39] et il oublierait tout, il s'endormirait
10 pour toujours à l'abri des vautours et des autres animaux.

Il s'achemina[40] donc à petits pas vers le chaos rocheux qui se
dressait à la place de la grotte. À force[41] de chercher, il trouva en
effet une ouverture étroite comme une chatière,[42] mais il était
tellement recroquevillé[43] par le chagrin qu'il était sûr de pouvoir
15 s'y glisser. Il passa la tête à l'intérieur pour essayer de voir si le
passage conduisait bien au fond de la grotte. À ce moment-là il
entendit quelque chose qui remuait à l'intérieur. Une pierre
roula. Robinson recula. Un corps obstrua la fente et s'en libéra
par quelques contorsions. Et voici qu'un enfant se tenait devant
20 Robinson, le bras droit replié sur son front pour se protéger de
la lumière ou en prévision d'une gifle.[44] Robinson était abasourdi.

—Qui es-tu? Qu'est-ce que tu fais là? lui demanda-t-il.

—Je suis le mousse du *Whitebird*, répondit l'enfant. Je voulais
m'enfuir de ce bateau où j'étais malheureux. Hier pendant que
25 je servais à la table du commandant, vous m'avez regardé avec
bonté. Ensuite j'ai entendu que vous ne partiez pas. J'ai décidé
de me cacher dans l'île et de rester avec vous.

—Et Vendredi? As-tu vu Vendredi? insista Robinson.

—Justement! Cette nuit, je m'étais glissé sur le pont et j'allais
30 me mettre à l'eau pour essayer de nager jusqu'à la plage, quand
j'ai vu un homme aborder[45] en pirogue. C'était votre serviteur. Il
est monté à bord avec une petite chèvre blanche. Il est entré chez
le second qui paraissait l'attendre. J'ai compris qu'il resterait sur

---

[35]**déchiqueté par les charognards** torn to pieces by the griffon vultures
[36]**boucher** to block   [37]**rapetissé** shrunken   [38]**tiède** warm   [39]**croisé** crossed
[40]**s'acheminer** to walk   [41]**à force de chercher** after a long search   [42]**chatière** cat
door   [43]**recroquevillé** hunched up   [44]**gifle** slap   [45]**aborder** to come alongside

le bateau. Alors j'ai nagé jusqu'à la pirogue et je me suis hissé dedans. Et j'ai pagayé[46] jusqu'à la plage.

—C'est pour cela que les deux bateaux sont là! s'exclama Robinson.

—Je me suis caché dans les rochers, poursuivait le mousse. 5
Maintenant le *Whitebird* est parti sans moi, et je vivrai avec vous!

—Viens avec moi, lui dit Robinson.

Il prit le mousse par la main, et, contournant[47] les blocs, il commença à gravir[48] la pente[49] menant au sommet du piton[50] rocheux qui dominait le chaos. Il s'arrêta à mi-chemin[51] et regarda 10
son nouvel ami. Un pâle sourire éclaira le visage maigre, semé[52] de taches de rousseur. Il ouvrit la main et regarda la main qui y était blottie.[53] Elle était mince, faible, mais labourée[54] par les travaux grossiers du bord.

Du haut du piton rocheux, on voyait toute l'île qui était en- 15
core noyée dans la brume.[55] Sur la plage, le canot et la pirogue commençait à tourner, atteints par les vagues de la marée montante. Très loin au nord sur la mer, on distinguait un point blanc qui fuyait vers l'horizon: le *Whitebird*.

Robinson tendit le bras dans sa direction. 20

—Regarde-le bien, dit-il. Tu ne verras peut-être jamais plus cela: un navire au large[56] des côtes de Speranza.

Le point s'effaçait[57] peu à peu. Enfin il disparut. C'est alors que le soleil se leva. Une mouette[58] se laissa tomber sur l'eau et s'éleva à grands coups d'ailes,[59] un petit poisson dans le bec. Les 25
fleurs ouvraient leurs calices, les unes après les autres.

Robinson sentait la vie et la joie qui entraient en lui et le regonflaient.[60] Vendredi lui avait enseigné la vie sauvage, puis il était parti. Mais Robinson n'était pas seul. Il avait maintenant ce petit frère dont les cheveux — aussi rouges que les siens — 30
commençaient à flamboyer[61] au soleil. Ils inventeraient de nouveaux jeux, de nouvelles aventures, de nouvelles victoires. Une

---

[46]**pagayer** to paddle [47]**contourner** to work around [48]**gravir** to climb
[49]**pente** slope [50]**piton** peak [51]**à mi-chemin** halfway [52]**semé** dotted
[53]**blotti** nestled [54]**labouré** furrowed [55]**encore... brume** still engulfed in the
mist [56]**au large** off [57]**s'effacer** to fade away [58]**mouette** seagull [59]**à grands
coups d'ailes** vigorously flapping its wings [60]**regonfler** to cheer (buoy) up
[61]**flamboyer** to blaze

vie toute neuve allait commencer, aussi belle que l'île qui s'éveil-lait[62] dans la brume à leurs pieds.

—Comment t'appelles-tu? demanda Robinson au mousse.

—Je m'appelle Jean Neljapaev. Je suis né en Estonie, ajouta-
5 t-il comme pour excuser ce nom difficile.

—Désormais,[63] lui dit Robinson, tu t'appelleras *Dimanche.*
C'est le jour des fêtes, des rires et des jeux. Et pour moi tu seras
pour toujours l'enfant du dimanche.

EXERCISES

1–5

READING COMPREHENSION

Answer the following questions.

1. Qu'est-ce qui est arrivé au voilier *La Virginie*?
2. Pourquoi Robinson a-t-il appelé cette île Speranza selon vous?
3. Comment Robinson pouvait-il échapper à la paresse et à la bestialité?
4. Que pensez-vous du fait qu'ils s'est nommé gouverneur?
5. Pourquoi est-il devenu aussi général?
6. Comment pouvait-il garder la pratique de l'anglais?
7. Qui était Vendredi et pourquoi s'appelait-il ainsi?
8. Qu'est-ce qui a causé l'explosion?
9. Pourquoi Robinson n'a-t-il pas puni son serviteur?
10. Quelle sorte de fricassée Vendredi a-t-il préparée un jour et qu'a fait alors Robinson?
11. Comment Vendredi s'est-il vengé symboliquement?
12. Montrez que Robinson a compris la leçon peu de temps après.
13. Expliquez: «ils vécurent à quatre sur l'île».
14. Que pensez-vous de cette solution?
15. Connaissez-vous d'autres cultures qui utilisent cette solution?

---

[62]**s'éveiller** to wake up [63]**Désormais** From now on

16. Comment s'est déguisé Vendredi un jour et comment s'est-il présenté?
17. Qu'a fait Robinson pour jouer le rôle de Vendredi?
18. En quelle langue ont-ils parlé chacun dans ce jeu?
19. Pourquoi ont-ils souvent joué à ce jeu et quel était son rôle psychologique pour les deux?
20. Qu'est-ce que Vendredi a rapporté sur son épaule un jour?
21. Pourquoi Vendredi était-il si heureux de l'avoir?
22. Qu'ont fait alors les deux hommes?
23. Comparez l'usage ordinaire de la poudre à celui que les deux en font.
24. Comment Robinson et Vendredi ont-ils préparé leur fête nocturne?
25. Comment Robinson apprenait-il l'anglais à Vendredi?
26. Quels sont les trois exemples qui montrent que Vendredi savait faire des métaphores?
27. Trouvez-vous ces métaphores originales ou banales?
28. Reproduisez une des devinettes que les deux amis ont composées pour décrire l'Océan, l'île Speranza et le chien.
29. Préparez vous-même une devinette (si vous en êtes capable).
30. Pourquoi Vendredi a-t-il regretté d'avoir fait une devinette sur Tenn?
31. Par quel oiseau Vendredi a-t-il été réveillé un matin?
32. Que faisaient ces oiseaux sur l'île selon Robinson?
33. Pourquoi les deux hommes n'ont-ils pas pu parler entre eux?
34. Pourquoi était-ce une bonne leçon, selon Vendredi?
35. Êtes-vous d'accord avec la phrase: «Plus on parle, moins on est respecté»?

VOCABULARY STUDY

Word Formation

The adjective **triste** and the verb **agacer** correspond respectively to the nouns **tristesse** and **agacement**. Find and write the nouns (all appearing in the story) that correspond to the following adjectives and verbs.

1. fidèle
2. maladroit
3. seul
4. libre
5. vivant
6. vrai
7. réel
8. apeuré
9. aboyer
10. ricaner

11. caqueter   14. prononcer
12. déguiser   15. exploser
13. deviner   16. remercier

WORD USAGE

A. Write sentences of your own with each of the following words and phrases.

soudain	à peine (+ *sentence with verb*)
tout à coup	que
autrefois	et voilà que
du temps que	aussi souvent que
c'est alors que	depuis longtemps
dès lors	rien de plus (+ *adjective*) que
dès que	plus on (+ *verb*) plus on
aussitôt	pourtant
en même temps	en réalité
	en vérité

B. Study the following expressions; then select the appropriate one to replace the near-equivalent in italics in each of the sentences below.

faire la sieste	se sauver
s'en vouloir	se remettre
ne pas trouver le sommeil	comprendre à demi-mot
agacer	s'abriter
avoir un haut-le-cœur	

1. Vendredi *regrettait* d'avoir évoqué le chien mort.
2. Vendredi *irritait* Robinson.
3. Robinson *dormait* souvent l'après-midi.
4. Vendredi *s'est enfui* au lieu de frapper Robinson.
5. Robinson *a eu envie de vomir* en voyant les vers.
6. On peut *se protéger* du soleil sous une ombrelle.
7. Quand les deux amis *ne pouvaient pas dormir*, ils brûlaient des arbres morts.
8. Robinson *a deviné à peu près* ce que Vendredi voulait faire.
9. Les perroquets *ont recommencé* à répéter les phrases.

STRUCTURES

A. Use of the Present Tense with Certain Phrases

With phrases like **c'est la première, deuxième, etc., la dernière fois,** the present tense is used in French. In English some other tense is often used.

C'est la première fois que je **suis** gêné.
*This is the first time that I **have been** bothered.*

Translate the following sentences.

1. C'est la dernière fois que je mange ce que tu prépares.
2. C'est la deuxième fois que Robinson entend prononcer son nom.
3. Ce n'est pas la première fois que Vendredi fume la pipe.
4. C'est la vingtième fois que les perroquets répètent leur conversation.
5. C'est la première fois que Robinson se trouve seul sur une île déserte.
6. C'est la dernière fois que je prononce ce mot.

B. Use of the Subjunctive with sans que

Rewrite the sentences below with the verbs provided in parentheses in the subjunctive, following the example.

EXAMPLE: Robinson et Vendredi ne pouvaient pas parler sans que les perroquets ne (venir) les interrompre.

*Robinson et Vendredi ne pouvaient pas parler sans que les perroquets ne **viennent** les interrompre.*

1. Robinson et Vendredi ne pouvaient pas parler sans que les perroquets ne (se remettre) à parler ensemble.
2. Ils jouaient sans que personne ne (pouvoir) les interrompre.
3. Je n'ai jamais vu de perroquets ici sans qu'ils ne (pondre) des œufs.
4. Robinson lance souvent son bâton vers eux sans qu'il ne les (atteindre).
5. Les Araucans écoutent leurs femmes sans qu'elles ne (être) beaucoup respectées.
6. Aucun jour ne se passait sans que Robinson ne (faire) la sieste.

C. *Use of* en + gerund

When en is followed by a gerund (form of the present participle), the construction describes:

1. an action that takes place at the same time as another.

   Vendredi trouva le tonneau **en creusant** le sable.
   *Friday found the barrel **while digging** in the sand.*

2. an action that immediately precedes another.

   En voyant le tonneau, Vendredi fut content de sa trouvaille.
   ***Upon finding** the barrel, Friday was happy about his find.*

3. an action that is necessary to complete another.

   Vendredi cherchait des lézards **en creusant** le sable.
   *Friday was looking for lizards **by digging** in the sand.*

4. an action that accompanies another.

   Robinson recula **en craignant** une explosion.
   *Robinson stepped back, **fearing** an explosion.*

Rewrite the following sentences with a gerund for each of the verbs in parentheses; then translate each sentence.

1. En (désobéir) à Robinson, Vendredi risquait d'être fouetté.
2. En (devenir) son égal, Vendredi devenait aussi son guide.
3. Les perroquets se sont tus en (voir) approcher les deux amis.
4. Vendredi s'est approché de Robinson en (brandir) la coquille.
5. Vendredi a embrassé Robinson en (rire).
6. Je te présente Vendredi, lui a dit Robinson, en (se mettre) à fouetter la statue.
7. Vendredi voulait surprendre Robinson en (se faire) une fausse barbe.
8. En (prendre) le pied de Vendredi pour le poser sur sa nuque, Robinson faisait une chose importante.
9. En (couvrir) les arbres de la pâte inflammable, ils pouvaient les allumer la nuit.
10. En (entendre) les perroquets l'appeler par son nom, Vendredi a cherché Robinson.
11. Robinson montrait les objets en (prononcer) les mots correspondants.
12. En (s'apercevoir) de la tristesse de Robinson, Vendredi a regretté d'avoir parlé du chien disparu.

COMMUNICATIVE ACTIVITY

Prepare one of the topics listed below to be discussed in class. You should be ready to quote sentences or parts of sentences from the text in support of the views expressed.

1. Montrez que Robinson et Vendredi, différents dans leur personnalité, leurs goûts et leurs talents, doivent se faire des concessions réciproques pour rester libres et égaux.
2. Comparez les activités des deux hommes avant et après l'explosion et montrez la fonction des ces activités.
3. Robinson et Vendredi expriment leur agressivité de façon symbolique. Connaissez-vous des solutions symboliques pour exprimer l'agressivité dans notre vie moderne? Décrivez-en au moins une dans le domaine des sports et des jeux.
4. La liberté s'arrête là où commence la liberté des autres.

6–7

READING COMPREHENSION

Answer the following questions.

1. Pourquoi Robinson était-il ému à l'arrivée du voilier?
2. Quel passé voyait-il étalé devant lui?
3. Qu'est-ce qu'il y avait dans les chaloupes?
4. Comment le commandant s'est-il présenté?
5. Quel jour de la semaine sont-ils arrivés?
6. Depuis combien de temps Robinson se trouvait-il sur l'île et quel âge avait-il alors?
7. Quelle explication a-t-il donnée pour cacher son âge?
8. À quelle guerre le commandant a-t-il fait allusion?
9. Pourquoi Vendredi était-il si actif pour aider les matelots?
10. Que désirait Robinson lui-même?
11. Quelle impression les matelots ont-ils faite sur lui?
12. Qu'est-ce que les hommes ont pris dans l'île?
13. Pourquoi ont-ils mis le feu à la prairie?
14. Qu'est-ce que le second a raconté concernant la traite des Noirs?

15. Qu'est-ce qui a amusé Hunter en coulant le bateau français?
16. Quelle invitation a-t-il faite à Robinson?
17. Pourquoi n'a-t-il pas mentionné Vendredi selon vous?
18. Montrez que Vendredi était heureux à bord de la goélette.
19. Pourquoi le mousse était-il attaché au mât et qu'en pensez-vous?
20. Comment Robinson a-t-il trouvé la cuisine en comparaison avec celle de l'île?
21. Quel instrument de navigation a beaucoup plu à Robinson?
22. Qu'est-ce que Robinson a compris en regardant l'île de loin?
23. Pourquoi ne voulait-il pas partir avec les Anglais?
24. Qu'est-ce que Hunter lui a offert en échange des provisions et de l'or?
25. Quelle promesse a-t-il faite à Robinson avant de partir?
26. Qu'est-ce que cela signifiait pour Robinson?
27. Où dormait Vendredi d'habitude?
28. Montrez le désespoir de Robinson resté seul.
29. Comment s'est-il expliqué le départ de son ami?
30. Que craignait-il pour lui?
31. Quels jouets Vendredi avait-il fabriqués?
32. À quoi a pensé Robinson après sa crise de larmes?
33. Que s'est-il passé quand il a voulu entrer dans la grotte?
34. Quelle explication le mousse a-t-il donnée sur la disparition de Vendredi?
35. Où Robinson est-il allé ensuite avec son nouveau compagnon?
36. Comment se sentait-il?
37. Pourquoi l'enfant a-t-il été nommé Dimanche et pas Samedi (d'après le jour de son arrivée)?

VOCABULARY STUDY

A. Write sentences of your own with each of the following words and expressions.

une goélette	une yole
les haubans	un canot
les vergues	une pirogue
le mât	le commandant
le pont	le second
la passerelle	l'équipage
la cale	le matelot

une chaloupe	le mousse
une embarcation	monter à bord
embarquer le ravitaillement	faire naufrage au large de
lever l'ancre	couler un navire
se servir d'un sextant	se noyer
pagayer	renouveler la provision d'eau douce

B. Study the following expressions; then select the appropriate one to replace the near-equivalent in italics in each of the sentences below.

trahir	par distraction
s'empresser	surgir
brûler d'envie de	venir à bout de
coup sur coup	crever
avoir rapport	abasourdi

1. *Ne faisant pas attention,* le mousse a trop salé la viande.
2. Le matelot a trouvé des pièces d'or *l'une après l'autre.*
3. Une tête *est apparue soudainement.*
4. Robinson *désirait beaucoup* voir le beau voilier.
5. Cela lui *a brisé* le cœur de retrouver le collier du chien.
6. Vendredi *s'affairait* autour des matelots.
7. Robinson était *incapable de parler.*
8. Robinson ne voulait pas *révéler* son ignorance.
9. Vendredi aimait tout ce qui *touchait* aux choses aériennes.
10. Robinson a eu du mal à *finir* sa portion de terrine.

STRUCTURES

A. Use of de after Adjectives in the Superlative

After an adjective in the superlative, **de** is used to introduce a place name.

La prairie était la meilleure pâture **de** toute l'île.
*The meadow was the best pasture **in** the whole island.*

but:

La prairie était la meilleure pâture **de** toutes celles qu'il avait.
*The meadow was the best pasture **of** all those he had.*

Translate the following sentences.

1. C'était la plus belle prairie de l'île.
2. Pour Robinson, l'île Speranza était la plus belle île de tout l'univers.
3. Le piton était le point le plus haut de cette terre déserte.
4. Le *Whitebird* était l'un des plus fins voiliers du monde.
5. Le mousse était le plus jeune matelot du *Whitebird*.
6. Le mousse était le plus jeune membre de l'équipage.
7. L'homme le plus silencieux du voilier, c'était Hunter.
8. Le second a été le plus surpris de tous quand Robinson est resté.
9. Le matelot le plus malheureux de la goélette, c'était le mousse.
10. Le *Whitebird* était le voilier le plus perfectionné de la marine.

B. *Use of the Subjunctive with* souhaiter

Note that the verb **souhaiter** is followed by the subjunctive whereas the verb **espérer** is followed by the indicative.

Rewrite the sentences below replacing **espérer** with **souhaiter.**

EXAMPLE: Robinson **espère** que la présence de l'île ne **sera** pas révélée.

Robinson *souhaite que la présence de l'île ne soit pas révélée.*

1. Robinson espère que Dimanche et lui seront heureux sur l'île.
2. Il espère qu'ils auront une vie saine.
3. Il espère que la goélette partira bientôt.
4. Il espère que Vendredi ne mourra pas dans les fers.
5. Il espère que Dimanche apprendra vite.
6. Il espère que Dimanche ne fera plus de voyages.
7. Il espère que les matelots ne reviendront pas.
8. Il espère que le mousse n'ira plus à bord d'un voilier.
9. Il espère que le mousse vivra avec lui.
10. Il espère que personne ne redécouvrira l'île.
11. Il espère qu'ils sentiront entrer en eux la vie et la joie.

COMMUNICATIVE ACTIVITY

Prepare one of the topics listed below to be discussed in class.
You should be ready to quote sentences or parts of sentences
from the text in support of the views expressed.

1. «Le *Whitebird* et ses hommes avaient apporté le désordre
   et la destruction dans l'île heureuse où il avait mené une
   vie idéale avec Vendredi». L'auteur résume (= *sums up*)
   ainsi la critique de la vie «civilisée» de 1787 comparée à la
   vie «sauvage». Quels sont les aspects principaux de l'une
   et de l'autre?
2. Robinson, homme très sensible (= *sensitive*) éprouve
   beaucoup de sentiments et d'émotions dans ce dernier
   chapitre. Quels sont-ils et où et quand se manifestent-ils?
3. Imaginez la vie de Robinson et de Dimanche après le départ de la goélette.
4. Imaginez la vie de Vendredi après son départ de l'île.
5. Robinson va passer le reste de sa vie sur une île déserte,
   en compagnie de son nouvel ami. Son projet vous semble-
   t-il utopiste ou réaliste? Justifiez votre point de vue.
6. Pour les étudiants qui connaissent *Robinson Crusoë*, de
   Daniel Defoe: Indiquez les principales différences entre
   les deux Robinson et ce qu'elles révèlent sur la civilisation
   moderne.

—•+✦❖✦+•—

REVIEW EXERCISE

Review the grammar points covered in Part 3. Then rewrite each
sentence; use the correct form of the verb in parentheses or supply any missing word.

Au début de l'histoire, Robinson vient _____ faire naufrage. C'est
la première fois qu'il _____ (**se retrouver**) seul sur une île déserte.
Après plusieurs années de solitude, il trouve un compagnon _____
(*relative pronoun*) il se servira pour faire des travaux. Mais ça ennuie Vendredi qu'il _____ (**devoir**) toujours travailler. Après l'explosion, Vendredi devient l'égal de Robinson et ils jouent ensemble. Un jour, en _____ (**regarder**) au large, Vendredi voit
s'approcher un voilier. Les matelots veulent aller _____ (**renouve-**

ler) leurs provisions. Robinson ne les aime pas, mais il ne faut pas qu'il _____ (**être**) égoïste. Il leur donne les meilleurs produits _____ l'île. Le commandant l'invite _____ déjeuner. Après le repas, Robinson _____ (**aller**) s'allonger pour faire sa sieste. C'est alors qu'il décide _____ (**ne pas partir**) avec les Anglais. Malheureusement, sans que Robinson le _____ (**savoir**), Vendredi brûle d'envie de partir. Pour lui, ce voilier est la plus belle chose _____ l'univers. En _____ (**reprendre**) pied sur l'île, Robinson se sent soulagé. Il souhaite que la goélette _____ (**s'en aller**) le plus vite possible. Malheureux à bord, le mousse s'enfuit et vient _____ rejoindre Robinson. Une nouvelle vie _____ (**aller**) commencer pour eux.

PART FOUR

Part Four, which focuses on the theater, features *Knock,* a comedy in three acts by Jules Romains (1885–1972). Through the machinations of an unscrupulous quack, a peaceful mountain community is enveloped by a cloud of uncertainty and fear because of pseudo-medical technologies. Knock, the "doctor," whose name is funny yet vaguely sinister, convinces everyone in the town that they are sick. His success is complete: one after another, healthy but fearful persons are changed into invalids. The situations are comical, but behind the farce and the traditional mockery of the medical profession, the author clearly warns us about paranoiacs who would impose their sick and totalitarian views upon us.

The play appears as originally written. It provides students with an excellent opportunity to practice conversational French in everyday situations.

STUDY GUIDE

The following suggestions will help you in your reading of "Knock" and in preparing for class activities.

1. Glance at the vocabulary exercises before reading the play, particularly those dealing with the more familiar phrases used in daily life.
2. Review the use and position of **y** and **en;** possessive pronouns; the imperative; the subjunctive; the past conditional; the pluperfect.
3. Try to guess the general meaning of each line within its situa-

161

tional context before looking at the footnotes and vocabulary. Reread the scenes aloud with the help of the footnotes, when necessary.

4. Prepare yourself for the *Communicative Activity*. Write the lines spoken by the characters and practice them aloud several times in order to improve your conversational skill. When performing one of the scenes, rehearse your part thoroughly and make an effort to speak in a natural way.

Knock
ou
Le triomphe de la Médecine

JULES ROMAINS

Personnages   KNOCK   JEAN
                           LE DOCTEUR PARPALAID   MADAME PARPALAID
                           MOUSQUET   MADAME RÉMY
                           BERNARD   LA DAME EN NOIR
                           LE TAMBOUR DE VILLE[1]   LA DAME EN VIOLET
                           PREMIER GARS[2]   LA BONNE
                           DEUXIÈME GARS   VOIX DE MARIETTE, *à la*
                           SCIPION   *cantonade*[3]

ACTE I

*L'action se passe à l'intérieur ou autour d'une automobile très ancienne,
type 1900–1902. Carrosserie[4] énorme.*

Pendant une partie de l'acte, l'auto se déplace.

On part des abords[5] d'une petite gare pour s'élever ensuite le long
5 *d'une route de montagne.*

Scène unique

KNOCK, LE DOCTEUR PARPALAID, MADAME PARPALAID, JEAN

LE DOCTEUR PARPALAID: Tous vos bagages sont là, mon cher confrère?

KNOCK: Tous, docteur Parpalaid.

10 LE DOCTEUR: Jean les casera[6] près de lui. Nous tiendrons[7] très
bien tous les trois à l'arrière de la voiture. La carrosserie est si
spacieuse, les strapontins[8] si confortables! Ah! ce n'est pas la construction étriquée[9] de maintenant!

KNOCK: (*à Jean, au moment où il place la caisse*) Je vous recommande
15 cette caisse. J'y ai logé quelques appareils,[10] qui sont fragiles. (*Jean
commence à empiler[11] les bagages de Knock.*)

MADAME PARPALAID: Voilà une torpédo[12] que je regretterais longtemps si nous faisions la sottise[13] de la vendre. (*Knock regarde le
véhicule avec surprise.*)

---

[1]**tambour** drum; **tambour de ville** town crier [2]**gars** boy, young man [3]**à la
cantonade** behind the scenes [4]**carrosserie** body [5]**abords** surrounding area
[6]**caser** to place [7]**tenir** to find room [8]**strapontin** jump seat [9]**étriqué** cramped
[10]**appareil** apparatus [11]**empiler** to pile up [12]**torpédo** touring car [13]**si nous
faisions la sottise** if we were foolish enough

LE DOCTEUR: Car c'est, en somme,[14] une torpédo, avec les avantages de l'ancien double-phaéton.

KNOCK: Oui, oui. (*Toute la banquette d'avant*[15] *disparaît sous l'amas.*[16])

LE DOCTEUR: Voyez comme vos valises se logent facilement! Jean 5
ne sera pas gêné[17] du tout. Il est même dommage que vous n'en
ayez pas plus. Vous vous seriez mieux rendu compte des commodités[18] de ma voiture.

KNOCK: Saint-Maurice[19] est loin?

LE DOCTEUR: Onze kilomètres. Notez que cette distance du che- 10
min de fer[20] est excellente pour la fidélité de la clientèle. Les
malades ne vous jouent pas le tour[21] d'aller consulter au chef-
lieu.[22]

KNOCK: Il n'y a donc pas de diligence?[23]

LE DOCTEUR: Une guimbarde si lamentable qu'elle donne envie 15
de faire le chemin à pied.[24]

MADAME PARPALAID: Ici l'on ne peut guère se passer d'[25]auto-
mobile.

LE DOCTEUR: Surtout dans la profession. (*Knock reste courtois et
impassible.*[26]) 20

JEAN: (*au docteur*) Je mets en marche?[27]

LE DOCTEUR: Oui, commencez à mettre en marche, mon ami.
(*Jean entreprend toute une série de manœuvres: ouverture du capot,
dévissage des bougies, injection d'essence, etc.*[28])

MADAME PARPALAID: (*à Knock*) Sur le parcours[29] le paysage[30] est 25

---

[14]**en somme** actually [15]**banquette d'avant** front seat [16]**amas** pile [17]**gêné**
bothered [18]**commodité** convenience [19]**Saint-Maurice** (*imaginary mountain
town*) [20]**chemin de fer** railroad [21]**jouer un tour** to play a trick [22]**consulter
au chef-lieu** to see a city doctor [23]**diligence** bus [24]**Une guimbarde... à pied**
Such a rickety old bus that you'd rather walk the distance [25]**se passer de**
to do without [26]**impassible** unmoved [27]**mettre en marche** to start [28]**Jean
entreprend... etc.** Jean starts doing all sorts of things; opening the hood,
unscrewing the plugs, injecting gas, etc. [29]**parcours** way [30]**paysage** landscape

délicieux. Zénaïde Fleuriot l'a décrit dans un de ses plus beaux romans,[31] dont j'ai oublié le titre. (*Elle monte en voiture. À son mari.*) Tu prends le strapontin, n'est-ce pas? Le docteur Knock se placera près de moi pour bien jouir de[32] la vue... (*Knock s'assied à la gauche de Mme Parpalaid.*)

LE DOCTEUR: La carrosserie est assez vaste pour que trois personnes se sentent à l'aise[33] sur la banquette d'arrière. Mais il faut pouvoir s'étaler[34] lorsqu'on contemple un panorama. (*Il s'approche de Jean.*) Tout va bien? L'injection d'essence est terminée? Dans les deux cylindres? Avez-vous pensé à essuyer[35] un peu les bougies? C'eût éte[36] prudent après une étape[37] de onze kilomètres. Enveloppez bien le carburateur. Un vieux foulard[38] vaudrait mieux que ce chiffon.[39] (*Pendant qu'il revient vers l'arrière.*) Parfait! parfait! (*Il monte en voiture.*) Je m'assois — pardon, cher confrère — je m'assois sur ce large strapontin, qui est plutôt un fauteuil pliant.[40]

MADAME PARPALAID: La route ne cesse de s'élever jusqu'à Saint-Maurice. À pied, avec tous ces bagages, le trajet[41] serait terrible. En auto, c'est un enchantement.

LE DOCTEUR: Jadis,[42] mon cher confrère, il m'arrivait de taquiner la muse.[43] J'avais composé un sonnet, de quatorze vers,[44] sur les magnificences naturelles qui vont s'offrir à nous. Du diable si je me le rappelle encore.[45] «Profondeurs des vallons,[46] retraites pastorales... » (*Jean tourne désespérément la manivelle.*[47])

MADAME PARPALAID: Albert, depuis quelques années, tu t'obstines à dire «Profondeurs». C'est «Abîmes[48] des vallons» qu'il y avait dans les premiers temps.

LE DOCTEUR: Juste! Juste! (*On entend une explosion.*) Écoutez, mon cher confrère, comme le moteur part bien. À peine quelques tours de manivelle pour appeler les gaz, et tenez... une explo-

---

[31]**roman** novel [32]**jouir de** to enjoy [33]**se sentir à l'aise** to feel comfortable
[34]**s'étaler** to move around freely [35]**essuyer** to wipe [36]**C'eût été** It would have
been [37]**étape** lap [38]**foulard** scarf [39]**chiffon** rag [40]**fauteuil pliant** folding chair
[41]**trajet** trip [42]**Jadis** In the old days [43]**il m'arrivait... muse** I used to court the
muse [44]**vers** line [45]**Du diable si je me le rappelle encore** I'll be darned if I still
remember it [46]**Profondeurs des vallons** Deep valleys [47]**manivelle** crank
[48]**abîme** abyss

sion... une autre... voilà! voilà!... Nous marchons. (*Jean s'installe. Le véhicule s'ébranle.*[49] *Le paysage peu à peu se déroule.*[50])

LE DOCTEUR: (*après quelques instants de silence*) Croyez-m'en, mon cher successeur! (*Il donne une tape*[51] *à Knock.*) Car vous êtes dès cet instant mon successeur! Vous avez fait une bonne affaire.[52] 5
Oui, dès cet instant ma clientèle est à vous. Si même, le long de la route, quelque patient, me reconnaissant au passage, malgré la vitesse,[53] réclame[54] l'assistance de mon art, je m'efface[55] en déclarant: «Vous vous trompez,[56] monsieur. Voici le médecin du pays.» (*Il désigne Knock.*) Et je ne ressors[57] de mon trou (*pétarades*[58] *du* 10
moteur) que si vous m'invitez formellement à une consultation contradictoire.[59] (*Pétarades.*) Mais vous avez eu de la chance[60] de tomber sur un homme qui voulait s'offrir un coup de tête.[61]

MADAME PARPALAID: Mon mari s'était juré[62] de finir sa carrière dans une grande ville. 15

LE DOCTEUR: Lancer mon chant du cygne[63] sur un vaste théâtre! Vanité un peu ridicule, n'est-ce pas? Je rêvais de Paris, je me contenterai de Lyon.

MADAME PARPALAID: Au lieu d'achever[64] tranquillement de faire fortune ici! (*Knock, tour à tour,*[65] *les observe, médite, donne un coup* 20
d'œil[66] *au paysage.*)

LE DOCTEUR: Ne vous moquez pas trop de moi, mon cher confrère. C'est grâce à cette toquade[67] que vous avez ma clientèle pour un morceau de pain.[68]

KNOCK: Vous trouvez? 25

LE DOCTEUR: C'est l'évidence même!

KNOCK: En tout cas, je n'ai guère marchandé.[69]

---

[49]**s'ébranler** to start moving [50]**se dérouler** to unfold [51]**tape** tap [52]**affaire** deal
[53]**vitesse** speed [54]**réclamer** to demand [55]**s'effacer** to step back [56]**se tromper**
to be mistaken [57]**ressortir** to come out again [58]**pétarade** backfire
[59]**consultation contradictoire** second opinion [60]**chance** luck [61]**tomber... tête**
to hit upon a man who wanted to indulge a whim [62]**se jurer** to swear to
oneself [63]**Lancer mon chant du cygne** Sing my swan song [64]**achever** to finish
[65]**tour à tour** in turn [66]**coup d'œil** glance [67]**grâce à cette toquade** thanks to
this whim [68]**pour un morceau de pain** for a song [69]**marchander** to bargain

LE DOCTEUR: Certes, et votre rondeur[70] m'a plu. J'ai beaucoup aimé aussi votre façon de traiter[71] par correspondance et de ne venir sur place qu'avec le marché[72] en poche. Cela m'a semblé chevaleresque,[73] ou même américain. Mais je puis bien vous féli-

5   citer[74] de l'aubaine[75]: car c'en est une. Une clientèle égale, sans à-coups[76]...

MADAME PARPALAID: Pas de concurrent.[77]

LE DOCTEUR: Un pharmacien qui ne sort jamais de son rôle.[78]

MADAME PARPALAID: Aucune occasion de dépense.

10 LE DOCTEUR: Pas une seule distraction coûteuse.[79]

MADAME PARPALAID: Dans six mois, vous aurez économisé[80] le double de ce que vous devez[81] à mon mari.

LE DOCTEUR: Et je vous accorde quatre échéances trimestrielles[82] pour vous libérer! Ah! sans les rhumatismes de ma femme, je

15 crois que j'aurais fini par vous dire non.

KNOCK: Mme Parpalaid est rhumatisante?

MADAME PARPALAID: Hélas!

LE DOCTEUR: Le climat, quoique très salubre[83] en général, ne lui valait rien en particulier.

20 KNOCK: Y a-t-il beaucoup de rhumatisants dans le pays?

LE DOCTEUR: Dites, mon cher confrère, qu'il n'y a que des rhumatisants.

KNOCK: Voilà qui me semble d'un grand intérêt.

LE DOCTEUR: Oui, pour qui voudrait étudier le rhumatisme.

25 KNOCK: (*doucement*) Je pensais à la clientèle.

---

[70]**rondeur** straightforwardness [71]**traiter** to do business [72]**marché** deal
[73]**chevaleresque** gentlemanly [74]**féliciter** to congratulate [75]**aubaine** good buy
[76]**Une clientèle... à-coups** A settled practice, without any surprises
[77]**concurrent** competitor [78]**que ne sort jamais de son rôle** who sticks to his
own business. [79]**distraction coûteuse** costly amusement [80]**économiser** to
save [81]**devoir** to owe [82]**échéance trimestrielle** quarterly installment
[83]**salubre** healthful

LE DOCTEUR: Ah! pour ça, non. Les gens d'ici n'auraient pas plus l'idée d'aller chez le médecin pour un rhumatisme, que vous n'iriez chez le curé[84] pour faire pleuvoir.

KNOCK: Mais... c'est fâcheux.[85]

MADAME PARPALAID: Regardez, docteur, comme le point de vue 5 est ravissant.[86] On se croirait en Suisse. (*Pétarades accentuées.*)

JEAN: (*à l'oreille du docteur Parpalaid*) Monsieur, monsieur. Il y a quelque chose qui ne marche pas. Il faut que je démonte[87] le tuyau[88] d'essence.

LE DOCTEUR: (*à Jean*) Bien, bien!... (*Aux autres.*) Précisément, je 10 voulais vous proposer un petit arrêt ici.

MADAME PARPALAID: Pourquoi?

LE DOCTEUR: (*lui faisant des regards expressifs*) Le panorama... hum!... n'en vaut-il pas la peine?[89]

MADAME PARPALAID: Mais, si tu veux t'arrêter, c'est encore plus 15 joli un peu plus haut. (*La voiture stoppe. Mme Parpalaid comprend.*)

LE DOCTEUR: Eh bien! nous nous arrêterons aussi un peu plus haut. Nous nous arrêterons deux fois, trois fois, quatre fois, si le cœur nous en dit.[90] Dieu merci, nous ne sommes pas des chauffards.[91] (*À Knock.*) Observez, mon cher confrère, avec quelle dou- 20 ceur[92] cette voiture vient de stopper. Et comme là-dessus vous restez constamment maître de votre vitesse. Point capital dans un pays montagneux. (*Pendant qu'ils descendent.*) Vous vous convertirez à la traction mécanique, mon cher confrère, et plus tôt que vous ne pensez. Mais gardez-vous[93] de la camelote actuelle.[94] 25 Les aciers,[95] les aciers, je vous le demande, montrez-nous vos aciers.

KNOCK: S'il n'y a rien à faire du côté de rhumatismes, on doit se rattraper[96] avec les pneumonies et pleurésies?

---

[84]**curé** parish priest [85]**fâcheux** worrisome [86]**ravissant** gorgeous [87]**démonter** to take apart [88]**tuyau** pipe [89]**valoir la peine** to be worthwhile. [90]**si le cœur nous en dit** if we feel like it [91]**chauffard** reckless driver [92]**douceur** smoothness [93]**se garder** to watch out [94]**la camelote actuelle** today's junk [95]**acier** steel [96]**se rattraper** to make up

LE DOCTEUR: (*à Jean*) Profitez donc de notre halte pour purger[97] un peu le tuyau d'essence. (*À Knock.*) Vous me parliez, mon cher confrère, des pneumonies et pleurésies? Elles sont rares. Le climat est rude,[98] vous le savez. Tous les nouveau-nés chétifs[99] meurent
5 dans les six premiers mois, sans que le médecin ait à intervenir, bien entendu. Ceux qui survivent sont des gaillards durs à cuire.[1] Toutefois, nous avons des apoplectiques et des cardiaques. Ils ne s'en doutent[2] pas une seconde et meurent foudroyés vers la cinquantaine.[3]

10 KNOCK: Ce n'est pas en soignant les morts subites[4] que vous avez pu faire fortune?

LE DOCTEUR: Évidemment. (*Il cherche.*) Il nous reste... d'abord la grippe. Pas la grippe banale,[5] qui ne les inquiète[6] en aucune façon, et qu'ils accueillent[7] même avec faveur parce qu'ils préten-
15 dent[8] qu'elle fait sortir les humeurs viciées.[9] Non, je pense aux grandes épidémies mondiales de grippe.

KNOCK: Mais ça, dites donc, c'est comme le vin de la comète.[10] S'il faut que j'attende la prochaine épidémie mondiale!...

LE DOCTEUR: Moi qui vous parle, j'en ai vu deux: celle de 89-90
20 et celle de 1918.

MADAME PARPALAID: En 1918, nous avons eu ici une très grosse mortalité, plus, relativement, que dans les grandes villes. (*À son mari.*) N'est-ce pas? Tu avais comparé les chiffres.

LE DOCTEUR: Avec notre pourcentage nous laissions derrière
25 nous quatre-vingt-trois départements.[11]

KNOCK: Ils s'étaient fait soigner?

LE DOCTEUR: Oui, surtout vers la fin.

---

[97]**purger** to clean out [98]**rude** harsh [99]**nouveau-nés chétifs** weak new-borns
[1]**gaillards durs à cuire** tough cookies [2]**s'en douter** to suspect [3]**meurent foudroyés vers la cinquantaine** drop dead at about fifty [4]**subit** sudden
[5]**banal** common [6]**inquiéter** to worry [7]**accueillir** to welcome [8]**prétendre** to claim [9]**humeurs viciées** foul humors [10]**c'est comme le vin de la comète** that will happen once in a blue moon [11]**département** (*an administrative district*)

MADAME PARPALAID: Et nous avons eu de très belles rentrées à la Saint-Michel.[12] (*Jean se couche sous la voiture.*)

KNOCK: Plaît-il?[13]

MADAME PARPALAID: Ici, les clients vous payent à la Saint-Michel.

KNOCK: Mais... quel est le sens de cette expression? Est-ce un équivalent des calendes grecques, ou de la Saint-Glinglin?[14]

LE DOCTEUR: (*de temps en temps il surveille du coin de l'œil le travail du chauffeur.*) Qu'allez vous penser, mon cher confrère? La Saint-Michel est une des dates le plus connues du calendrier. Elle correspond à la fin septembre.

KNOCK: (*changeant de ton*) Et nous sommes au début d'octobre. Ouais![15] Vous, au moins, vous avez su choisir votre moment pour vendre. (*Il fait quelques pas, réfléchit.*) Mais, voyons! si quelqu'un vient vous trouver pour une simple consultation,[16] il vous paye bien séance tenante?[17]

LE DOCTEUR: Non, à la Saint-Michel!... C'est l'usage.

KNOCK: Mais s'il ne vient que pour une consultation seule et unique! Si vous ne le revoyez plus de toute l'année?

LE DOCTEUR: À la Saint-Michel.

MADAME PARPALAID: À la Saint-Michel. (*Knock les regarde. Silence.*)

MADAME PARPALAID: D'ailleurs,[18] les gens viennent presque toujours pour une seule consultation.

KNOCK: Hein?[19]

MADAME PARPALAID: Mais oui. (*Le docteur Parpalaid prend des airs distraits.*[20])

KNOCK: Alors, qu'est-ce que vous faites des clients réguliers?

MADAME PARPALAID: Quels clients réguliers?

KNOCK: Eh bien! ceux qu'on visite plusieurs fois par semaine, ou plusieurs fois par mois?

5 MADAME PARPALAID: (*à son mari*) Tu entends ce que dit le docteur? Des clients comme en a le boulanger[21] ou le boucher?[22] Le docteur est comme tous les débutants. Il se fait des illusions.

LE DOCTEUR: (*mettant la main sur le bras de Knock*) Croyez-moi, mon cher confrère. Vous avez ici le meilleur type de clientèle: celle qui
10 vous laisse indépendant.

KNOCK: Indépendant? Vous en avez de bonnes![23]

LE DOCTEUR: Je m'explique! Je veux dire que vous n'êtes pas à la merci de quelques clients, susceptibles[24] de guérir d'un jour à l'autre, et dont la perte fait chavirer votre budget.[25] Dépendant
15 de tous, vous ne dépendez de personne. Voilà.

KNOCK: En d'autres termes, j'aurais dû apporter une provision d'asticots[26] et une canne à pêche.[27] Mais peut-être trouve-t-on ça là-haut? (*Il fait quelques pas, médite, s'approche de la guimbarde, la considère, puis se retournant à demi.*) La situation commence à de-
20 venir limpide. Mon cher confrère, vous m'avez cédé[28] — pour quelques billets de mille,[29] que je vous dois encore — une clientèle de tous points assimilable[30] à cette voiture (*il la tapote[31] affectueusement*) dont on peut dire qu'à dix-neuf francs elle ne serait pas chère,[32] mais qu'à vingt-cinq elle est au-dessus de son prix. (*Il
25 la regarde en amateur.*) Tenez![33] Comme j'aime à faire les choses largement,[34] je vous en donne trente.

LE DOCTEUR: Trente francs? De ma torpédo? Je ne la lâcherais[35] pas pour six mille.

---

[21]**boulanger** baker [22]**boucher** butcher [23]**vous en avez de bonnes** That's a good one [24]**susceptible** likely [25]**dont la perte fait chavirer votre budget** whose loss jeopardizes your budget [26]**provision d'asticots** supply of fish bait [27]**canne à pêche** fishing rod [28]**céder** to sell [29]**pour quelques billets de mille** for a few thousand francs [30]**de tous points assimilable** exactly like [31]**tapoter** to tap [32]**dont on peut... chère** which you might say wouldn't be expensive at nineteen francs [33]**Tenez!** Look! [34]**largement** generously [35]**lâcher** to let go

KNOCK: (*l'air navré.*[36]) Je m'y attendais![37] (*Il contemple de nouveau la guimbarde.*) Je ne pourrai donc pas acheter cette voiture.

LE DOCTEUR: Si, au moins, vous me faisiez une offre sérieuse!

KNOCK: C'est dommage. Je pensais la transformer en bahut[38] breton. (*Il revient.*) Quant à votre clientèle, j'y renoncerais[39] avec 5 la même absence d'amertume[40] s'il en était temps encore.

LE DOCTEUR: Laissez-moi vous dire, mon cher confrère, que vous êtes victime... d'une fausse impression.

KNOCK: Moi, je croirais volontiers que c'est plutôt de vous que je suis victime. Enfin, je n'ai pas coutume de geindre,[41] et quand je 10 suis roulé,[42] je ne m'en prends[43] qu'à moi.

MADAME PARPALAID: Roulé! Proteste, mon ami. Proteste.

LE DOCTEUR: Je voudrais surtout détromper[44] le docteur Knock.

KNOCK: Pour vos échéances, elles ont le tort d'être trimestrielles,[45] dans un climat où le client est annuel. Il faudra corriger ça. De 15 toute façon,[46] ne vous tourmentez pas à mon propos.[47] Je déteste avoir des dettes. Mais c'est en somme beaucoup moins douloureux qu'un lumbago, par exemple, ou qu'un simple furoncle à la fesse.[48]

MADAME PARPALAID: Comment! Vous ne voulez pas nous payer? 20 aux dates convenues?[49]

KNOCK: Je brûle[50] de vous payer, madame, mais je n'ai aucune autorité sur l'almanach, et il est au-dessus de mes forces de faire changer de place la Saint-Glinglin.

MADAME PARPALAID: La Saint-Michel! 25

KNOCK: La Saint-Michel!

---

[36]**navré** pained [37]**s'attendre à** to expect [38]**bahut** cupboard [39]**renoncer** to give up [40]**amertume** bitterness [41]**geindre** to whine [42]**roulé** taken [43]**s'en prendre** to blame [44]**détromper** to set right [45]**Pour... trimestrielles** As for your payments, the trouble is that they are quarterly [46]**De toute façon** In any case [47]**ne vous tourmentez pas à mon propos** don't worry on my account [48]**qu'un simple furoncle à la fesse** than a mere boil on your buttock [49]**convenu** agreed upon [50]**brûler** to die (*with impatience*)

LE DOCTEUR: Mais vous avez bien des réserves?

KNOCK: Aucune. Je vis de mon travail. Ou plutôt, j'ai hâte[51] d'en vivre. Et je déplore d'autant plus le caractère mythique de la clientèle que vous me vendez, que[52] je comptais lui appliquer des
5 méthodes entièrement neuves. (*Après un temps de réflexion et comme à part lui.*[53]) Il est vrai que le problème ne fait que changer d'aspect.

LE DOCTEUR: En ce cas, mon cher confrère, vous seriez deux fois coupable[54] de vous abandonner[55] à un découragement préma-
10 turé, qui n'est que la rançon[56] de votre inexpérience. Certes,[57] la médecine est un riche terroir.[58] Mais les moissons[59] n'y lèvent[60] pas toutes seules. Vos rêves de jeunesse vous ont un peu leurré.[61]

KNOCK: Votre propos,[62] mon cher confrère, fourmille d'inexacti-tudes.[63] D'abord, j'ai quarante ans. Mes rêves, si j'en ai, ne sont
15 pas des rêves de jeunesse.

LE DOCTEUR: Soit.[64] Mais vous n'avez jamais exercé.[65]

KNOCK: Autre erreur.

LE DOCTEUR: Comment? Ne m'avez-vous pas dit que vous veniez de passer votre thèse l'été dernier?

20 KNOCK: Oui, trente-deux pages in-octavo: *Sur les prétendus états de santé,*[66] avec cette épigraphe, que j'ai attribuée à Claude Bernard.[67] «Les gens bien portants sont des malades qui s'ig-norent.»[68]

LE DOCTEUR: Nous sommes d'accord, mon cher confrère.

25 KNOCK: Sur le fond[69] de ma théorie?

LE DOCTEUR: Non, sur le fait que vous êtes un débutant.

---

[51]**avoir hâte** to be in a hurry [52]**d'autant plus... que** the more . . . as [53]**comme à part lui** as though he's talking to himself [54]**coupable** guilty [55]**s'abandonner** to yield [56]**rançon** price [57]**Certes** Certainly [58]**terroir** ground [59]**moisson** crop [60]**lever** to grow [61]**leurrer** to deceive [62]**propos** remark [63]**fourmille d'inexactitudes** is full of inaccuracies [64]**Soit** OK [65]**exercer** to practice [66]**Sur les prétendus états de santé** On the supposed states of health [67]**Claude Bernard** (*famous French scientist of the 19th century*) [68]**Les gens bien portants sont des malades qui s'ignorent** Healthy people are actually sick people who don't know they are sick [69]**fond** substance

KNOCK: Pardon! Mes études sont, en effet,[70] toutes récentes. Mais mon début dans la pratique de la médecine date de vingt ans.

LE DOCTEUR: Quoi! Vous étiez officier de santé? Depuis le temps qu'il n'en reste plus![71]

KNOCK: Non, j'étais bachelier.   5

MADAME PARPALAID: Il n'y a jamais eu de bacheliers de santé.

KNOCK: Bachelier ès lettres,[72] madame.

LE DOCTEUR: Vous avez donc pratiqué sans titres et clandestinement?

KNOCK: À la face du monde,[73] au contraire, et non pas dans un 10
trou de province, mais sur un espace d'environ sept mille kilomètres.

LE DOCTEUR: Je ne vous comprends pas.

KNOCK: C'est pourtant simple. Il y a une vingtaine d'années, ayant dû renoncer à l'étude des langues romanes,[74] j'étais vendeur[75] 15
aux «Dames de France»[76] de Marseille, rayon des cravates.[77] Je
perds mon emploi. En me promenant sur le port, je vois annoncé
qu'un vapeur[78] de 1 700 tonnes à destination des Indes demande
un médecin, le grade de docteur n'étant pas exigé.[79] Qu'auriez-
vous fait à ma place?   20

LE DOCTEUR: Mais... rien, sans doute.[80]

KNOCK: Oui, vous, vous n'aviez pas la vocation. Moi, je me suis
présenté. Comme j'ai horreur[81] des situations fausses, j'ai déclaré
en entrant: «Messieurs, je pourrais vous dire que je suis docteur,
mais je ne suis pas docteur. Et je vous avouerai[82] même quelque 25
chose de plus grave: je ne sais pas encore quel sera le sujet de ma
thèse.» Ils me répondent qu'ils ne tiennent[83] pas au titre de doc-

---

[70]**en effet** indeed [71]**Depuis le temps qu'il n'en reste plus** There haven't been
any for ages [72]**Bachelier ès lettres** High school graduate specializing in liberal
arts [73]**À la face du monde** In front of everybody [74]**langues romanes** romance
languages [75]**vendeur** sales clerk [76]**Dames de France** (*name of a department
store*) [77]**rayon des cravates** tie department [78]**vapeur** steamship [79]**exigé**
required [80]**sans doute** probably [81]**avoir horreur** to detest [82]**avouer** to
confess [83]**tenir** to care

teur et qu'ils se fichent complètement[84] de mon sujet de thèse. Je
réplique[85] aussitôt: «Bien que n'étant pas docteur, je désire, pour
des raisons de prestige et de discipline, qu'on m'appelle docteur
à bord.» Ils me disent que c'est tout naturel. Mais je n'en continue
5 pas moins[86] à leur expliquer pendant un quart d'heure les raisons
qui me font vaincre[87] mes scrupules et réclamer cette appellation
de docteur à laquelle, en conscience, je n'ai pas droit.[88] Si bien
qu'il nous est resté à peine trois minutes pour régler[89] la question
des honoraires.

10 LE DOCTEUR: Mais vous n'aviez réellement aucune connaissance?

KNOCK: Entendons-nous![90] Depuis mon enfance, j'ai toujours lu
avec passion les annonces[91] médicales et pharmaceutiques des
journaux, ainsi que les prospectus intitulés «mode d'emploi»[92]
que je trouvais enroulés[93] autour des boîtes de pilules et des fla-
15 cons[94] de sirop qu'achetaient mes parents. Dès l'âge de neuf ans,
je savais par cœur les tirades entières sur l'exonération imparfaite
du constipé.[95] Et encore aujourd'hui, je puis vous réciter une lettre admirable, adressée en 1897 par la veuve[96] P..., de Bourges,[97]
à la tisane[98] américaine des Shakers. Voulez-vous?

20 LE DOCTEUR: Merci, je vous crois.

KNOCK: Ces textes m'ont rendu familier de bonne heure[99] avec
le style de la profession. Mais surtout ils m'ont laissé transparaître[1]
le véritable esprit et la véritable destination de la médecine, que
l'enseignement des Facultés dissimule sous le fatras scientifique.[2]
25 Je puis dire qu'à douze ans j'avais déjà un sentiment médical
correct. Ma méthode actuelle en est sortie.

LE DOCTEUR: Vous avez une méthode? Je serais curieux de la
connaître.

---

[84]**se ficher complètement** to not care at all [85]**répliquer** to reply [86]**je n'en
continue pas moins** nevertheless I went on [87]**vaincre** to overcome [88]**avoir
droit** to be entitled [89]**régler** to settle [90]**Entendons-nous** Let me explain
[91]**annonce** advertisement [92]**mode d'emploi** directions [93]**enroulé** wrapped
[94]**flacon** bottle [95]**je savais... constipé** I knew by heart whole paragraphs
about the incomplete relief from constipation [96]**veuve** widow
[97]**Bourges** (*French city*) [98]**tisane** herbal tea [99]**de bonne heure** early
[1]**m'ont laissé transparaître** made transparent to me [2]**que l'enseignement des
Facultés dissimule sous le fatras scientifique** which medical schools conceal
under their scientific junk

KNOCK: Je ne fais pas de propagande. D'ailleurs, il n'y a que les résultats qui comptent. Aujourd'hui, de votre propre aveu,[3] vous me livrez[4] une clientèle nulle.[5]

LE DOCTEUR: Nulle... pardon! pardon!

KNOCK: Revenez voir dans un an ce que j'en aurai fait. La preuve   5
sera péremptoire.[6] En m'obligeant à partir de zéro, vous accroissez[7] l'intérêt de l'expérience.

JEAN: Monsieur, monsieur... (*Le docteur Parpalaid va vers lui.*) Je crois que je ferais bien de démonter aussi le carburateur.

LE DOCTEUR: Faites, faites.[8] (*Il revient.*) Comme notre conversa-   10
tion se prolonge,[9] j'ai dit à ce garçon d'effectuer son nettoyage mensuel[10] de carburateur.

MADAME PARPALAID: Mais, quand vous avez été sur votre bateau, comment vous en êtes-vous tiré?[11]

KNOCK: Les deux dernières nuits avant de m'embarquer, je les ai   15
passées à réfléchir. Mes six mois de pratique à bord m'ont servi à vérifier mes conceptions. C'est un peu la façon dont on procède[12] dans les hôpitaux.

MADAME PARPALAID: Vous aviez beaucoup de gens à soigner?

KNOCK: L'équipage et sept passagers, de conditions[13] très mo-   20
destes. Trente-cinq personnes en tout.

MADAME PARPALAID: C'est un chiffre.[14]

LE DOCTEUR: Et vous avez eu des morts?

KNOCK: Aucune. C'était d'ailleurs contraire à mes principes. Je suis partisan[15] de la diminution de la mortalité.   25

LE DOCTEUR: Comme nous tous.

---

[3]**de votre propre aveu** by your own admission [4]**livrer** to hand over [5]**nul** nonexistent [6]**La preuve sera péremptoire** The proof will be decisive [7]**accroître** to increase [8]**Faites, faites** Go ahead [9]**se prolonger** to continue [10]**effectuer son nettoyage mensuel** to perform his monthly cleaning. [11]**s'en tirer** to manage [12]**procéder** to do things [13]**conditions** background [14]**C'est un chiffre** That's quite a few [15]**être partisan** to be in favor

KNOCK: Vous aussi? Tiens![16] Je n'aurais pas cru. Bref,[17] j'estime[18] que, malgré toutes les tentations contraires, nous devons travailler à la conservation du malade.

MADAME PARPALAID: Il y a du vrai dans ce que dit le docteur.

5 LE DOCTEUR: Et des malades, vous en avez eu beaucoup?

KNOCK: Trente-cinq.

LE DOCTEUR: Tout le monde alors?

KNOCK: Oui, tout le monde.

MADAME PARPALAID: Mais comment le bateau a-t-il pu marcher?

10 KNOCK: Un petit roulement à établir.[19]

(Silence.)

LE DOCTEUR: Dites donc, maintenant, vous êtes bien réellement docteur?... Parce qu'ici le titre est exigé, et vous nous causeriez de gros ennuis[20]... Si vous n'étiez pas réellement docteur, il vaudrait
15 mieux nous le confier[21] tout de suite...

KNOCK: Je suis bien réellement et bien doctoralement docteur. Quand j'ai vu mes méthodes confirmées par l'expérience, je n'ai eu qu'une hâte, c'est de les appliquer sur la terre ferme, et en grand.[22] Je n'ignorais pas que le doctorat est une formalité indis-
20 pensable.

MADAME PARPALAID: Mais vous nous disiez que vos études étaient toutes récentes?

KNOCK: Je n'ai pas pu les commencer dès ce moment-là. Pour vivre, j'ai dû m'occuper quelque temps du commerce des ara-
25 chides.[23]

MADAME PARPALAID: Qu'est-ce que c'est?

KNOCK: L'arachide s'appelle aussi cacahuète.[24] (*Mme Parpalaid fait*

---

[16]**Tiens!** Really! [17]**Bref** Well [18]**estimer** to feel [19]**Un petit roulement à établir** Everybody had to take turns [20]**de gros ennuis** a lot of trouble
[21]**confier** to tell [22]**en grand** on a large scale [23]**commerce des arachides** ground-nut business [24]**cacahuète** peanut

un mouvement.) Oh! madame, je n'ai jamais été marchand au panier.[25] J'avais créé un office central où les revendeurs[26] venaient s'approvisionner. Je serais millionnaire si j'avais continué cela dix ans. Mais c'était très fastidieux.[27] D'ailleurs, presque tous les métiers sécrètent l'ennui à la longue,[28] comme je m'en suis rendu compte par moi-même. Il n'y a de vrai, décidément, que la médecine, peut-être aussi la politique, la finance et le sacerdoce[29] que je n'ai pas encore essayés.

MADAME PARPALAID: Et vous pensez appliquer vos méthodes ici?

KNOCK: Si je ne le pensais pas, madame, je prendrais mes jambes à mon cou,[30] et vous ne me rattraperiez[31] jamais. Évidemment je préférerais une grande ville.

MADAME PARPALAID: (*à son mari*) Toi qui vas à Lyon, ne pourrais-tu pas demander au docteur quelques renseignements[32] sur sa méthode? Cela n'engage à rien.[33]

LE DOCTEUR: Mais le docteur Knock ne semble pas tenir[34] à la divulguer.

KNOCK: (*au docteur Parpalaid, après un temps de réflexion*) Pour vous être agréable, je puis vous proposer l'arrangement suivant: au lieu de vous payer, Dieu sait quand, en espèces;[35] je vous paye en nature;[36] c'est-à-dire que je vous prends huit jours[37] avec moi, et vous initie à mes procédés.

LE DOCTEUR: (*piqué*) Vous plaisantez,[38] mon cher confrère. C'est peut-être vous qui m'écrirez dans huit jours pour me demander conseil.

KNOCK: Je n'attendrai pas jusque-là. Je compte bien obtenir de vous aujourd'hui même[39] plusieurs indications très utiles.

LE DOCTEUR: Disposez de moi,[40] mon cher confrère.

---

[25]**être marchand au panier** to be a street vendor [26]**revendeur** retailer
[27]**fastidieux** boring [28]**sécrètent l'ennui à la longue** end up being tedious
[29]**sacerdoce** priesthood [30]**prendre ses jambes à son cou** to run off in a hurry
[31]**rattraper** to catch [32]**renseignement** information [33]**Cela n'engage à rien**
There's nothing to lose. [34]**tenir** to be anxious [35]**en espèces** in cash [36]**en
nature** in kind [37]**huit jours** a week [38]**plaisanter** to joke [39]**Je compte... même**
I certainly expect to get from you even today [40]**Disposez de moi** At your
service

KNOCK: Est-ce qu'il y a un tambour de ville, là-haut?

LE DOCTEUR: Vous voulez dire un homme qui joue du tambour et qui fait des annonces au public?

KNOCK: Parfaitement.

5 LE DOCTEUR: Il y a un tambour de ville. La municipalité le charge de certains avis.[41] Les seuls particuliers[42] qui recourent[43] à lui sont les gens qui ont perdu leur porte-monnaie,[44] ou encore quelque marchand forain qui solde un déballage de faïence et de porcelaine.[45]

10 KNOCK: Bon. Saint-Maurice a combien d'habitants?

LE DOCTEUR: Trois mille cinq cents dans l'agglomération,[46] je crois, et près de six mille dans la commune.[47]

KNOCK: Et l'ensemble du canton?[48]

LE DOCTEUR: Le double, au moins.

15 KNOCK: La population est pauvre?

MADAME PARPALAID: Très à l'aise,[49] au contraire, et même riche. Il y a de grosses fermes. Beaucoup de gens vivent de leurs rentes[50] ou du revenu de leurs domaines.[51]

LE DOCTEUR: Terriblement avares,[52] d'ailleurs.

20 KNOCK: Il y a de l'industrie?

LE DOCTEUR: Fort peu.[53]

KNOCK: Du commerce?

MADAME PARPALAID: Ce ne sont pas les boutiques qui manquent.[54]

---

[41]**La municipalité... avis** The town asks him to make certain announcements
[42]**particuliers** private citizens [43]**recourir** to use [44]**porte-monnaie** purse
[45]**quelque marchand forain... porcelaine** some peddler who's selling off his earthenware or china [46]**dans l'agglomération** downtown [47]**dans la commune** in the town at large [48]**l'ensemble du canton** in the **canton** as a whole (a **canton** *is a subdivision of a* **département**) [49]**à l'aise** well-off [50]**rente** private income [51]**domaine** estate [52]**avare** stingy [53]**Fort peu** Very little [54]**Ce ne sont pas... manquent** There's no lack of shops

KNOCK: Les commerçants sont-ils très absorbés par leurs affaires?

LE DOCTEUR: Ma foi non![55] Pour la plupart, ce n'est qu'un supplément de revenus, et surtout une façon d'utiliser les loisirs.[56]

MADAME PARPALAID: D'ailleurs, pendant que la femme garde la boutique, le mari se promène.   5

LE DOCTEUR: Ou réciproquement.

MADAME PARPALAID: Tu avoueras que c'est plutôt le mari. D'abord, les femmes ne sauraient guère où aller. Tandis que pour les hommes il y a la chasse, la pêche, les parties de quilles;[57] en hiver le café.   10

KNOCK: Les femmes sont-elles très pieuses? (*Le docteur Parpalaid se met à rire.*) La question a pour moi son importance.

MADAME PARPALAID: Beaucoup vont à la messe.

KNOCK: Mais Dieu tient-il une place considérable dans leurs pensées quotidiennes?[58]   15

MADAME PARPALAID: Quelle idée!

KNOCK: Parfait! (*Il réfléchit.*) Il n'y a pas de grands vices?

LE DOCTEUR: Que voulez-vous dire?

KNOCK: Opium, cocaïne, messes noires, sodomie, convictions politiques?   20

LE DOCTEUR: Vous mélangez des choses si différentes! Je n'ai jamais entendu parler d'opium ni de messes noires. Quant à la politique, on s'y intéresse comme partout.

KNOCK: Oui, mais en connaissez-vous qui feraient rôtir la plante des pieds de leurs père et mère en faveur de l'impôt sur le   25
revenu?[59]

LE DOCTEUR: Dieu merci, ils n'en sont pas là![60]

---

[55]**Ma foi non!** Goodness no!   [56]**loisirs** spare time   [57]**partie de quilles** game of ninepins   [58]**quotidien** daily   [59]**qui feraient rôtir... revenu** who would burn the soles of their father's and mother's feet in support of the income tax
[60]**ils n'en sont pas là** they have not reached that point

KNOCK: Bon. Vous ne voyez rien d'autre à me signaler? Par exemple dans l'ordre des sectes, des superstitions, des sociétés secrètes?

MADAME PARPALAID: À un moment, plusieurs de ces dames ont fait du spiritisme.[61]

5 KNOCK: Ah! ah!

MADAME PARPALAID: L'on se réunissait chez la notairesse, et l'on faisait parler le guéridon.[62]

KNOCK: Mauvais, mauvais. Détestable.

MADAME PARPALAID: Mais je crois qu'elles ont cessé.

10 KNOCK: Ah? Tant mieux![63] Et pas de sorcier,[64] non plus, pas de thaumaturge?[65] (*De temps en temps, l'on voit Jean tourner la manivelle jusqu'à perdre haleine,[66] puis s'éponger le front.[67]*)

LE DOCTEUR: Autrefois, peut-être, mais plus maintenant.

KNOCK: (*il paraît agité, se frotte les paumes,[68] et, tout en marchant*) En
15 somme l'âge médical peut commencer. (*Il s'approche de la voiture.*) Mon cher confrère, serait-il inhumain de demander à ce véhicule un nouvel effort? J'ai une hâte incroyable[69] d'être à Saint-Maurice.

MADAME PARPALAID: Cela vous vient bien brusquement!

20 KNOCK: Je vous en prie, arrivons là-haut.

LE DOCTEUR: Qu'est-ce donc, de si puissant,[70] qui vous y attire?[71]

KNOCK: (*il fait quelques allées et venues[72] en silence, puis*) Mon cher confrère, j'ai le sentiment que vous avez gâché[73] là-haut une situation magnifique, et, pour parler votre style, fait laborieusement
25 pousser des chardons là où voulait croître un verger plantureux.[74]

---

[61]**faire du spiritisme** to hold séances [62]**L'on se réunissait... guéridon** They met at the notary's wife's house and made the table talk [63]**Tant mieux** So much the better [64]**sorcier** sorcerer [65]**thaumaturge** faith healer [66]**jusqu'à perdre haleine** until he's out of breath [67]**s'éponger le front** to wipe one's brow [68]**se frotter les paumes** to rub one's hands [69]**incroyable** unbelievable [70]**puissant** powerful [71]**attirer** to attract [72]**il fait... venues** he paces up and down a few times [73]**gâcher** to waste [74]**fait laborieusement... plantureux** labored to make thistles grow where there should have been a fertile orchard

C'est couvert d'or que vous en deviez repartir, les fesses calées sur un matelas d'obligations;[75] vous, madame, avec trois rangs de perles[76] au cou, tous deux à l'intérieur d'une étincelante[77] limousine (*il montre la guimbarde*) et non point sur ce monument des premiers efforts du génie moderne.   5

MADAME PARPALAID: Vous plaisantez, docteur?

KNOCK: La plaisanterie serait cruelle, madame.

MADAME PARPALAID: Mais alors, c'est affreux![78] Tu entends, Albert?

LE DOCTEUR: J'entends que le docteur Knock est un chimérique[79] 10
et, de plus, un cyclothymique.[80] Il est le jouet[81] d'impressions extrêmes. Tantôt le poste ne valait pas deux sous.[82] Maintenant, c'est un pactole.[83] (*Il hausse les épaules.*)

MADAME PARPALAID: Toi aussi, tu es trop sûr de toi. Ne t'ai-je pas souvent dit qu'à Saint-Maurice, en sachant s'y prendre,[84] on 15
pouvait mieux faire que végéter?

LE DOCTEUR: Bon, bon, bon! Je reviendrai dans trois mois, pour la première échéance. Nous verrons où en est le docteur Knock.

KNOCK: C'est cela. Revenez dans trois mois. Nous aurons le temps de causer. Mais je vous en supplie,[85] partons tout de suite.   20

LE DOCTEUR: (*à Jean, timidement*) Vous êtes prêt?

JEAN: (*à mi-voix.*[86]) Oh! moi, je serais bien prêt. Mais cette fois-ci, je ne crois pas que nous arriverons tout seuls à la mettre en marche.

LE DOCTEUR: (*même jeu.*[87]) Comment cela?   25

JEAN: (*hochant la tête.*[88]) Il faudrait des hommes plus forts.

---

[75]**les fesses... obligations** your buttocks resting on a mattress stuffed with notes and bonds   [76]**rangs de perles** strands of pearls   [77]**étincelante** sparkling
[78]**affreux** awful   [79]**chimérique** visionary   [80]**de plus, un cyclothymique** in addition, a manic depressive   [81]**être le jouet** to be the victim   [82]**Tantôt... sous** A little while ago the position wasn't worth a thing   [83]**pactole** gold mine
[84]**en sachant s'y prendre** by knowing how to go about it   [85]**je vous en supplie** I beg of you   [86]**à mi-voix** softly   [87]**même jeu** same action   [88]**hocher la tête** to shake one's head

LE DOCTEUR: Et si on essayait de la pousser?

JEAN: (*sans conviction*) Peut-être.

LE DOCTEUR: Mais oui. Il y a vingt mètres en plaine.[89] Je prendrai le volant.[90] Vous pousserez.

5 JEAN: Oui.

LE DOCTEUR: Et ensuite, vous tâcherez[91] de sauter sur le marchepied[92] au bon moment, n'est-ce pas? (*Le docteur revient vers les autres.*) Donc, en voiture, mon cher confrère, en voiture. C'est moi qui vais conduire.[93] Jean, qui est un hercule, veut s'amuser à nous
10 mettre en marche sans le secours[94] de la manivelle, par une espèce de démarrage qu'on pourrait appeler automatique... bien que l'énergie électrique y soit remplacée par celle des muscles, qui est un peu de même nature, il est vrai. (*Jean s'arc-boute contre la caisse de la voiture.*[95])

RIDEAU

ACTE II

15 *Dans l'ancien[96] domicile de Parpalaid. L'installation provisoire[97] de Knock. Table, sièges,[98] armoire-bibliothèque,[99] chaise longue.[1] Tableau[2] noir, lavabo.[3] Quelques figures[4] anatomiques et histologiques au mur.*

Scène I
KNOCK, LE TAMBOUR DE VILLE

KNOCK: (*assis, regarde la pièce et écrit*) C'est vous, le tambour de
20 ville?

LE TAMBOUR: (*debout*) Oui, monsieur.

KNOCK: Appelez-moi docteur. Répondez-moi «oui, docteur», ou «non, docteur».

---

[89]**en plaine** flat [90]**volant** wheel [91]**tâcher** to try [92]**sauter sur le marchepied** to jump on the running board [93]**conduire** to drive [94]**secours** help [95]**s'arc-boute...voiture** leans firmly against the back of the car [96]**ancien** former [97]**installation provisoire** temporary facility [98]**siège** seat [99]**armoire-bibliothèque** bookcase [1]**chaise longue** reclining chair [2]**tableau** board [3]**lavabo** washbasin [4]**figure** drawing

LE TAMBOUR: Oui, docteur.

KNOCK: Et quand vous avez l'occasion de parler de moi au-dehors, ne manquez jamais[5] de vous exprimer ainsi: «Le docteur a dit», «le docteur a fait»... J'y attache de l'importance. Quand vous parliez entre vous du docteur Parpalaid, de quels termes vous serviez-vous? 5

LE TAMBOUR: Nous disions: «C'est un brave[6] homme, mais il n'est pas bien fort.»[7]

KNOCK: Ce n'est pas ce que je vous demande. Disiez-vous «le docteur»? 10

LE TAMBOUR: Non. «M. Parpalaid», ou «le médecin», ou encore «Ravachol».[8]

KNOCK: Pourquoi «Ravachol»?

LE TAMBOUR: C'est un surnom[9] qu'il avait. Mais je n'ai jamais su pourquoi. 15

KNOCK: Et vous ne le jugiez pas très fort?

LE TAMBOUR: Oh! pour moi, il était bien assez fort. Pour d'autres, il paraît que non.

KNOCK: Tiens!

LE TAMBOUR: Quand on allait le voir, il ne trouvait pas. 20

KNOCK: Qu'est-ce qu'il ne trouvait pas?

LE TAMBOUR: Ce que vous aviez.[10] Neuf fois sur dix, il vous renvoyait[11] en vous disant: «Ce n'est rien du tout. Vous serez sur pied demain, mon ami.»

KNOCK: Vraiment! 25

LE TAMBOUR: Ou bien, il vous écoutait à peine, en faisant «oui,

---

[5]**ne manquez jamais** always be sure [6]**brave** nice [7]**fort** competent [8]**Ravachol** (*19th century anarchist known as an assassin*) [9]**surnom** nickname [10]**ce que vous aviez** What was the matter with you [11]**renvoyer** to send home

oui», «oui, oui», et il se dépêchait[12] de parler d'autre chose, pendant une heure, par exemple de son automobile.

KNOCK: Comme si l'on venait pour ça!

LE TAMBOUR: Et puis il vous indiquait des remèdes de quatre
5 sous,[13] quelquefois une simple tisane. Vous pensez bien que les
gens qui payent huit francs pour une consultation n'aiment pas
trop qu'on leur indique un remède de quatre sous. Et le plus
bête[14] n'a pas besoin du médecin pour boire une camomille.[15]

KNOCK: Ce que vous m'apprenez me fait réellement de la peine.[16]
10 Mais je vous ai appelé pour un renseignement. Quel prix
demandiez-vous au docteur Parpalaid quand il vous chargeait
d'une annonce?

LE TAMBOUR: (*avec amertume.*[17]) Il ne me chargeait jamais d'une
annonce.

15 KNOCK: Oh! Qu'est-ce que vous me dites? Depuis trente ans qu'il
était là?

LE TAMBOUR: Pas une seule annonce en trente ans, je vous jure.

KNOCK: (*se relevant,*[18] *un papier à la main*) Vous devez avoir oublié.
Je ne puis pas vous croire. Bref, quels sont vos tarifs?

20 LE TAMBOUR: Trois francs le petit tour et cinq francs le grand
tour. Ça vous paraît peut-être cher. Mais il y a du travail. D'ailleurs, je conseille à monsieur...

KNOCK: «Au docteur.»

LE TAMBOUR: Je conseille au docteur, s'il n'en est pas à deux
25 francs près,[19] de prendre le grand tour, qui est beaucoup plus
avantageux.

KNOCK: Quelle différence y a-t-il?

LE TAMBOUR: Avec le petit tour, je m'arrête cinq fois: devant la
Mairie,[20] devant la Poste, devant l'Hôtel de la Clef, au Carrefour

---

[12]**se dépêcher** to hasten   [13]**remède de quatre sous** two-bit remedy   [14]**bête**
stupid   [15]**camomille** camomile tea   [16]**faire de la peine** to hurt   [17]**amertume**
bitterness   [18]**se relever** to get up   [19]**s'il n'en est pas à deux francs près** if the
two francs aren't too much for him   [20]**Mairie** Town Hall

des Voleurs[21] et au coin de la Halle.[22] Avec le grand tour, je m'arrête onze fois, c'est à savoir...

KNOCK: Bien, je prends le grand tour. Vous êtes disponible,[23] ce matin?

LE TAMBOUR: Tout de suite si vous voulez...   5

KNOCK: Voici donc le texte de l'annonce. (*Il lui remet le papier.*)

LE TAMBOUR: (*regarde le texte*) Je suis habitué aux écritures.[24] Mais je préfère que vous me le lisiez une première fois.

KNOCK: (*lentement. Le Tambour écoute d'une oreille professionnelle.*) «Le docteur Knock, successeur du docteur Parpalaid, présente ses 10 compliments à la population de la ville et du canton de Saint-Maurice, et a l'honneur de lui faire connaître que, dans un esprit philanthropique, et pour enrayer le progrès inquiétant des maladies de toutes sortes qui envahissent depuis quelques années nos régions si salubres autrefois... »[25]   15

LE TAMBOUR: Ça, c'est rudement vrai![26]

KNOCK: «...il donnera tous les lundis matin, de neuf heures trente à onze heures trente, une consultation entièrement gratuite, réservée aux habitants du canton. Pour les personnes étrangères au canton,[27] la consultation restera au prix ordinaire de huit francs.» 20

LE TAMBOUR: (*recevant le papier avec respect*) Eh bien! C'est une belle idée! Une idée qui sera appréciée! Une idée de bienfaiteur![28] (*Changeant de ton.*) Mais vous savez que nous sommes lundi. Si je fais l'annonce ce matin, il va vous en arriver dans cinq minutes.

KNOCK: Si vite que cela, vous croyez?   25

LE TAMBOUR: Et puis, vous n'aviez peut-être pas pensé que le lundi est jour de marché? La moitié du canton est là. Mon an-

---

[21]**Carrefour des Voleurs** Thieves' Square   [22]**Halle** Market Hall   [23]**disponible** available   [24]**écriture** handwriting   [25]**pour enrayer... autrefois** to check the alarming increase of various diseases which, for several years, have been spreading throughout our once so healthy area   [26]**rudement vrai** so true   [27]**étrangères au canton** not living in the canton   [28]**bienfaiteur** benefactor

nonce va tomber dans tout ce monde. Vous ne saurez plus où donner de la tête.[29]

KNOCK: Je tâcherai de me débrouiller.[30]

LE TAMBOUR: Il y a encore ceci: que c'est le jour du marché que
5 vous aviez le plus de chances d'avoir des clients. M. Parpalaid n'en voyait guère que ce jour-là. (*Familièrement.*) Si vous les recevez gratis...

KNOCK: Vous comprenez, mon ami, ce que je veux, avant tout, c'est que les gens se soignent. Si je voulais gagner de l'argent, c'est
10 à Paris que je m'installerais, ou à New York.

LE TAMBOUR: Ah! vous avez mis le doigt dessus. On ne se soigne pas assez. On ne veut pas s'écouter, et on se mène trop durement. Quand le mal vous tient, on se force. Autant vaudrait-il être des animaux.[31]

15 KNOCK: Je remarque que vous raisonnez avec une grande justesse,[32] mon ami.

LE TAMBOUR: (*se gonflant*) Oh! sûr que je raisonne, moi. Je n'ai pas l'instruction que je devrais. Mais il y en a de plus instruits qui ne m'en remontreraient pas.[33] M. le maire, pour ne pas le nom-
20 mer, en sait quelque chose. Si je vous racontais qu'un jour, monsieur...

KNOCK: «Docteur.»

LE TAMBOUR: (*avec ivresse*) Docteur!... qu'un jour, M. le préfet,[34] en personne, se trouvait à la mairie dans la grande salle des mari-
25 ages, et même que vous pourriez demander attestation du fait à des notabilités présentes, à M. le premier adjoint,[35] pour ne pas le nommer, ou à M. Michalon, et qu'alors...

---

[29]**où donner de la tête** where to start   [30]**se débrouiller** to manage   [31]**On ne veut... animaux** We don't want to take care of ourselves and we push ourselves too hard. When we are sick, we overdo. We might as well be animals   [32]**justesse** soundness   [33]**de plus instruits... pas** better educated ones who couldn't do better than I can   [34]**préfet** (*the head of a* **département**)   [35]**même que... adjoint** you can even check this out with some of the notables that were there, like the first deputy mayor

KNOCK: Et qu'alors M. le préfet a vu tout de suite à qui il avait affaire,[36] et que le tambour de ville était un tambour qui raisonnait mieux que d'autres qui n'étaient pas tambours mais qui se prenaient pour quelque chose de bien plus fort qu'un tambour. Et qui est-ce qui n'a plus su quoi dire? C'est M. le maire.   5

LE TAMBOUR: (*extasié*) C'est l'exacte vérité! Il n'y a pas un mot à changer! On jurerait que vous étiez là, caché dans un petit coin.[37]

KNOCK: Je n'y étais pas, mon ami.

LE TAMBOUR: Alors, c'est quelqu'un qui vous l'a raconté, et quelqu'un de bien placé? (*Knock fait un geste de réserve diplomatique.*)   10
Vous ne m'ôterez pas de la tête[38] que vous en avez causé récemment avec M. le préfet. (*Knock se contente de sourire.*[39])

KNOCK: (*se levant*) Donc, je compte sur vous, mon ami. Et rondement,[40] n'est-ce pas?

LE TAMBOUR: (*après plusieurs hésitations*) Je ne pourrai pas venir   15
tout à l'heure, ou j'arriverai trop tard. Est-ce que ça serait un effet de votre bonté[41] de me donner ma consultation maintenant?

KNOCK: Heu... Oui. Mais dépêchons-nous. J'ai rendez-vous avec M. Bernard, l'instituteur,[42] et avec M. le pharmacien Mousquet. Il faut que je les reçoive avant que les gens n'arrivent. De quoi   20
souffrez-vous?

LE TAMBOUR: Attendez que je réfléchisse! (*Il rit.*) Voilà. Quand j'ai dîné, il y a des fois que je sens une espèce de démangeaison[43] ici. (*Il montre le haut de son épigastre.*[44]) Ça me chatouille, ou plutôt, ça me grattouille.[45]   25

KNOCK: (*d'un air de profonde concentration*) Attention. Ne confondons pas. Est-ce que ça vous chatouille, ou est-ce que ça vous grattouille?

---

[36]**avoir affaire** to deal [37]**coin** corner [38]**Vous ne m'ôterez pas de la tête** I'll bet my life [39]**se contente de sourire** merely smiles [40]**rondement** right away [41]**Est-ce que... bonté** Would you be so kind [42]**instituteur** school teacher [43]**une espèce de démangeaison** a kind of itch [44]**le haut de son épigastre** the upper part of his abdomen [45]**Ça me chatouille... grattouille** It tickles me or rather prickles me

LE TAMBOUR: Ça me grattouille. (*Il médite.*) Mais ça chatouille bien un peu aussi.

KNOCK: Désignez-moi exactement l'endroit.

LE TAMBOUR: Par ici.

5 KNOCK: Par ici... ou cela, par ici?

LE TAMBOUR: Là. Ou peut-être là... Entre les deux.

KNOCK: Juste entre les deux?... Est-ce que ça ne serait pas plutôt un rien à gauche,[46] là, où je mets mon doigt?

LE TAMBOUR: Il me semble bien.

10 KNOCK: Ça vous fait mal quand j'enfonce[47] mon doigt?

LE TAMBOUR: Oui, on dirait que ça me fait mal.

KNOCK: Ah! ah! (*Il médite d'un air sombre.*) Est-ce que ça ne vous grattouille pas davantage[48] quand vous avez mangé de la tête de veau à la vinaigrette?[49]

15 LE TAMBOUR: Je n'en mange jamais. Mais il me semble que si j'en mangeais, effectivement,[50] ça me grattouillerait plus.

KNOCK: Ah! ah! très important. Ah! ah! Quel âge avez-vous?

LE TAMBOUR: Cinquante et un, dans mes cinquante-deux.

KNOCK: Plus près de cinquante-deux ou de cinquante et un?

20 LE TAMBOUR: (*il se trouble*[51] *peu à peu*) Plus près de cinquante-deux. Je les aurai fin novembre.

KNOCK: (*lui mettant la main sur l'épaule*) Mon ami, faites votre travail aujourd'hui comme d'habitude.[52] Ce soir, couchez-vous de bonne heure. Demain matin, gardez le lit. Je passerai vous voir.
25 Pour vous, mes visites seront gratuites. Mais ne le dites pas. C'est une faveur.

---

[46]**un rien à gauche** a bit to the left [47]**enfoncer** to push in [48]**davantage** more
[49]**tête de veau à la vinaigrette** calf's head with vinaigrette sauce [50]**effectivement** indeed [51]**se troubler** to get confused [52]**comme d'habitude** as usual

LE TAMBOUR: (*avec anxiété*) Vous êtes trop bon, docteur. Mais c'est donc grave, ce que j'ai?

KNOCK: Ce n'est peut-être pas encore très grave. Il était temps de vous soigner. Vous fumez?

LE TAMBOUR: (*tirant son mouchoir.*[53]) Non, je chique.[54]   5

KNOCK: Défense absolue de chiquer. Vous aimez le vin?

LE TAMBOUR: J'en bois raisonnablement.

KNOCK: Plus une goutte de vin.[55] Vous êtes marié?

LE TAMBOUR: Oui, docteur. (*Le Tambour s'essuie le front.*)

KNOCK: Sagesse totale de ce côté-là, hein?[56]   10

LE TAMBOUR: Je puis manger?

KNOCK: Aujourd'hui, comme vous travaillez, prenez un peu de potage.[57] Demain, nous en viendrons à des restrictions plus sérieuses. Pour l'instant, tenez-vous-en[58] à ce que je vous ai dit.

LE TAMBOUR: (*s'essuie à nouveau*) Vous ne croyez pas qu'il vaudrait 15 mieux que je me couche tout de suite? Je ne me sens réellement pas à mon aise.

KNOCK: (*ouvrant la porte*) Gardez-vous-en bien![59] Dans votre cas, il est mauvais d'aller se mettre au lit entre le lever et le coucher du soleil. Faites vos annonces comme si de rien n'était,[60] et attendez 20 tranquillement jusqu'à ce soir. (*Le Tambour sort. Knock le reconduit.*)

Scène II

KNOCK, L'INSTITUTEUR BERNARD

KNOCK: Bonjour, monsieur Bernard. Je ne vous ai pas trop dérangé[61] en vous priant de venir à cette heure-ci?

---

[53]**tirant son mouchoir** pulling out his handkerchief [54]**chiquer** to chew tobacco [55]**goutte de vin** drop of wine [56]**Sagesse totale... hein?** Extreme caution in that area, understand? [57]**potage** soup [58]**tenez-vous-en** stick [59]**Gardez-vous-en bien** Do nothing of the kind [60]**comme si de rien n'était** as if nothing were wrong [61]**déranger** to trouble

BERNARD: Non, non, docteur. J'ai une minute. Mon adjoint surveille la récréation.[62]

KNOCK: J'étais impatient de m'entretenir[63] avec vous. Nous avons
tant de choses à faire ensemble, et de si urgentes. Ce n'est pas
5 moi qui laisserai s'interrompre[64] la collaboration si précieuse que
vous accordiez[65] à mon prédécesseur.

BERNARD: La collaboration?

KNOCK: Remarquez que je ne suis pas homme à imposer mes
idées, ni à faire table rase[66] de ce qu'on a édifié[67] avant moi. Au
10 début, c'est vous qui serez mon guide.

BERNARD: Je ne vois pas bien...

KNOCK: Ne touchons à rien pour le moment. Nous améliore-
rons[68] par la suite s'il y a lieu.[69] (*Knock s'assoit.*)

BERNARD: (*s'asseyant aussi*) Mais...

15 KNOCK: Qu'il s'agisse de la propagande, ou des causeries popu-
laires, ou de nos petites réunions à nous, vos procédés seront les
miens, vos heures seront les miennes.[70]

BERNARD: C'est que, docteur, je crains de ne pas bien saisir à quoi
vous faites allusion.

20 KNOCK: Je veux dire tout simplement que je désire maintenir
intacte la liaison[71] avec vous, même pendant ma période d'installation.

BERNARD: Il doit y avoir quelque chose qui m'échappe[72]...

KNOCK: Voyons![73] Vous étiez bien en relations constantes avec le
25 docteur Parpalaid?

---

[62]**Mon adjoint... récréation** My assistant is keeping an eye on recess
[63]**s'entretenir** to have a talk   [64]**laisser s'interrompre** to break off   [65]**accorder** to
grant   [66]**faire table rase** to make a clean sweep   [67]**edifier** to build   [68]**améliorer**
to make improvements, improve   [69]**par la suite s'il y a lieu** later if necessary
[70]**Qu'il s'agisse... miennes** Whether it's advertising or public talks, or our own
informal meetings, I'll do what you do, and your time will be my time
[71]**liaison** collaboration   [72]**échapper** to escape   [73]**Voyons!** Come on, now!

BERNARD: Je le rencontrais de temps en temps à l'estaminet[74] de l'Hôtel de la Clef. Il nous arrivait de faire un billard.[75]

KNOCK: Ce n'est pas de ces relations-là que je veux parler.

BERNARD: Nous n'en avions pas d'autres.

KNOCK: Mais... mais... comment vous étiez-vous réparti[76] l'en- 5 seignement populaire de l'hygiène, l'œuvre[77] de propagande dans les familles... que sais-je, moi! Les mille besognes[78] que le médecin et l'instituteur ne peuvent faire que d'accord?

BERNARD: Nous ne nous étions rien réparti du tout.

KNOCK: Quoi! Vous aviez préféré agir chacun isolément?[79] 10

BERNARD: C'est bien plus simple. Nous n'y avons jamais pensé ni l'un ni l'autre. C'est la première fois qu'il est question d'une chose pareille à Saint-Maurice.

KNOCK: (*avec tous les signes d'une surprise navrée*) Ah!... Si je ne l'entendais pas de votre bouche, je vous assure que je n'en croirais 15 rien. (*Un silence.*)

BERNARD: Je suis désolé de vous causer cette déception,[80] mais ce n'est pas moi qui pouvais prendre une initiative de ce genre-là, vous l'admettrez, même si j'en avais eu l'idée, et même si le travail de l'école me laissait plus de loisir. 20

KNOCK: Évidemment! Vous attendiez un appel[81] qui n'est pas venu.

BERNARD: Chaque fois qu'on m'a demandé un service, j'ai tâché de le rendre.

KNOCK: Je le sais, monsieur Bernard, je le sais. (*Un silence.*) Voilà 25 donc une malheureuse population qui est entièrement abandonnée à elle-même[82] au point de vue hygiénique et prophylactique!

---

[74]**estaminet** smoking room   [75]**Il nous arrivait... billard** We sometimes played billiards together   [76]**se répartir** to share   [77]**œuvre** work   [78]**besogne** task
[79]**chacun isolément** separately   [80]**déception** disappointment   [81]**appel** call
[82]**abandonnée à elle-même** left to its own devices

BERNARD: Dame![83]

KNOCK: Je parie qu'ils boivent de l'eau sans penser aux milliards de bactéries qu'ils avalent à chaque gorgée.[84]

BERNARD: Oh! certainement.

5 KNOCK: Savent-ils même ce que c'est qu'un microbe?

BERNARD: J'en doute fort! Quelques-uns connaissent le mot, mais ils doivent se figurer qu'il s'agit d'une espèce de mouche.[85]

KNOCK: (*il se lève*) C'est effrayant. Écoutez, cher monsieur Bernard, nous ne pouvons pas, à nous deux, réparer en huit jours

10 des années de... disons d'insouciance.[86] Mais il faut faire quelque chose.

BERNARD: Je ne m'y refuse pas. Je crains seulement de ne pas vous être d'un grand secours.

KNOCK: Monsieur Bernard, quelqu'un qui est bien renseigné[87]

15 sur vous, m'a révélé que vous aviez un grave défaut: la modestie. Vous êtes le seul à ignorer que vous possédez ici une autorité morale et une influence personnelle peu communes.[88] Je vous demande pardon d'avoir à vous le dire. Rien de sérieux ici ne se fera sans vous.

20 BERNARD: Vous exagérez, docteur.

KNOCK: C'est entendu![89] Je puis soigner sans vous mes malades. Mais la maladie, qui est-ce qui m'aidera à la combattre, à la débusquer?[90] Qui est-ce qui instruira ces pauvres gens sur les périls de chaque seconde qui assiègent leur organisme? Qui leur apprendra

25 qu'on ne doit pas attendre d'être mort pour appeler le médecin?

BERNARD: Ils sont très négligents. Je n'en disconviens pas.[91]

KNOCK: (*s'animant de plus en plus*) Commençons par le commencement. J'ai ici la matière de plusieurs causeries de vulgarisation,[92]

---

[83]**Dame!** I would say so! [84]**Je parie... gorgée** I bet they drink water without ever thinking of the billions of bacteria they swallow with each mouthful
[85]**mouche** fly [86]**insouciance** carelessness [87]**renseigné** informed [88]**peu commun** very unusual [89]**C'est entendu!** OK! [90]**débusquer** to drive out
[91]**Je n'en disconviens pas** I quite agree [92]**la matière de plusieurs causeries de vulgarisation** enough material for several informational talks

des notes très complètes, de bons clichés,[93] et une lanterne. Vous
arrangerez tout cela comme vous savez le faire. Tenez, pour débuter, une petite conférence, toute écrite, ma foi,[94] et très agréable, sur la fièvre typhoïde, les formes insoupçonnées qu'elle
prend, ses véhicules innombrables:[95] eau, pain, lait, coquillages, 5
légumes, salades, poussières, haleine,[96] etc... les semaines et les
mois durant lesquels elle couve sans se trahir,[97] les accidents mortels qu'elle déchaine[98] soudain, les complications redoutables[99]
qu'elle charrie à sa suite,[1] le tout agrémenté de jolies vues: bacilles
formidablement grossis,[2] détails d'excréments typhiques, gangli- 10
ons infectés, perforations d'intestin, et pas en noir, en couleurs,
des roses, des marrons,[3] des jaunes et des blancs verdâtres[4] que
vous imaginez. (*Il se rassied.*)

BERNARD: (*le cœur chaviré*) C'est que... je suis très impression-
nable... Si je me plonge[5] là-dedans, je n'en dormirai plus.   15

KNOCK: Voilà justement ce qu'il faut. Je veux dire: voilà l'effet
de saisissement que nous devons porter jusqu'aux entrailles de
l'auditoire.[6] Vous, monsieur Bernard, vous vous y habituerez.[7]
Qu'ils n'en dorment plus![8] (*Penché[9] sur lui.*) Car leur tort,[10] c'est
de dormir, dans une sécurité trompeuse[11] dont les réveille trop 20
tard le coup de foudre de la maladie.[12]

BERNARD: (*tout frissonnant,[13] la main sur le bureau, regard détourné.*)
Je n'ai pas déjà une santé si solide. Mes parents ont eu beaucoup
de peine à m'élever.[14] Je sais bien que, sur vos clichés, tous ces
microbes ne sont qu'en reproduction. Mais, enfin...   25

KNOCK: (*comme s'il n'avait rien entendu*) Pour ceux que notre première conférence aurait laissés froids, j'en tiens[15] une autre, dont

---

[93]**cliché** negative plate [94]**toute écrite, ma foi** already written, you know
[95]**innombrable** countless [96]**haleine** breath [97]**elle couve sans se trahir** it breeds
undetected [98]**déchaîner** to cause [99]**redoutable** fearful [1]**charrie à sa suite**
brings along [2]**formidablement grossis** greatly magnified [3]**marron** brown
[4]**verdâtre** greenish [5]**se plonger** to get into [6]**l'effet... auditoire** the shock effect
that we must direct at the heart of the audience [7]**s'habituer** to get used
[8]**Qu'ils n'en dorment plus** They must not sleep any longer [9]**Penché** Bending
[10]**tort** mistake [11]**trompeur** false [12]**dont les... maladie** from which they wake
up too late when disease strikes like lightning [13]**frissonner** to shiver [14]**élever**
to raise [15]**tenir** to have

le titre n'a l'air[16] de rien: «Les porteurs[17] de germes.» Il y est démontré, clair comme le jour, à l'aide de cas observés, qu'on peut se promener avec une figure ronde, une langue rose, un excellent appétit, et receler dans tous les replis de son corps des
5 trillions de bacilles de la dernière virulence[18] capables d'infecter un département. (*Il se lève.*) Fort de[19] la théorie et de l'expérience, j'ai le droit de soupçonner[20] le premier venu d'être un porteur de germes. Vous, par exemple, absolument rien ne me prouve que vous n'en êtes pas un.

10 BERNARD: (*se lève*) Moi! docteur...

KNOCK: Je serais curieux de connaître quelqu'un qui, au sortir de cette deuxième petite causerie, se sentirait d'humeur à batifoler.[21]

BERNARD: Vous pensez que moi, docteur, je suis un porteur de germes?

15 KNOCK: Pas vous spécialement. J'ai pris un exemple. Mais j'entends la voix de M. Mousquet. À bientôt,[22] cher monsieur Bernard, et merci de votre adhésion, dont je ne doutais pas.

Scène III
KNOCK, LE PHARMACIEN MOUSQUET

KNOCK: Asseyez-vous, cher monsieur Mousquet. Hier, j'ai eu à
20 peine le temps de jeter un coup d'œil sur l'intérieur de votre pharmacie. Mais il n'en faut pas davantage[23] pour constater[24] l'excellence de votre installation, l'ordre méticuleux qui y règne et le modernisme du moindre détail.

MOUSQUET: (*tenue très simple, presque négligée[25]*) Docteur, vous êtes
25 trop indulgent![26]

KNOCK: C'est une chose qui me tient au cœur.[27] Pour moi, le

---

[16]**avoir l'air** to look [17]**porteur** carrier [18]**receler... virulence** to hide in every fold of his body trillions of extremely virulent bacilli [19]**Fort de** Backed by
[20]**soupçonner** to suspect [21]**au sortir... batifoler** at the end of the second little lecture would be in a joking mood [22]**À bientôt** See you again soon [23]**il n'en faut pas davantage** one glance is enough [24]**constater** to notice [25]**tenue négligée** casual dress [26]**indulgent** kind [27]**tenir au cœur** to concern

médecin qui ne peut pas s'appuyer[28] sur un pharmacien de premier ordre est un général qui va à la bataille sans artillerie.

MOUSQUET: Je suis heureux de voir que vous appréciez l'importance de la profession.

KNOCK: Et moi de me dire qu'une organisation comme la vôtre 5
trouve certainement sa récompense,[29] et que vous vous faites[30]
bien dans l'année un minimum de vingt-cinq mille.

MOUSQUET: De bénéfices? Ah! mon Dieu! Si je m'en faisais seulement la moitié!

KNOCK: Cher monsieur Mousquet, vous avez en face de vous non 10
point un agent du fisc,[31] mais un ami, et j'ose dire un collègue.

MOUSQUET: Docteur, je ne vous fais pas l'injure de me méfier[32]
de vous. Je vous ai malheureusement dit la vérité. (*Une pause.*)
J'ai toutes les peines du monde[33] à dépasser[34] les dix mille.

KNOCK: Savez-vous bien que c'est scandaleux! (*Mousquet hausse* 15
tristement les épaules.) Dans ma pensée, le chiffre de vingt-cinq mille
était un minimum. Vous n'avez pourtant pas de concurrent?

MOUSQUET: Aucun, à près de cinq lieues à la ronde.[35]

KNOCK: Alors quoi? des ennemis?

MOUSQUET: Je ne m'en connais pas. 20

KNOCK: (*baissant la voix*) Jadis, vous n'auriez pas eu d'histoire
fâcheuse[36] une distraction[37]... cinquante grammes de laudanum
en place d'huile de ricin?[38]... C'est si vite fait.

MOUSQUET: Pas le plus minime incident, je vous prie de le croire,
en vingt années d'exercice. 25

KNOCK: Alors... alors... je répugne[39] à former d'autres hypo-

---

[28]**s'appuyer** to lean [29]**récompense** reward [30]**se faire** to make [31]**agent du
fisc** tax collector [32]**se méfier** to distrust [33]**toutes les peines du monde** all the
trouble in the world [34]**dépasser** to exceed [35]**à près de cinq lieues à la ronde**
within a radius of about twenty kilometers [36]**histoire fâcheuse** unpleasant
incident [37]**distraction** absent-mindedness [38]**cinquante... ricin?** fifty grams of
morphine in place of castor oil? [39]**répugner** to hate

thèses... Mon prédécesseur... aurait-il été au-dessous de sa tâche?[40]

MOUSQUET: C'est une affaire de point de vue.

KNOCK: Encore une fois, cher monsieur Mousquet, nous sommes
5 strictement entre nous.

MOUSQUET: Le docteur Parpalaid est un excellent homme. Nous avions les meilleures relations privées.

KNOCK: Mais on ne ferait pas un gros volume avec le recueil de ses ordonnances.[41]

10 MOUSQUET: Vous l'avez dit.

KNOCK: Quand je rapproche[42] tout ce que je sais de lui maintenant, j'en arrive à me demander s'il croyait en la médecine.

MOUSQUET: Dans les débuts, je faisais loyalement mon possible. Dès que les gens se plaignaient à moi et que cela me paraissait
15 un peu grave, je les lui envoyais. Bonsoir! Je ne les voyais plus revenir.

KNOCK: Ce que vous me dites m'affecte plus que je ne voudrais. Nous avons, cher monsieur Mousquet, deux des plus beaux métiers[43] qu'on connaisse. N'est-ce pas une honte que de les faire
20 peu à peu déchoir du haut degré de prospérité et de puissance où nos devanciers les avaient mis?[44] Le mot de sabotage me vient aux lèvres.

MOUSQUET: Oui, certes. Toute question d'argent à part, il y a conscience à se laisser glisser ainsi au-dessous du ferblantier et de
25 l'épicier.[45] Je vous assure, docteur, que ma femme serait bien empêchée[46] de se payer les chapeaux et les bas de soie que la femme du ferblantier arbore semaine et dimanche.[47]

---

[40]**au-dessous de sa tâche** inferior to his task   [41]**avec le recueil de ses ordonnances** with his collected prescriptions   [42]**rapprocher** to piece together
[43]**métier** profession   [44]**N'est-ce pas... mis?** Isn't it a shame to let them sink little by little from the high level of prosperity and power to which our predecessors had raised them?   [45]**il y a conscience... l'épicier** it's wrong to let oneself slip like this below the tinsmith and the grocer   [46]**empêché** unable
[47]**se payer... dimanche** to afford the hats and the silk stockings that the tinsmith's wife wears weekdays and Sundays

KNOCK: Taisez-vous,[48] cher ami, vous me faites mal. C'est comme si j'entendais dire que la femme d'un président de chambre en est réduite à laver le linge de sa boulangère[49] pour avoir du pain.

MOUSQUET: Si Mme Mousquet était là, vos paroles lui iraient à l'âme.[50]

KNOCK: Dans un canton comme celui-ci nous devrions, vous et moi, ne pas pouvoir suffire à la besogne.

MOUSQUET: C'est juste.

KNOCK: Je pose en principe que tous les habitants du canton sont ipso facto nos clients désignés.[51]

MOUSQUET: Tous, c'est beaucoup demander.

KNOCK: Je dis tous.

MOUSQUET: Il est vrai qu'à un moment ou l'autre de sa vie, chacun peut devenir notre client par occasion.

KNOCK: Par occasion? Point du tout. Client régulier, client fidèle.[52]

MOUSQUET: Encore faut-il qu'il tombe malade![53]

KNOCK: «Tomber malade», vieille notion qui ne tient plus devant les données[54] de la science actuelle. La santé n'est qu'un mot, qu'il n'y aurait aucun inconvénient à rayer[55] de notre vocabulaire. Pour ma part, je ne connais que des gens plus ou moins atteints[56] de maladies plus ou moins nombreuses à évolution plus ou moins rapide. Naturellement, si vous allez leur dire qu'ils se portent bien,[57] ils ne demandent qu'à vous croire. Mais vous les trompez. Votre seule excuse, c'est que vous ayez déjà trop de malades à soigner pour en prendre de nouveaux.

MOUSQUET: En tout cas, c'est une très belle théorie.

---

[48]**Taisez-vous** Don't say another word [49]**entendais dire... boulangère** heard that the wife of the chief judge is reduced to taking in her baker's laundry [50]**à l'âme** to her heart [51]**désignés** appointed [52]**fidèle** loyal [53]**Encore faut-il qu'il tombe malade** But still he must get sick [54]**données** data [55]**qu'il n'y aurait aucun inconvénient à rayer** so that there would be nothing wrong in crossing it out [56]**atteint** afflicted [57]**se porter bien** to be in good health

KNOCK: Théorie profondément moderne, monsieur Mousquet, réfléchissez-y, et toute proche parente[58] de l'admirable idée de la nation armée, qui fait la force de nos États.

MOUSQUET: Vous êtes un penseur, vous, docteur Knock, et les
5 matérialistes auront beau soutenir le contraire,[59] la pensée mène le monde.

KNOCK: (*il se lève*) Écoutez-moi. (*Tous deux sont debout. Knock saisit les mains de Mousquet.*) Je suis peut-être présomptueux. D'amères désillusions me sont peut-être réservées. Mais si, dans un an, jour
10 pour jour,[60] vous n'avez pas gagné les vingt-cinq mille francs nets qui vous sont dus, si Mme Mousquet n'a pas les robes, les chapeaux et les bas que sa condition exige, je vous autorise à venir me faire une scène ici, et je tendrai les deux joues pour que vous m'y déposiez chacun un soufflet.[61]

15 MOUSQUET: Cher docteur, je serais un ingrat, si je ne vous remerciais pas avec effusion,[62] et un misérable si je ne vous aidais pas de tout mon pouvoir.

KNOCK: Bien, bien. Comptez sur moi comme je compte sur vous.

Scène IV
KNOCK, LA DAME EN NOIR (Elle a quarante-cinq ans et respire[63] l'avarice
20 *paysanne et la constipation.)*

KNOCK: Ah! voici les consultants.[64] (*À la cantonade.*) Une douzaine, déjà? Prévenez[65] les nouveaux arrivants qu'après onze heures et demie je ne puis plus recevoir personne, au moins en consultation gratuite. C'est vous qui êtes la première, madame?
25 (*Il fait entrer la dame en noir et referme la porte.*) Vous êtes bien du canton?[66]

LA DAME EN NOIR: Je suis de la commune.

---

[58]**proche parente** close relative   [59]**les matérialistes... contraire** no matter how much materialists will claim the opposite   [60]**dans un an, jour pour jour** in exactly one year from today   [61]**je tendrai... soufflet** I'll hold out both of my cheeks for you to slap   [62]**avec effusion** again and again   [63]**respirer** to exude   [64]**consultant** patient   [65]**prévenir** to warn, to inform   [66]**Vous êtes bien du canton** You do live in the canton, don't you

KNOCK: De Saint-Maurice même?

LA DAME: J'habite la grande ferme qui est sur la route de Luchère.

KNOCK: Elle vous appartient?

LA DAME: Oui, à mon mari et à moi.

KNOCK: Si vous l'exploitez vous-même, vous devez avoir beau- 5
coup de travail?

LA DAME: Pensez, monsieur! dix-huit vaches, deux bœufs, deux
taureaux, la jument et le poulain, six chèvres, une bonne douzaine
de cochons, sans compter la basse-cour.[67]

KNOCK: Diable![68] Vous n'avez pas de domestiques? 10

LA DAME: Dame si.[69] Trois valets,[70] une servante et les jour-
naliers[71] dans la belle saison.

KNOCK: Je vous plains.[72] Il ne doit guère vous rester de temps
pour vous soigner?

LA DAME: Oh! non. 15

KNOCK: Et pourtant vous souffrez.

LA DAME: Ce n'est pas le mot. J'ai plutôt de la fatigue.

KNOCK: Oui, vous appelez ça de la fatigue. (*Il s'approche d'elle.*)
Tirez la langue. Vous ne devez pas avoir beaucoup d'appétit.

LA DAME: Non. 20

KNOCK: Vous êtes constipée.

LA DAME: Oui, assez.

KNOCK: (*il l'ausculte.*[73]) Baissez la tête.[74] Respirez. Toussez. Vous
n'êtes jamais tombée d'une échelle,[75] étant petite?

---

[67]**Pensez... basse-cour** Just imagine, sir. Eighteen cows, two steers, two bulls,
the mare and foal, six goats, a good dozen pigs, not counting the poultry
[68]**Diable!** Heavens! [69]**Dame si** Why of course [70]**valet** farm hand [71]**journalier**
day laborer [72]**Je vous plains** I am sorry for you [73]**ausculter** to examine with a
stethoscope [74]**baisser la tête** to lower one's head [75]**échelle** ladder

LA DAME: Je ne me souviens pas.

KNOCK: (*il lui palpe et lui percute le dos, lui presse brusquement les reins.*[76]) Vous n'avez jamais mal ici le soir en vous couchant? Une espèce de courbature?[77]

5 LA DAME: Oui, des fois.[78]

KNOCK: (*il continue de l'ausculter*) Essayez de vous rappeler. Ça devait être une grande échelle.

LA DAME: Ça se peut bien.

KNOCK: (*très affirmatif*) C'était une échelle d'environ trois mètres
10 cinquante, posée contre un mur. Vous êtes tombée à la renverse.[79] C'est la fesse gauche, heureusement, qui a porté.[80]

LA DAME: Ah oui!

KNOCK: Vous aviez déjà consulté le docteur Parpalaid?

LA DAME: Non, jamais.

15 KNOCK: Pourquoi?

LA DAME: Il ne donnait pas de consultations gratuites. (*Un silence.*)

KNOCK: (*la fait asseoir*) Vous vous rendez compte de votre état?

LA DAME: Non.

KNOCK: (*il s'assied en face d'elle*) Tant mieux. Vous avez envie de
20 guérir, ou vous n'avez pas envie?

LA DAME: J'ai envie.

KNOCK: J'aime mieux vous prévenir tout de suite que ce sera très long et très coûteux.

LA DAME: Ah! mon Dieu! Et pourquoi ça?

25 KNOCK: Parce qu'on ne guérit pas en cinq minutes un mal qu'on traîne depuis quarante ans.

---

[76]**lui palpe... reins** feels her back all over, tapping it, and all of a sudden presses down on the small of the back [77]**courbature** ache [78]**des fois** sometimes [79]**tomber à la renverse** to fall over backwards [80]**C'est la fesse... porté** Fortunately, your left buttock bore the weight

LA DAME: Depuis quarante ans?

KNOCK: Oui, depuis que vous êtes tombée de votre échelle.

LA DAME: Et combien que ça me coûterait?

KNOCK: Qu'est-ce que valent les veaux, actuellement?

LA DAME: Ça dépend des marchés et de la grosseur.[81] Mais on ne 5
peut guère en avoir de propres[82] à moins de quatre ou cinq cents
francs.

KNOCK: Et les cochons gras?

LA DAME: Il y en a qui font plus de mille.

KNOCK: Eh bien! ça vous coûtera à peu près deux cochons et 10
deux veaux.

LA DAME: Ah! là! là! Près de trois mille francs? C'est une désolation,[83] Jésus Marie!

KNOCK: Si vous aimez mieux faire un pèlerinage,[84] je ne vous en
empêche pas. 15

LA DAME: Oh! un pèlerinage, ça revient cher[85] aussi et ça ne réussit pas souvent. (*Un silence.*) Mais qu'est-ce que je peux donc avoir
de si terrible que ça?

KNOCK: (*avec une grande courtoisie*) Je vais vous l'expliquer en une
minute au tableau noir. (*Il va au tableau et commence un croquis.*[86]) 20
Voici votre moelle épinière, en coupe, très schématiquement,
n'est-ce pas? Vous reconnaissez ici votre faisceau de Türck et ici
votre colonne de Clarke.[87] Vous me suivez? Eh bien! quand vous
êtes tombée de l'échelle, votre Türck et votre Clarke ont glissé en
sens inverse[88] (*il trace des flèches de direction*[89]) de quelques dixièmes 25
de millimètre. Vous me direz que c'est très peu. Évidemment.

---

[81]**grosseur** size [82]**propre** nice [83]**C'est une désolation** that's terrible [84]**pèlerinage**
pilgrimage [85]**revenir cher** to run high [86]**croquis** sketch [87]**Voici... Clarke**
Here's your spine, in a very simplified cross section. You recognize your
Turk's facellum and your Clarke's column (*Note here and further on the use
of medical jargon.*) [88]**se glisser en sens inverse** to slip in opposite directions
[89]**flèche de direction** directional arrow

Mais c'est très mal placé. Et puis vous avez ici un tiraillement continu qui s'exerce sur les multipolaires.[90] (*Il s'essuie les doigts.*)

LA DAME: Mon Dieu! Mon Dieu!

KNOCK: Remarquez que vous ne mourrez pas du jour au lende-
5 main.[91] Vous pouvez attendre.

LA DAME: Oh! là! là! J'ai bien eu du malheur de tomber de cette échelle!

KNOCK: Je me demande même s'il ne vaut pas mieux laisser les choses comme elles sont. L'argent est si dur à gagner. Tandis que
10 les années de vieillesse, on en a toujours bien assez. Pour le plaisir qu'elles donnent!

LA DAME: Et en faisant ça plus... grossièrement,[92] vous ne pour-riez pas me guérir à moins cher?... à condition que ce soit bien fait tout de même.[93]

15 KNOCK: Ce que je puis vous proposer, c'est de vous mettre en observation. Ça ne vous coûtera presque rien. Au bout de quel-ques jours vous vous rendrez compte par vous-même de la tour-nure que prendra le mal,[94] et vous vous déciderez.

LA DAME: Oui, c'est ça.

20 KNOCK: Bien. Vous allez rentrer chez vous. Vous êtes venue en voiture?

LA DAME: Non, à pied.

KNOCK: (*tandis qu'il rédige l'ordonnance, assis à sa table*) Il faudra tâcher de trouver une voiture. Vous vous coucherez en arrivant.
25 Une chambre où vous serez seule, autant que possible. Faites fermer les volets et les rideaux pour que la lumière ne vous gêne pas. Défendez qu'on vous parle. Aucune alimentation[95] solide pendant une semaine. Un verre d'eau de Vichy toutes les deux heures, et, à la rigueur,[96] une moitié de biscuit, matin et soir,

---

[90]**un tiraillement... multipolaires** a constant strain exerted on the multipolaries
[91]**du jour au lendemain** overnight [92]**plus grossièrement** less thoroughly [93]**tout de même** all the same [94]**de la tournure... mal** how your condition will develop
[95]**alimentation** food [96]**à la rigueur** if really necessary

trempée dans un doigt de lait.[97] Mais j'aimerais autant que vous vous passiez de biscuit. Vous ne direz pas que je vous ordonne des remèdes coûteux! À la fin de la semaine, nous verrons comment vous vous sentez. Si vous êtes gaillarde,[98] si vos forces et votre gaieté sont revenues, c'est que le mal est moins sérieux qu'on ne pouvait croire, et je serai le premier à vous rassurer. Si, au contraire, vous éprouvez une faiblesse générale, des lourdeurs de tête,[99] et une certaine paresse[1] à vous lever, l'hésitation ne sera plus permise, et nous commencerons le traitement. C'est convenu?

LA DAME: (*soupirant.*[2]) Comme vous voudrez.

KNOCK: (*désignant l'ordonnance*) Je rappelle[3] mes prescriptions sur ce bout de papier. Et j'irai vous voir bientôt. (*Il lui remet l'ordonnance et la reconduit. À la cantonade.*) Mariette, aidez madame à descendre l'escalier et à trouver une voiture. (*On aperçoit quelques visages de consultants que la sortie de la dame en noir frappe de crainte[4] et de respect.*)

Scène V

KNOCK, LA DAME EN VIOLET (Elle a soixante ans; toutes les pièces de son costume sont de la même nuance[5] de violet; elle s'appuie assez royalement sur une sorte d'alpenstock.[6])

LA DAME EN VIOLET: (*avec emphase[7]*) Vous devez bien être étonné, docteur, de me voir ici.

KNOCK: Un peu étonné, madame.

LA DAME: Qu'une dame Pons, née demoiselle Lempoumas, vienne à une consultation gratuite, c'est en effet assez extraordinaire.

KNOCK: C'est surtout flatteur pour moi.

LA DAME: Vous vous dites peut-être que c'est là un des jolis résultats du gâchis[8] actuel, et que, tandis qu'une quantité de malo-

---

[97]**une moitié... lait** half a cracker, in the morning and in the evening, soaked in a tiny bit of milk [98]**gaillard** in good shape [99]**lourdeur de tête** slight headache [1]**paresse** laziness [2]**soupirer** to sigh [3]**rappeler** to write down [4]**frapper de crainte** to strike with fear [5]**nuance** shade [6]**alpenstock** a stick made of knotty wood [7]**avec emphase** importantly [8]**gâchis** waste

trus et de marchands de cochons roulent carrosse et sablent le champagne[9] avec des actrices, une demoiselle Lempoumas, dont la famille remonte[10] sans interruption jusqu'au XIIIe siècle et a possédé jadis la moitié du pays, et qui a des alliances avec toute
5 la noblesse et la haute bourgeoisie[11] du département, en est réduite à faire la queue,[12] avec les pauvres et pauvresses de Saint-Maurice? Avouez, docteur, qu'on a vu mieux.

KNOCK: (*la fait asseoir*) Hélas oui, madame.

LA DAME: Je ne vous dirai pas que mes revenus soient restés ce
10 qu'ils étaient autrefois, ni que j'aie conservé la maisonnée[13] de six domestiques et l'écurie[14] de quatre chevaux qui étaient de règle[15] dans la famille jusqu'à la mort de mon oncle. J'ai même dû vendre, l'an dernier, un domaine de cent soixante hectares,[16] la Michouille, qui me venait de ma grand-mère maternelle. Ce nom de
15 la Michouille a des origines gréco-latines, à ce que prétend M. le curé.[17] Il dériverait[18] de *mycodium* et voudrait dire: haine du champignon,[19] pour cette raison qu'on n'aurait jamais trouvé un seul champignon dans ce domaine, comme si le sol en avait horreur. Il est vrai qu'avec les impôts[20] et les réparations, il ne me
20 rapportait plus qu'une somme ridicule, d'autant que, depuis la mort de mon mari, les fermiers abusaient[21] volontiers de la situation et sollicitaient à tout bout de champ[22] des réductions ou des délais. J'en avais assez, assez, assez! Ne croyez-vous pas, docteur, que, tout compte fait,[23] j'ai eu raison de me débarrasser[24] de ce
25 domaine?

KNOCK: (*qui n'a cessé d'être parfaitement attentif*) Je le crois, madame, surtout si vous aimez les champignons, et si, d'autre part,[25] vous avez bien placé votre argent.

---

[9]**une quantité... le champagne** a certain amount of boors and hog dealers live in grand style and drink champagne [10]**remonter** to date back [11]**haute bourgeoisie** upper middle class [12]**faire la queue** to wait in line [13]**maisonnée** household [14]**écurie** stable [15]**être de règle** to be customary [16]**hectare** two and a half acres [17]**à ce que prétend... curé** according to what the pastor claims [18]**Il dériverait** It is supposed to derive [19]**champignon** mushroom [20]**impôt** tax [21]**abuser** to take advantage [22]**à tout bout de champ** all the time [23]**tout compte fait** everything considered [24]**se débarrasser** to get rid [25]**d'autre part** on the other hand

LA DAME: Aïe![26] Vous avez touché le vif de la plaie![27] Je me demande jour et nuit si je l'ai bien placé, et j'en doute, j'en doute terriblement. J'ai suivi les conseils de ce gros bêta de notaire,[28] au demeurant[29] le meilleur des hommes. Mais je le crois moins lucide que le guéridon de sa chère femme, qui, comme vous le savez, 5 servit quelque temps de truchement[30] aux esprits. En particulier, j'ai acheté un tas d'actions de charbonnages.[31] Docteur, que pensez-vous des charbonnages?

KNOCK: Ce sont, en général, d'excellentes valeurs, un peu spéculatives peut-être, sujettes,[32] à des hausses inconsidérées[33] suivies 10 de baisses[34] inexplicables.

LA DAME: Ah! mon Dieu! Vous me donnez la chair de poule.[35] J'ai l'impression de les avoir achetées en pleine hausse. Et j'en ai pour plus de cinquante mille francs. D'ailleurs, c'est une folie de mettre une somme pareille dans les charbonnages, quand on n'a 15 pas une grosse fortune.

KNOCK: Il me semble, en effet, qu'un tel placement ne devrait jamais représenter plus du dixième de l'avoir total.[36]

LA DAME: Ah? Pas plus du dixième? Mais s'il ne représente pas plus du dixième, ce n'est pas une folie proprement dite? 20

KNOCK: Nullement.[37]

LA DAME: Vous me rassurez, docteur. J'en avais besoin. Vous ne sauriez croire quels tourments me donne la gestion de mes quatre sous.[38] Je me dis parfois qu'il me faudrait d'autres soucis[39] pour chasser celui-là. Docteur, la nature humaine est une pauvre chose. 25 Il est écrit que nous ne pouvons déloger[40] un tourment qu'à condition d'en installer un autre à la place. Mais au moins trouve-t-on quelque répit[41] à en changer. Je voudrais ne plus penser toute la

---

[26]**Aïe!** Ouch!   [27]**le vif de la plaie** the sore spot   [28]**ce gros bêta de notaire** this idiot of a **notaire** (a **notaire** *handles real estate papers, contracts, wills, etc.*)   [29]**au demeurant** all the same   [30]**truchement** medium   [31]**action de charbonnages** coal [mining] stocks   [32]**sujet** subject   [33]**hausse inconsidérée** inconsistent high   [34]**baisse** low   [35]**donner la chair de poule** to give goose bumps   [36]**avoir total** total assets   [37]**Nullement** In no way   [38]**la gestion de mes quatre sous** the management of my few francs   [39]**souci** worry   [40]**déloger** to drive out   [41]**répit** respite

journée à mes locataires,[42] à mes fermiers et à mes titres.[43] Je ne puis pourtant pas, à mon âge, courir les aventures amoureuses[44] — ah! ah! ah! — ni entreprendre[45] un voyage autour du monde. Mais vous attendez, sans doute, que je vous explique pourquoi
5 j'ai fait queue à votre consultation gratuite?

KNOCK: Quelle que soit votre raison, madame, elle est certainement excellente.

LA DAME: Voilà! J'ai voulu donner l'exemple. Je trouve que vous avez eu là, docteur, une belle et noble inspiration. Mais, je connais
10 mes gens. J'ai pensé: «Ils n'en ont pas l'habitude, ils n'iront pas. Et ce monsieur en sera pour sa générosité.[46]» Et je me suis dit: «S'ils voient qu'une dame Pons, demoiselle Lempoumas, n'hésite pas à inaugurer les consultations gratuites, ils n'auront plus honte de s'y montrer.» Car mes moindres gestes sont observés et com-
15 mentés. C'est bien naturel.

KNOCK: Votre démarche est très louable,[47] madame. Je vous en remercie.

LA DAME: (*se lève, faisant mine de se retirer.*[48]) Je suis enchantée, docteur, d'avoir fait votre connaissance. Je reste chez moi toutes
20 les après-midi. Il vient quelques personnes. Nous faisons salon autour d'une vieille théière Louis XV que j'ai héritée de mon aïeule.[49] Il y aura toujours une tasse[50] de côté pour vous. (*Knock s'incline.*[51] *Elle avance encore vers la porte.*) Vous savez que je suis réellement très, très tourmentée avec mes locataires et mes titres.
25 Je passe des nuits sans dormir. C'est horriblement fatigant. Vous ne connaîtriez pas, docteur, un secret pour faire dormir?

KNOCK: Il y a longtemps que vous souffrez d'insomnie?

LA DAME: Très, très longtemps.

KNOCK: Vous en aviez parlé au docteur Parpalaid?

---

[42]**locataire** tenant [43]**titres** securities [44]**courir les aventures amoureuses** to have romances [45]**entreprendre** to undertake [46]**en sera pour sa générosité** will have been generous in vain [47]**louable** praiseworthy [48]**faisant mine de se retirer** looking as if she were about to leave [49]**Nous faisons... aïeule** We sit around and chat, sipping tea from an antique Louis XV teapot that I inherited from my ancestress [50]**tasse** cup [51]**s'incliner** to bow

LA DAME: Oui, plusieurs fois.

KNOCK: Que vous a-t-il dit?

LA DAME: De lire chaque soir trois pages du Code civil.[52] C'était une plaisanterie. Le docteur n'a jamais pris la chose au sérieux.

KNOCK: Peut-être a-t-il eu tort. Car il y a des cas d'insomnie dont 5
la signification est d'une exceptionnelle gravité.

LA DAME: Vraiment?

KNOCK: L'insomnie peut être due à un trouble essentiel de la circulation intracérébrale, particulièrement à une altération des vaisseaux dite «en tuyau de pipe».[53] Vous avez peut-être, ma- 10
dame, les artères du cerveau[54] en tuyau de pipe.

LA DAME: Ciel! En tuyau de pipe! L'usage du tabac, docteur, y serait-il pour quelque chose? Je prise un peu.[55]

KNOCK: C'est un point qu'il faudrait examiner. L'insomnie peut encore provenir d'une attaque profonde et continue de la sub- 15
stance grise par la névroglie.[56]

LA DAME: Ce doit être affreux. Expliquez-moi cela, docteur.

KNOCK: (*très posément*) Représentez-vous un crabe, ou un poulpe, ou une gigantesque araignée en train de vous grignoter, de vous suçoter et de vous déchiqueter doucement la cervelle.[57] 20

LA DAME: Oh! (*Elle s'effondre[58] dans un fauteuil.*) Il y a de quoi s'évanouir[59] d'horreur. Voilà certainement ce que je dois avoir. Je le sens bien. Je vous en prie, docteur, tuez-moi tout de suite. Une piqûre, une piqûre! Ou plutôt ne m'abandonnez pas. Je me sens glisser au dernier degré de l'épouvante.[60] (*Un silence.*) Ce doit être 25
absolument incurable? et mortel?

---

[52]**Code civil** Civil Law Code [53]**altération... pipe»** deterioration of the vessels described as a "pipe stem" [54]**cerveau** brain [55]**L'usage du tabac... un peu** Could the use of tobacco have anything to do with it? I take snuff now and then [56]**névroglie** neuroglia [57]**Représentez-vous... cervelle** Picture a crab, or an octopus, or a gigantic spider nibbling on your brain, sucking on it, and tearing it slowly apart [58]**s'effondrer** to collapse [59]**s'évanouir** to faint [60]**Je me sens... l'épouvante** I feel I'm falling to the lowest degree of terror

KNOCK: Non.

LA DAME: Il y a un espoir de guérison?[61]

KNOCK: Oui, à la longue.

LA DAME: Ne me trompez pas, docteur. Je veux savoir la vérité.

5 KNOCK: Tout dépend de la régularité et de la durée du traitement.

LA DAME: Mais de quoi peut-on guérir? De la chose en tuyau de pipe, ou de l'araignée? Car je sens bien que, dans mon cas, c'est plutôt l'araignée.

10 KNOCK: On peut guérir de l'un et de l'autre. Je n'oserais[62] peut-être pas donner cet espoir à un malade ordinaire, qui n'aurait ni le temps ni les moyens de se soigner, suivant les méthodes les plus modernes. Avec vous, c'est différent.

LA DAME: (*se lève*) Oh! je serai une malade très docile, docteur,
15 soumise[63] comme un petit chien. Je passerai partout où il le faudra, surtout si ce n'est pas trop douloureux.

KNOCK: Aucunement[64] douloureux, puisque c'est à la radioactivité que l'on fait appel.[65] La seule difficulté, c'est d'avoir la patience de poursuivre bien sagement[66] la cure pendant deux ou
20 trois années, et aussi d'avoir sous la main un médecin qui s'astreigne à une surveillance incessante[67] du processus de guérison, à un calcul minutieux des doses radioactives — et à des visites presque quotidiennes.

LA DAME: Oh! moi, je ne manquerai[68] pas de patience. Mais c'est
25 vous, docteur, qui n'allez pas vouloir vous occuper de moi autant qu'il faudrait.

KNOCK: Vouloir, vouloir! Je ne demanderais pas mieux.[69] Il s'agit de pouvoir. Vous demeurez[70] loin?

---

[61]**guérison** cure [62]**oser** to dare [63]**soumis** obedient [64]**Aucunement** Not at all
[65]**faire appel à** to resort to [66]**bien sagement** quite patiently [67]**que s'astreigne à une surveillance incessante** who endlessly watches over [68]**manquer** to lack
[69]**Je ne demanderais pas mieux** There's nothing I'd like better [70]**demeurer** to live

LA DAME: Mais non, à deux pas.[71] La maison qui est en face du poids public.[72]

KNOCK: J'essayerai de faire un bond[73] tout les matins jusque chez vous. Sauf le dimanche. Et le lundi à cause de ma consultation.

LA DAME: Mais ce ne sera pas trop d'intervalle, deux jours d'af- 5
filée? Je resterai pour ainsi dire sans soins[74] du samedi au mardi?

KNOCK: Je vous laisserai des instructions détaillées. Et puis, quand je trouverai une minute, je passerai le dimanche matin ou le lundi après-midi.

LA DAME: Ah! tant mieux! tant mieux! (*Elle se relève.*) Et qu'est-ce 10
qu'il faut que je fasse tout de suite?

KNOCK: Rentrez chez vous. Gardez la chambre. J'irai vous voir demain matin et je vous examinerai plus à fond.[75]

LA DAME: Je n'ai pas de médicaments à prendre aujourd'hui?

KNOCK: (*debout*) Heu... si. (*Il bâcle*[76] *une ordonnance.*) Passez chez 15
M. Mousquet et priez-le d'exécuter aussitôt cette première petite ordonnance.

Scène VI
KNOCK, LES DEUX GARS DE VILLAGE

KNOCK: (*à la cantonade*) Mais, Mariette, qu'est-ce que c'est que tout ce monde? (*Il regarde sa montre.*) Vous avez bien annoncé que 20
la consultation gratuite cessait à onze heures et demie?

LA VOIX DE MARIETTE: Je l'ai dit. Mais ils veulent rester.

KNOCK: Quelle est la première personne? (*Deux gars s'avancent. Ils se retiennent de rire, se poussent le coude, clignent de l'œil, pouffant soudain. Derrière eux, la foule s'amuse de leur manège et devient assez* 25
bruyante. Knock feint de ne rien remarquer.[77]) Lequel de vous deux?

---

[71]**à deux pas** at a stone's throw [72]**en face du poids public** across from the public weighing station [73]**faire un bond** to pop by [74]**soin** care [75]**à fond** thoroughly [76]**bâcler** to dash off [77]**Ils se retiennent... remarquer** They try not to laugh, elbow each other, wink, then suddenly burst out laughing. Behind them, the crowd enjoys their little game and becomes fairly noisy. Knock pretends not to notice anything

LE PREMIER GARS: (*regard de côté, dissimulation de rire et légère crainte*[78]) Hi! hi! hi! Tous les deux. Hi! hi! hi!

KNOCK: Vous n'allez pas passer ensemble?

LE PREMIER: Si! si! hi! hi! Si! si! (*Rires à la cantonade.*)

5   KNOCK: Je ne puis pas vous recevoir tous les deux à la fois. Choisissez. D'abord, il me semble que je ne vous ai pas vus tantôt.[79] Il y a des gens avant vous.

LE PREMIER: Ils nous ont cédé[80] leur tour. Demandez-leur. Hi! hi! (*Rires et gloussements.*[81])

10   LE SECOND: (*enhardi*[82]) Nous deux, on va toujours ensemble. On fait la paire. Hi! hi! hi! (*Rires à la cantonade.*)

KNOCK: (*il se mord la lèvre*[83] *et du ton le plus froid*) Entrez. (*Il referme la porte. Au premier gars.*) Déshabillez-vous.[84] (*Au second, lui désignant une chaise.*) Vous, asseyez-vous là. (*Ils échangent encore des* 15 *signes, et gloussent, mais en se forçant un peu.*)

LE PREMIER: (*il n'a plus que son pantalon et sa chemise*) Faut-il que je me mette tout nu?[85]

KNOCK: Enlevez[86] encore votre chemise. (*Le gars apparaît en gilet*[87] *de flanelle.*) Ça suffit. (*Knock s'approche, tourne autour de l'homme,* 20 *palpe, percute, ausculte, tire sur la peau,*[88] *retourne les paupières,*[89] *retrousse les lèvres.*[90] *Puis il va prendre un laryngoscope à réflecteur,*[91] *s'en casque*[92] *lentement, en projette soudain la lueur aveuglante sur le visage du gars, au fond de son arrière-gorge,*[93] *sur ses yeux. Quand l'autre est maté,*[94] *il lui désigne la chaise longue.*) Étendez-vous là-dessus. Al- 25 lons. Ramenez les genoux.[95] (*Il palpe le ventre, applique çà et là le*

---

[78]**regard de côté... crainte** looking askance, concealing his laughter, and slightly apprehensive [79]**tantôt** a little while ago [80]**céder** to give up [81]**gloussement** chuckle [82]**enhardi** getting bolder [83]**se mordre la lèvre** to bite one's lip [84]**se déshabiller** to undress [85]**se mettre tout nu** to take off everything [86]**enlever** to take off [87]**gilet** undershirt [88]**peau** skin [89]**retourner les paupières** to turn the eyelids inside out [90]**retrousser** to curl [91]**laryngoscope à réflecteur** mirrored laryngoscope [92]**se casquer** to put on one's head [93]**en projette... arrière-gorge** suddenly projects the blinding light in the boy's face, deep down his throat [94]**maté** subdued [95]**ramener les genoux** to pull up one's knees

stéthoscope.) Allongez le bras.[96] (*Il examine le pouls.*[97] *Il prend la pression artérielle.*) Bien. Rhabillez-vous. (*Silence. L'homme se rhabille.*) Vous avez encore votre père?

LE PREMIER: Non, il est mort.

KNOCK: De mort subite?

LE PREMIER: Oui.

KNOCK: C'est ca. Il ne devait pas être vieux?

LE PREMIER: Non, quarante-neuf ans.

KNOCK: Si vieux que ça! (*Long silence. Les deux gars n'ont pas la moindre envie de rire. Puis Knock va fouiller*[98] *dans un coin de la pièce*[99] *contre un meuble,*[1] *et rapporte de grands cartons*[2] *illustrés qui représentent les principaux organes chez l'alcoolique avancé,*[3] *et chez l'homme normal. Au premier gars avec courtoisie.*) Je vais vous montrer dans quel état sont vos principaux organes. Voilà les reins[4] d'un homme ordinaire. Voici les vôtres. (*Avec des pauses.*) Voici votre foie.[5] Voici votre cœur. Mais chez vous, le cœur est déjà plus abîmé.[6] qu'on ne l'a représenté là-dessus. (*Puis Knock va tranquillement remettre les tableaux à leur place.*)

LE PREMIER: (*très timidement*) Il faudrait peut-être que je cesse de boire?

KNOCK: Vous ferez comme vous voudrez. (*Un silence.*)

LE PREMIER: Est-ce qu'il y a des remèdes à prendre?

KNOCK: Ce n'est guère la peine. (*Au second.*) À vous, maintenant.

LE PREMIER: Si vous voulez, monsieur le docteur, je reviendrai à une consultation payante?

KNOCK: C'est tout à fait inutile.

LE SECOND: (*très piteux*) Je n'ai rien, moi, monsieur le docteur.

KNOCK: Qu'est-ce que vous en savez?

---

[96]**allonger le bras** to stretch out one's arm [97]**pouls** pulse [98]**fouiller** to rummage [99]**pièce** room [1]**meuble** piece of furniture [2]**carton** chart [3]**avancé** at an advanced stage [4]**rein** kidney [5]**foie** liver [6]**abîmé** damaged

LE SECOND: (*il recule en tremblant*) Je me porte bien, monsieur le docteur.

KNOCK: Alors pourquoi êtes-vous venu?

LE SECOND: (*même jeu*) Pour accompagner mon camarade.

5 KNOCK: Il n'était pas assez grand pour venir tout seul? Allons! déshabillez-vous.

LE SECOND: (*il va vers la porte*) Non, non, monsieur le docteur, pas aujourd'hui. Je reviendrai, monsieur le docteur.

Silence. Knock ouvre la porte. On entend le brouhaha[7] des gens qui rient
10 *d'avance. Knock laisse passer les deux gars qui sortent avec des mines*
diversement hagardes et terrifiées, et traversent la foule soudain silenci-
euse comme à un enterrement.[8]

RIDEAU

ACTE III

La grande salle[9] de l'Hôtel de la Clef. On y doit sentir l'hôtel de chef-lieu
de canton en train de tourner au Médical-Hôtel. Les calendriers de li-
15 *quoristes[10] y subsistent. Mais les nickels, les ripolins et linges blancs de*
l'asepsie[11] moderne y apparaissent.

Scène I
MADAME RÉMY, SCIPION

MADAME RÉMY: Scipion, la voiture est arrivée?

SCIPION: Oui, madame.

20 MADAME RÉMY: On disait que la route était coupée par la neige.

---

[7]**brouhaha** uproar [8]**avec des mines... enterrement** their faces diversely drawn
and terrified, and make their way through the crowd which becomes
suddenly silent as at a funeral [9]**grande salle** lobby [10]**liquoriste** wine and spirit
dealer [11]**Mais les nickels... moderne** But the nickel, enamel, and white linens
of modern antiseptic methods

SCIPION: Peuh! Quinze minutes de retard.

MADAME RÉMY: À qui sont ces bagages?

SCIPION: À une dame de Livron, qui vient consulter.

MADAME RÉMY: Mais nous ne l'attendions que pour ce soir.

SCIPION: Erreur. La dame de ce soir vient de Saint-Marcellin. 5

MADAME RÉMY: Et cette valise?

SCIPION: À Ravachol.

MADAME RÉMY: Comment! M. Parpalaid est ici?

SCIPION: À cinquante mètres derrière moi.

MADAME RÉMY: Qu'est-ce qu'il vient faire? Pas reprendre sa place, 10
bien sûr?

SCIPION: Consulter, probablement.

MADAME RÉMY: Mais il n'y a que le 9 et le 14 de disponibles. Je
garde le 9 pour la dame de Saint-Marcellin. Je mets la dame de
Livron au 14. Pourquoi n'avez-vous pas dit à Ravachol qu'il ne 15
restait rien?

SCIPION: Il restait le 14. Je n'avais pas d'instructions pour choisir
entre la dame de Livron et Ravachol.

MADAME RÉMY: Je suis très ennuyée.[12]

SCIPION: Vous tâcherez de vous débrouiller. Moi, il faut que je 20
m'occupe de mes malades.

MADAME RÉMY: Pas du tout, Scipion. Attendez M. Parpalaid et
expliquez-lui qu'il n'y a plus de chambres. Je ne puis pas lui dire
ça moi-même.

SCIPION: Désolé,[13] patronne. J'ai juste le temps de passer ma 25
blouse. Le docteur Knock sera là dans quelques instants. J'ai à
recueillir les urines du 5 et du 8, les crachats[14] du 2, la tempéra-

---

[12]**Je suis très ennuyée** I really don't know what to do [13]**Désolé** Sorry [14]**crachat**
spit, sputum

ture du 1, du 3, du 4, du 12, du 17, du 18, et le reste. Je n'ai pas envie de me faire engueuler![15]

MADAME RÉMY: Vous ne montez même pas les bagages de cette dame?

5 SCIPION: Et la bonne? Elle enfile des perles?[16] (*Scipion quitte la scène. Mme Rémy, en voyant apparaître Parpalaid, fait de même.*[17])

Scène II
PARPALAID, seul, puis LA BONNE

LE DOCTEUR PARPALAID: Hum!... Il n'y a personne?... Madame Rémy!... Scipion!... C'est curieux... Voilà toujours ma valise.
10 Scipion!...

LA BONNE: (*en tenue d'infirmière*) Monsieur? Vous demandez?

LE DOCTEUR: Je voudrais bien voir la patronne.

LA BONNE: Pourquoi, monsieur?

LE DOCTEUR: Pour qu'elle m'indique ma chambre.

15 LA BONNE: Je ne sais pas, moi. Vous êtes un des malades annoncés?

LE DOCTEUR: Je ne suis pas un malade, mademoiselle, je suis un médecin.

LA BONNE: Ah! vous venez assister le docteur! Le fait est qu'il en
20 aurait besoin.

LE DOCTEUR: Mais, mademoiselle, vous ne me connaissez pas?

LA BONNE: Non, pas du tout.

LE DOCTEUR: Le docteur Parpalaid... Il y a trois mois encore, j'étais médecin de Saint-Maurice... Sans doute n'êtes-vous pas
25 du pays?[18]

LA BONNE: Si, si. Mais je ne savais pas qu'il y avait eu un médecin

---

[15]**se faire engueuler** to get yelled at   [16]**Et la bonne... perles?** And the maid? Is she stringing pearls?   [17]**faire de même** to do the same   [18]**du pays** from here

ici avant le docteur Knock. (*Silence.*) Vous m'excuserez, monsieur. La patronne va sûrement venir. Il faut que je termine la stérilisation de mes taies d'oreiller.[19]

LE DOCTEUR: Cet hôtel a pris une physionomie singulière.[20]

Scène III

PARPALAID, puis MADAME RÉMY   5

MADAME RÉMY: (*glissant un œil*[21]) Il est encore là! (*Elle se décide.*) Bonjour, monsieur Parpalaid. Vous ne venez pas pour loger, au moins?

LE DOCTEUR: Mais si... Comment allez-vous, madame Rémy?

MADAME RÉMY: Nous voilà bien![22] Je n'ai plus de chambres.   10

LE DOCTEUR: C'est donc jour de foire,[23] aujourd'hui?

MADAME RÉMY: Non, jour ordinaire.

LE DOCTEUR: Et toutes vos chambres sont occupées, un jour ordinaire? Qu'est-ce que c'est que tout ce monde-là?

MADAME RÉMY: Des malades.   15

LE DOCTEUR: Des malades?

MADAME RÉMY: Oui, des gens qui suivent un traitement.

LE DOCTEUR: Et pourquoi logent-ils chez vous?

MADAME RÉMY: Parce qu'il n'y a pas d'autre hôtel à Saint-Maurice. D'ailleurs, ils ne sont pas si à plaindre que cela, chez nous, en 20 attendant notre nouvelle installation. Ils reçoivent tous les soins sur place.[24] Et toutes les règles de l'hygiène moderne sont observées.

LE DOCTEUR: Mais d'où sortent-ils?

MADAME RÉMY: Les malades? Depuis quelque temps, il en vient 25 d'un peu partout. Au début, c'étaient des gens de passage.[25]

---

[19]**taie d'oreiller** pillow case   [20]**Cet hôtel... singulière** This hotel looks quite peculiar now   [21]**glisser un œil** to peep   [22]**Nous voilà bien** We're doing great!   [23]**foire** market   [24]**sur place** on the premises   [25]**gens de passage** people passing through

LE DOCTEUR: Je ne comprends pas.

MADAME RÉMY: Oui, des voyageurs qui se trouvaient à Saint-Maurice pour leurs affaires. Ils entendaient parler du docteur Knock, dans le pays, et à tout hasard[26] ils allaient le consulter.

5 Évidemment, sans bien se rendre compte de leur état, ils avaient le pressentiment[27] de quelque chose. Mais si leur bonne chance ne les avait pas conduits à Saint-Maurice, plus d'un serait mort à l'heure qu'il est.

LE DOCTEUR: Et pourquoi seraient-ils morts?

10 MADAME RÉMY: Comme ils ne se doutaient de rien, ils auraient continué à boire, à manger, à faire cent autres imprudences.

LE DOCTEUR: Et tous ces gens-là sont restés ici?

MADAME RÉMY: Oui, en revenant de chez le docteur Knock, ils se dépêchaient de se mettre au lit, et ils commençaient à suivre le

15 traitement. Aujourd'hui, ce n'est déjà plus pareil. Les personnes que nous recevons ont entrepris le voyage exprès.[28] L'ennui,[29] c'est que nous manquons de place. Nous allons faire construire.

LE DOCTEUR: C'est extraordinaire.

MADAME RÉMY: (*après réflexion*) En effet, cela doit vous sembler

20 extraordinaire à vous. S'il fallait que vous meniez la vie du docteur Knock, je crois que vous crieriez grâce.[30]

LE DOCTEUR: Hé! quelle vie mène-t-il donc?

MADAME RÉMY: Une vie de forçat.[31] Dès qu'il est levé, c'est pour courir à ses visites. À dix heures, il passe à l'hôtel. Vous le verrez

25 dans cinq minutes. Puis les consultations chez lui. Et les visites, de nouveau, jusqu'au bout du canton. Je sais bien qu'il a son automobile, une belle voiture neuve qu'il conduit à fond de train.[32] Mais je suis sûre qu'il lui arrive plus d'une fois de déjeuner d'un sandwich.

30 LE DOCTEUR: C'est exactement mon cas à Lyon.

---

[26]**à tout hasard** just in case   [27]**ils avaient le pressentiment** they vaguely sensed
[28]**exprès** on purpose   [29]**ennui** problem   [30]**crier grâce** to beg for mercy
[31]**une vie de forçat** a life of drudgery   [32]**à fond de train** at top speed

MADAME RÉMY: Ah?... Ici pourtant, vous aviez su vous faire une petite vie tranquille. (*Gaillarde.*[33]) Vous vous rappelez vos parties de billard dans l'estaminet?

LE DOCTEUR: Il faut croire que de mon temps les gens se portaient mieux.   5

MADAME RÉMY: Ne dites pas cela, monsieur Parpalaid. Les gens n'avaient pas l'idée de se soigner, c'est tout différent. Il y en a qui s'imaginent que dans nos campagnes[34] nous sommes encore des sauvages, que nous n'avons aucun souci de notre personne, que nous attendons que notre heure soit venue de crever[35] comme les   10
animaux, et que les remèdes, les régimes,[36] les appareils et tous les progrès, c'est pour les grandes villes. Erreur, monsieur Parpalaid. Nous nous apprécions autant que quiconque,[37] et bien qu'on n'aime pas à gaspiller[38] son argent, on n'hésite pas à se payer le nécessaire. Vous, monsieur Parpalaid, vous en êtes au paysan   15
d'autrefois, qui coupait les sous en quatre,[39] et qui aurait mieux aimé perdre un œil et une jambe que d'acheter trois francs de médicaments. Les choses ont changé, Dieu merci.

LE DOCTEUR: Enfin, si les gens en ont assez d'être bien portants, et s'ils veulent s'offrir le luxe d'être malades, ils auraient tort de   20
se gêner. C'est d'ailleurs tout bénéfice pour le médecin.[40]

MADAME RÉMY: (*très animée*) En tout cas, personne ne vous laissera dire que le docteur Knock est intéressé. C'est lui qui a créé les consultations gratuites, que nous n'avions jamais connues ici. Pour les visites, il fait payer les personnes qui en ont les moyens[41]   25
— avouez qu'autrement ce serait malheureux! — mais il n'accepte rien des indigents. On le voit traverser tout le canton, dépenser dix francs d'essence et s'arrêter avec sa belle voiture devant la cahute[42] d'une pauvre vieille qui n'a même pas un fromage de chèvre à lui donner. Et il ne faut pas insinuer non plus qu'il   30
découvre des maladies aux gens qui n'en ont pas. Moi, la pre-

---

[33]**Gaillard** Boldly   [34]**dans nos campagnes** in our rural area   [35]**crever** to croak
[36]**régime** diet   [37]**autant que quiconque** as much as anybody else   [38]**gaspiller**
to waste   [39]**qui coupait les sous en quatre** who was a tight wad
[40]**ils auraient... médecin** they would be wrong to deprive themselves. Besides
it's all to the benefit of the physician.   [41]**qui en ont les moyens** who can
afford to   [42]**cahute** shack

mière, je me suis peut-être fait examiner dix fois depuis qu'il vient quotidiennement à l'hôtel. Chaque fois il s'y est prêté[43] avec la même patience, m'auscultant des pieds à la tête, avec tous ses instruments, et y perdant un bon quart d'heure. Il m'a toujours
5 dit que je n'avais rien, que je ne devais pas me tourmenter, que je n'avais qu'à bien manger et à bien boire. Et pas question de lui faire accepter un centime. La même chose pour M. Bernard, l'instituteur, qui s'était mis dans la tête qu'il était porteur de germes et qui n'en vivait plus.[44] Pour le rassurer, le docteur Knock
10 a été jusqu'à lui analyser trois fois ses excréments. D'ailleurs voici M. Mousquet qui vient faire une prise de sang[45] au 15 avec le docteur. Vous pourrez causer ensemble. (*Après un temps de réflexion.*) Et puis, donnez-moi tout de même votre valise. Je vais essayer de vous trouver un coin.

Scène IV
15 *PARPALAID, MOUSQUET*

MOUSQUET: (*dont la tenue est devenue fashionable*) Le docteur n'est pas encore là? Ah? le docteur Parpalaid! Un revenant, ma foi.[46] Il y a si longtemps que vous nous avez quittés.

LE DOCTEUR: Si longtemps? Mais non, trois mois.

20 MOUSQUET: C'est vrai! Trois mois! Cela me semble prodigieux. (*Protecteur.*) Et vous êtes content à Lyon?

LE DOCTEUR: Très content.

MOUSQUET: Ah! tant mieux, tant mieux. Vous aviez peut-être là-bas une clientèle toute faite?

25 LE DOCTEUR: Heu... Je l'ai déjà accrue d'un tiers[47]... La santé de Mme Mousquet est bonne?

MOUSQUET: Bien meilleure.

---

[43]**il s'y est prêté** he went about it [44]**qui s'était mis... plus** who somehow got it into his head that he was a germ carrier and led a miserable life because of it [45]**faire une prise de sang** to take a blood sample [46]**Un revenant, ma foi** A ghost, to be sure (*a trite pun on the two meanings of* **revenant**) [47]**accrue d'un tiers** increased it by a third

LE DOCTEUR: Aurait-elle été souffrante?

MOUSQUET: Vous ne vous rappelez pas, ces migraines dont elle se plaignait souvent? D'ailleurs vous n'y aviez pas attaché d'importance. Le docteur Knock a diagnostiqué aussitôt une insuffisance des sécrétions ovariennes, et prescrit un traitement opothéra- 5 pique qui a fait merveille.[48]

LE DOCTEUR: Ah! Elle ne souffre plus?

MOUSQUET: De ses anciennes migraines, plus du tout. Les lourdeurs de tête qu'il lui arrive encore d'éprouver proviennent uniquement du surmenage[49] et n'ont rien que de naturel. Car 10 nous sommes terriblement surmenés. Je vais prendre un élève. Vous n'avez personne de sérieux à me recommander?

LE DOCTEUR: Non, mais j'y penserai.

MOUSQUET: Ah! ce n'est plus la petite existence calme d'autrefois. Si je vous disais que, même en me couchant à onze heures et 15 demie du soir, je n'ai pas toujours terminé l'exécution de mes ordonnances.

LE DOCTEUR: Bref, le Pérou.[50]

MOUSQUET: Oh! il est certain que j'ai quintuplé mon chiffre d'affaires,[51] et je suis loin de le déplorer. Mais il y a d'autres satisfac- 20 tions que celle-là. Moi, mon cher docteur Parpalaid, j'aime mon métier; et j'aime à me sentir utile. Je trouve plus de plaisir à tirer le collier qu'à ronger mon frein.[52] Simple question de tempérament. Mais voici le docteur.

Scène V
LES MÊMES, KNOCK   25

KNOCK: Messieurs. Bonjour, docteur Parpalaid. Je pensais à vous. Vous avez fait bon voyage?

---

[48]**prescrit... merveille** prescribed an opotherapic treatment that worked wonders   [49]**surmenage** overwork   [50]**Bref, le Pérou** In a word, a gold mine   [51]**j'ai quintuplé mon chiffre d'affaires** I increased my sales figures five times   [52]**plus de plaisir... frein** more pleasure in running at a gallop than in waiting at the starter's gate

LE DOCTEUR: Excellent.

KNOCK: Vous êtes venu avec votre auto?

LE DOCTEUR: Non. Par le train.

KNOCK: Ah bon! Il s'agit de l'échéance, n'est-ce pas?

5 LE DOCTEUR: C'est-à-dire que je profiterai de l'occasion...

MOUSQUET: Je vous laisse, messieurs. (*À Knock.*) Je monte au 15.

Scène VI
LES MÊMES, moins MOUSQUET

LE DOCTEUR: Vous ne m'accusez plus maintenant de vous avoir «roulé»?

10 KNOCK: L'intention y était bien, mon cher confrère.

LE DOCTEUR: Vous ne nierez pas que je vous ai cédé le poste, et le poste valait quelque chose.

KNOCK: Oh! vous auriez pu rester. Nous nous serions à peine gênés l'un l'autre.[53] M. Mousquet vous a parlé de nos premiers
15 résultats?

LE DOCTEUR: On m'en a parlé.

KNOCK: (*fouillant dans son portefeuille*) À titre tout à fait confidentiel, je puis vous communiquer quelques-uns de mes graphiques.[54] Vous les rattacherez sans peine à notre conversation
20 d'il y a trois mois. Les consultations d'abord. Cette courbe exprime les chiffres hebdomadaires.[55] Nous partons de votre chiffre à vous, que j'ignorais, mais que j'ai fixé approximativement à 5.

LE DOCTEUR: Cinq consultations par semaine? Dites le double hardiment, mon cher confrère.

25 KNOCK: Soit. Voici mes chiffres à moi. Bien entendu, je ne compte pas les consultations gratuites du lundi. Mi-octobre: 37. Fin octobre: 90. Fin novembre: 128. Fin décembre: je n'ai pas

---

[53]**se gêner l'un l'autre** to be in each other's way [54]**À titre... graphiques** Quite confidentially I can show you some of my graphs [55]**hebdomadaire** weekly

encore fait le relevé,[56] mais nous dépassons 150. D'ailleurs, faute de temps,[57] je dois désormais sacrifier la courbe des consultations à celle des traitements. Par elle-même la consultation ne m'intéresse qu'à demi: c'est un art un peu rudimentaire, une sorte de pêche au filet.[58] Mais le traitement c'est de la pisciculture.[59]   5

LE DOCTEUR: Pardonnez-moi, mon cher confrère: vos chiffres sont rigoureusement exacts?

KNOCK: Rigoureusement.

LE DOCTEUR: En une semaine, il a pu se trouver, dans le canton de Saint-Maurice, cent cinquante personnes qui se soient dé-   10
rangées de chez elles pour venir faire queue, en payant, à la porte du médecin? On ne les y a pas amenées de force, ni par une contrainte quelconque?[60]

KNOCK: Il n'y a fallu ni les gendarmes, ni la troupe.[61]

LE DOCTEUR: C'est inexplicable.   15

KNOCK: Passons à la courbe des traitements. Début d'octobre, c'est la situation que vous me laissiez; malades en traitement régulier à domicile: 0, n'est-ce pas? (*Parpalaid esquisse une protestation molle.*[62]) Fin octobre: 32. Fin novembre: 121. Fin décembre... notre chiffre se tiendra entre 245 et 250.   20

LE DOCTEUR: J'ai l'impression que vous abusez de ma crédulité.

KNOCK: Moi, je ne trouve pas cela énorme. N'oubliez pas que le canton comprend 2 853 foyers,[63] et là-dessus[64] 1 502 revenus réels qui dépassent 12 000 francs.

LE DOCTEUR: Quelle est cette histoire de revenus?   25

KNOCK: (*il se dirige vers le lavabo*) Vous ne pouvez tout de même pas imposer la charge d'un malade en permanence à[65] une famille

---

[56]**faire le relevé** to do the accounts [57]**faute de temps** for lack of time [58]**pêche au filet** fishing with a net [59]**pisciculture** fish farming [60]**il a pu... quelconque?** a hundred and fifty people were found in the canton of Saint-Maurice who took the trouble to come and wait in line, for a fee, at the doctor's door? They were not brought there by force, or under coercion of any kind?
[61]**troupe** military [62]**esquisse... molle** feebly attempts to protest [63]**foyer** home [64]**là-dessus** of them [65]**imposer la charge d'un malade en permanence à** to impose a fee for regular treatment upon

dont le revenu n'atteint pas douze mille francs. Ce serait abusif.[66]
Et pour les autres non plus, l'on ne saurait prévoir un régime
uniforme.[67] J'ai quatre échelons[68] de traitements. Le plus modeste, pour les revenus de douze à vingt mille, ne comporte
5 qu'une visite par semaine, et cinquante francs environ de frais
pharmaceutiques par mois. Au sommet, le traitement de luxe,
pour revenus supérieurs à cinquante mille francs, entraîne[69] un
minimum de quatre visites par semaine, et de trois cents francs
par mois de frais divers:[70] rayons X, radium, massages électriques,
10 analyses, médication courante,[71] etc...

LE DOCTEUR: Mais comment connaissez-vous les revenus de vos
clients?

KNOCK: (*il commence un lavage de mains minutieux*) Pas par les
agents du fisc, croyez-le. Et tant mieux pour moi. Alors que je
15 dénombre[72] 1 502 revenus supérieurs à 12 000 francs, le contrô-
leur de l'impôt en compte 17. Le plus gros revenu de sa liste
est de 20 000. Le plus gros de la mienne, de 120 000. Nous ne
concordons[73] jamais. Il faut réfléchir que lui travaille pour l'État.

LE DOCTEUR: Vos informations à vous, d'où viennent-elles?

20 KNOCK: (*souriant*) De bien des sources. C'est un très gros travail.
Presque tout mon mois d'octobre y a passé.[74] Et je révise constamment. Regardez ceci: c'est joli, n'est-ce pas?

LE DOCTEUR: On dirait[75] une carte du canton. Mais que signifient
tous ces points rouges?

25 KNOCK: C'est la carte de la pénétration médicale. Chaque point
rouge indique l'emplacement[76] d'un malade régulier. Il y a un
mois vous auriez vu ici une énorme tache grise: la tache de Cha-
brières.

LE DOCTEUR: Plaît-il?

30 KNOCK: Oui, du nom du hameau[77] qui en formait le centre. Mon

---

[66]**abusif** improper [67]**Et pour les autres... uniforme** And neither for the others
can a uniform treatment be envisaged [68]**échelon** level [69]**entraîner** to involve
[70]**frais divers** various expenses [71]**courant** common [72]**Alors que je dénombre**
Where I find [73]**concorder** to agree [74]**y a passé** was spent on it [75]**On dirait** It
looks like [76]**emplacement** presence [77]**hameau** hamlet

effort des dernières semaines a porté principalement là-dessus.[78]
Aujourd'hui, la tache n'a pas disparu, mais elle est morcelée.[79]
N'est-ce pas? On la remarque à peine.

(Silence.)

LE DOCTEUR: Même si je voulais vous cacher mon ahurissement,[80] mon cher confrère, je n'y parviendrais pas. Je ne puis guère douter de vos résultats: ils me sont confirmés de plusieurs côtés. Vous êtes un homme étonnant. D'autres que moi se retien-draient[81] peut-être de vous le dire: ils le penseraient. Ou alors, ils ne seraient pas des médecins. Mais me permettez-vous de me poser une question tout haut?

KNOCK: Je vous en prie.

LE DOCTEUR: Si je possédais votre méthode... si je l'avais bien en main comme vous... s'il ne me restait qu'à la pratiquer...

KNOCK: Oui.

LE DOCTEUR: Est-ce que je n'éprouverais pas un scrupule?[82] *(Silence.)* Répondez-moi.

KNOCK: Mais c'est à vous de répondre, il me semble.

LE DOCTEUR: Remarquez que je ne tranche[83] rien. Je soulève un point excessivement délicat.[84] *(Silence.)*

KNOCK: Je voudrais vous comprendre mieux.

LE DOCTEUR: Vous allez dire que je donne dans le rigorisme, que je coupe les cheveux en quatre.[85] Mais, est-ce que, dans votre méthode, l'intérêt du malade n'est pas un peu subordonné à l'in-térêt du médecin?

KNOCK: Docteur Parpalaid, vous oubliez qu'il y a un intérêt su-périeur à ces deux-là.

---

[78]**a porté principalement là-dessus** was concentrated there [79]**morcelé** broken up [80]**ahurissement** bewilderment [81]**se retenir** to refrain [82]**éprouver un scrupule** to feel a twinge [83]**trancher** to decide [84]**Remarquez... délicat** You see that I'm not deciding anything. I'm raising an extremely delicate point [85]**je donne... en quatre** I'm becoming puritanical, that I'm splitting hairs

LE DOCTEUR: Lequel?

KNOCK: Celui de la médecine. C'est le seul dont je me préoccupe. (*Silence. Parpalaid médite.*)

LE DOCTEUR: Oui, oui, oui.

5   (*À partir de ce moment et jusqu'à la fin de la pièce, l'éclairage de la scène prend peu à peu les caractères de la Lumière Médicale, qui, comme on le sait, est plus riche en rayons verts et violets que la simple Lumière Terrestre*[86]...)

KNOCK: Vous me donnez un canton peuplé de quelques milliers
10 d'individus neutres, indéterminés. Mon rôle, c'est de les déter- miner, de les amener à l'existence médicale. Je les mets au lit, et je regarde ce qui va pouvoir en sortir: un tuberculeux, un névropathe, un artério-scléreux, ce qu'on voudra, mais quelqu'un, bon Dieu! quelqu'un! Rien ne m'agace comme cet être ni chair ni
15 poisson que vous appelez un homme bien portant.[87]

LE DOCTEUR: Vous ne pouvez cependant pas mettre tout un can- ton au lit!

KNOCK: (*tandis qu'il s'essuie les mains*) Cela se discuterait. Car j'ai connu, moi, cinq personnes de la même famille, malades toutes
20 à la fois,[88] au lit toutes à la fois, et qui se débrouillaient fort bien. Votre objection me fait penser à ces fameux économistes qui pré- tendaient qu'une grande guerre moderne ne pourrait pas durer plus de six semaines. La vérité, c'est que nous manquons tous d'audace,[89] que personne, pas même moi, n'osera aller jusqu'au
25 bout et mettre toute une population au lit, pour voir, pour voir! Mais soit! Je vous accorderai[90] qu'il faut des gens bien portants, ne serait-ce[91] que pour soigner les autres, ou former, à l'arrière[92] des malades en activité, une espèce de réserve. Ce que je n'aime

---

[86]**l'éclairage... Terrestre** the stage lighting takes on the character of Medical Light, in which, as we know, more green and purple rays prevail than in simple Earth Light   [87]**de les amener... bien portant** to introduce them to medical science. I put them to bed and I watch what will come out of it: be it a patient with tuberculosis, neurosis, arteriosclerosis, or what have you, but someone for Christ's sake! Nothing irritates me more than this being, neither fish nor fowl, that you call a healthy man   [88]**à la fois** at the same time [89]**audace** boldness   [90]**accorder** to grant   [91]**ne serait-ce** if only   [92]**arrière** rear

pas, c'est que le santé prenne des airs de provocation, car alors vous avouerez que c'est excessif. Nous fermons les yeux sur un certain nombre de cas, nous laissons à un certain nombre de gens leur masque de prospérité. Mais s'ils viennent ensuite se pavaner devant nous et nous faire la nique, je me fâche.[93] C'est arrivé ici 5 pour M. Raffalens.

LE DOCTEUR: Ah! le colosse? Celui qui se vante de porter sa belle-mère à bras tendu?[94]

KNOCK: Oui. Il m'a défié près de trois mois... Mais ça y est.[95]

LE DOCTEUR: Quoi? 10

KNOCK: Il est au lit. Ses vantardises[96] commençaient à affaiblir[97] l'esprit médical de la population.

LE DOCTEUR: Il subsiste pourtant une sérieuse difficulté.

KNOCK: Laquelle?

LE DOCTEUR: Vous ne pensez qu'à la médecine... Mais le reste? 15 Ne craignez-vous pas qu'en généralisant l'application de vos méthodes, on n'amène un certain ralentissement[98] des autres activités sociales dont plusieurs sont, malgré tout, intéressantes?

KNOCK: Ça ne me regarde pas.[99] Moi, je fais de la médecine.

LE DOCTEUR: Il est vrai que lorsqu'il construit sa ligne de chemin 20 de fer, l'ingénieur ne se demande pas ce qu'en pense le médecin de campagne.

KNOCK: Parbleu![1] (*Il remonte vers le fond de la scène*[2] *et s'approche d'une fenêtre.*) Regardez un peu ici, docteur Parpalaid. Vous connaissez la vue qu'on a de cette fenêtre. Entre deux parties de 25 billard, jadis, vous n'avez pu manquer d'y prendre garde.[3] Tout

---

[93]**n'ils viennent... fâche** if they come and strut before us, looking down their noses at us, I get angry [94]**se vante... tendu** boasts he can carry his mother-in-law with one extended arm [95]**ça y est** I have him now [96]**vantardise** bragging [97]**affaiblir** to weaken [98]**ralentissement** slowing down [99]**Ça ne me regarde pas** That does not concern me [1]**Parbleu!** Of course not! [2]**remonte vers le fond de la scène** walks to the back of the stage [3]**vous n'avez pu... garde** you could not have helped noticing it

là-bas, le mont Aligre marque les bornes[4] du canton. Les villages
de Mesclat et de Trébures s'aperçoivent à gauche; et si, de ce
côté, les maisons de Saint-Maurice ne faisaient pas une espèce de
renflement,[5] c'est tous les hameaux de la vallée que nous aurions
5 en enfilade.[6] Mais vous n'avez dû saisir[7] là que ces beautés naturelles, dont vous êtes friand.[8] C'est un paysage rude,[9] à peine
humain, que vous contempliez. Aujourd'hui, je vous le donne
tout imprégné de médecine, animé et parcouru par le feu souterrain de notre art.[10] La première fois que je me suis planté ici,
10 au lendemain de mon arrivée, je n'étais pas trop fier, je sentais
que ma présence ne pesait pas lourd.[11] Ce vaste terroir se passait
insolemment de moi et de mes pareils.[12] Mais maintenant, j'ai
autant d'aise à me trouver ici qu'à son clavier l'organiste des
grandes orgues.[13] Dans deux cent cinquante de ces maisons —
15 il s'en faut que nous les voyions toutes à cause de l'éloignement
et des feuillages[14] — il y a deux cent cinquante chambres où
quelqu'un confesse la médecine, deux cent cinquante lits où un
corps étendu témoigne[15] que la vie a un sens, et grâce à moi un
sens médical. La nuit, c'est encore plus beau, car il y a les lumières.
20 Et presque toutes les lumières sont à moi. Les non-malades dorment dans les ténèbres.[16] Ils sont supprimés.[17] Mais les malades
ont gardé leur veilleuse[18] ou leur lampe. Tout ce qui reste en
marge[19] de la médecine, la nuit m'en débarrasse, m'en dérobe
l'agacement et le défi.[20] Le canton fait place à une sorte de firma-
25 ment dont je suis le créateur continuel. Et je ne vous parle pas
des cloches.[21] Songez que, pour tout ce monde, leur premier office[22] est de rappeler mes prescriptions; qu'elles sont la voix de
mes ordonnances. Songez que, dans quelques instants, il va sonner dix heures, que pour tous mes malades, dix heures, c'est la

---

[4]**borne** limit [5]**ne faisaient... renflement** did not rise up [6]**en enfilade** in a row
[7]**saisir** to perceive [8]**être friand** to be fond [9]**rude** rugged [10]**je vous le donne...
art** I'm giving it to you all indoctrinated with medicine, alive and glowing
with the underground fire of our art [11]**peser lourd** to be worth a lot [12]**mes
pareils** my peers [13]**j'ai autant... orgues** I'm as happy here as the organist at the
keyboard of his big organ [14]**il s'en faut... feuillages** we can't see them all
because of the distance and the foliage [15]**un corps étendu témoigne** a
stretched-out body bears witness [16]**ténèbres** darkness [17]**supprimé** cut out
[18]**veilleuse** night light [19]**rester en marge** to remain outside [20]**m'en débarrase...
défi** frees me of it, takes away from me its irritation and defiance [21]**cloche**
bell [22]**office** duty

deuxième prise de température rectale, et que, dans quelques instants, deux cent cinquante thermomètres vont pénétrer à la fois...

LE DOCTEUR: (*lui saisissant le bras avec émotion*) Mon cher confrère, j'ai quelque chose à vous proposer.   5

KNOCK: Quoi?

LE DOCTEUR: Un homme comme vous n'est pas à sa place dans un chef-lieu de canton. Il vous faut une grande ville.

KNOCK: Je l'aurai, tôt ou tard.

LE DOCTEUR: Attention! Vous êtes juste à l'apogée[23] de vos forces. 10
Dans quelques années, elles déclineront déjà. Croyez-en mon expérience.

KNOCK: Alors?

LE DOCTEUR: Alors, vous ne devriez pas attendre.

KNOCK: Vous avez une situation à m'indiquer?   15

LE DOCTEUR: La mienne. Je vous la donne. Je ne puis pas mieux vous prouver mon admiration.

KNOCK: Oui... Et vous, qu'est-ce que vous deviendriez?

LE DOCTEUR: Moi? Je me contenterais de nouveau de Saint-Maurice.   20

KNOCK: Oui.

LE DOCTEUR: Et je vais plus loin. Les quelques milliers de francs que vous me devez, je vous en fais cadeau.[24]

KNOCK: Oui... Au fond,[25] vous n'êtes pas si bête qu'on veut bien le dire.   25

LE DOCTEUR: Comment cela?

KNOCK: Vous produisez peu, mais vous savez acheter et vendre. Ce sont les qualités du commerçant.

LE DOCTEUR: Je vous assure que...

---

[23]**apogée** height [24]**faire cadeau** to make a gift [25]**Au fond** Basically

KNOCK: Vous êtes même, en l'espèce,[26] assez bon psychologue. Vous devinez que je ne tiens plus à[27] l'argent dès l'instant que j'en gagne beaucoup; et que la pénétration médicale d'un ou deux quartiers[28] de Lyon m'aurait vite fait oublier mes graphiques de
5 Saint-Maurice. Oh! je n'ai pas l'intention de vieillir[29] ici. Mais de là à me jeter sur la première occasion venue![30]

Scène VII
LES MÊMES, MOUSQUET (Mousquet traverse discrètement la salle pour gagner la rue. Knock l'arrête.)

KNOCK: Approchez-vous, cher ami. Savez-vous ce que me pro-
10 pose le docteur Parpalaid?... Un échange de postes. J'irais le remplacer à Lyon. Il reviendrait ici.

MOUSQUET: C'est une plaisanterie.

KNOCK: Pas du tout. Une offre très sérieuse.

MOUSQUET: Les bras m'en tombent[31]... Mais, naturellement, vous
15 refusez?

LE DOCTEUR: Pourquoi le docteur Knock refuserait-il?

MOUSQUET: (*à Parpalaid*) Parce que, quand en échange d'un hammerless[32] de deux mille francs on leur offre un pistolet à air comprimé[33] «Euréka», les gens qui ne sont pas fous ont l'habitude
20 de refuser. Vous pourriez aussi proposer au docteur un troc[34] d'automobiles.

LE DOCTEUR: Je vous prie de croire que je possède à Lyon une clientèle de premier ordre. J'ai succédé au docteur Merlu, qui avait une grosse réputation.

25 MOUSQUET: Oui, mais il y a trois mois de ça. En trois mois, on fait du chemin. Et encore plus à la descente qu'à la montée.[35] (*À*

---

[26]**en l'espèce** in the case at hand   [27]**tenir à** to value   [28]**quartier** area   [29]**vieillir** to grow old   [30]**Mais de là... venue** But I'm not going to throw myself on the first occasion that comes along   [31]**Les bras m'en tombent** I'm flabbergasted   [32]**hammerless** (type of rifle)   [33]**pistolet à air comprimé** BB gun   [34]**troc** swapping   [35]**encore plus... montée** things run downhill even faster than you can push them up again

Knock.) D'abord, mon cher docteur, la population de Saint-Maurice n'acceptera jamais.

LE DOCTEUR: Qu'a-t-elle à voir là-dedans? Nous ne lui demanderons pas son avis.

MOUSQUET: Elle vous le donnera. Je ne vous dis pas qu'elle fera 5
des barricades. Ce n'est pas la mode du pays et nous manquons
de pavés.[36] Mais elle pourrait vous remettre sur la route de Lyon.
(*Il aperçoit Mme Rémy.*) D'ailleurs, vous allez en juger. (*Entre madame Rémy, portant des assiettes.*[37])

Scène VIII
LES MÊMES, MADAME RÉMY 10

MOUSQUET: Madame Rémy, apprenez une bonne nouvelle. Le
docteur Knock nous quitte, et le docteur Parpalaid revient. (*Elle
lâche sa pile d'assiettes, mais les rattrape à temps, et les tient appliquées
sur sa poitrine, en rosace.*[38])

MADAME RÉMY: Ah! mais non! Ah! mais non! Moi je vous dis que 15
ça ne se fera pas. (*À Knock.*) Ou alors il faudra qu'ils vous enlèvent[39] de nuit en aéroplane, parce que j'avertirai les gens et on
ne vous laissera pas partir. On crèvera[40] plutôt les pneus[41] de
votre voiture. Quant à vous, monsieur Parpalaid, si c'est pour ça
que vous êtes venu, j'ai le regret de vous dire que je ne dispose 20
plus d'une seule chambre, et quoique nous soyons le 4 janvier,
vous serez dans l'obligation de coucher dehors. (*Elle va mettre ses
assiettes sur une table.*)

LE DOCTEUR: (*très ému.*[42]) Bien, bien! L'attitude de ces gens envers
un homme qui leur a consacré vingt-cinq ans de sa vie est un 25
scandale. Puisqu'il n'y a plus de place à Saint-Maurice que pour
le charlatanisme, je préfère gagner honnêtement mon pain à
Lyon — honnêtement, et d'ailleurs largement.[43] Si j'ai songé[44] un

---

[36]**Ce n'est pas... pavés** That's not the way we do things around here and we
have no paving stones [37]**assiette** plate [38]**Elle lâche... en rosace** She lets go of
her pile of plates but catches them just in time and holds them close to her
chest, resembling a rose window. [39]**enlever** to take away [40]**crever** to
puncture [41]**pneu** tire [42]**ému** upset [43]**largement** handsomely [44]**songer** to
intend

instant à reprendre mon ancien poste, c'était, je l'avoue, à cause
de la santé de ma femme, qui ne s'habitue pas à l'air de la grande
ville. Docteur Knock, nous réglerons nos affaires le plus tôt possible. Je repars ce soir.

5 KNOCK: Vous ne nous ferez pas cet affront, mon cher confrère.
Mme Rémy, dans la surprise d'une nouvelle d'ailleurs inexacte,
et dans la crainte où elle était de laisser tomber ses assiettes, n'a
pu garder le contrôle de son langage. Ses paroles ont trahi sa
pensée. Vous voyez: maintenant que sa vaisselle est en sécurité,
10 Mme Rémy a retrouvé sa bienveillance[45] naturelle, et ses yeux
n'expriment plus que la gratitude que partage[46] toute la population de Saint-Maurice pour vos vingt-cinq années d'apostolat[47]
silencieux.

MADAME RÉMY: Sûrement, M. Parpalaid a toujours été un très
15 brave homme. Et il tenait sa place aussi bien qu'un autre tant que
nous pouvions nous passer de médecin. Ce n'était ennuyeux[48]
que lorsqu'il y avait épidémie. Car vous ne me direz pas qu'un
vrai médecin aurait laissé mourir tout ce monde au temps de la
grippe espagnole.

20 LE DOCTEUR: Un vrai médecin! Quelles choses il faut s'entendre
dire![49] Alors, vous croyez, madame Rémy, qu'un «vrai médecin»
peut combattre une épidémie mondiale? À peu près comme le
garde champêtre[50] peut combattre un tremblement de terre. Attendez la prochaine, et vous verrez si le docteur Knock s'en tire[51]
25 mieux que moi.

MADAME RÉMY: Le docteur Knock... écoutez, monsieur Parpalaid.
Je ne discuterai pas d'automobile avec vous, parce que je n'y entends rien.[52] Mais je commence à savoir ce que c'est qu'un malade.
Eh bien, je puis vous dire que dans une population où tous les
30 gens chétifs sont déjà au lit, on l'attend de pied ferme,[53] votre
épidémie mondiale. Ce qu'il y a de terrible, comme l'expliquait

---

[45]**bienveillance** kindness [46]**partager** to share [47]**apostolat** service [48]**être
ennuyeux** to be a problem [49]**il faut s'entendre dire** one has to listen to
[50]**garde champêtre** village policeman [51]**s'en tirer** to pull through it [52]**je n'y
entends rien** I don't know anything about them [53]**attendre de pied ferme** to
wait on firm footing

l'autre jour encore M. Bernard, à la conférence, c'est un coup de tonnerre dans un ciel blue.[54]

MOUSQUET: Mon cher docteur, je ne vous conseille pas de soulever ici des controverses de cet ordre. L'esprit pharmaco-médical court les rues. Les notions abondent. Et le premier venu vous 5
tiendra tête.[55]

KNOCK: Ne nous égarons[56] pas dans des querelles d'école. Mme Rémy et le docteur Parpalaid peuvent différer de conceptions, et garder néanmoins les rapports[57] les plus courtois. (*À Mme Rémy*.) Vous avez bien une chambre pour le docteur? 10

MADAME RÉMY: Je n'en ai pas. Vous savez bien que nous arrivons à peine à loger les malades. Si un malade se présentait, je réussirais peut-être à le caser,[58] en faisant l'impossible parce que c'est mon devoir.

KNOCK: Mais si je vous disais que le docteur n'est pas en état de 15
repartir dès cet après-midi, et que, médicalement parlant, un repos d'une journée au moins lui est nécessaire?

MADAME RÉMY: Ah! ce serait autre chose... Mais... M. Parpalaid n'est pas venu consulter?

KNOCK: Serait-il venu consulter[59] que la discrétion professionelle 20
m'empêcherait peut-être de le déclarer publiquement.

LE DOCTEUR: Qu'allez-vous chercher là?[60] Je repars ce soir et voilà tout.

KNOCK: (*le regardant*) Mon cher confrère, je vous parle très sérieusement. Un repos de vingt-quatre heures vous est indispen- 25
sable. Je déconseille[61] le départ aujourd'hui, et au besoin[62] je m'y oppose.

MADAME RÉMY: Bien, bien, docteur. Je ne savais pas. M. Parpalaid

---

[54]**un coup... bleu** a bolt of lighting out of the blue [55]**L'esprit... tête** The pharmaco-medical spirit runs everywhere. Ideas abound . . . and the first one you meet will oppose you [56]**s'égarer** to get lost [57]**rapport** relationship [58]**caser** to fit in [59]**Serait-il venu consulter** Even if he had come for an examination [60]**Qu'allez-vous chercher là?** What are you talking about? [61]**déconseiller** to advise against [62]**au besoin** if need be

aura un lit, vous pouvez être tranquille. Faudra-t-il prendre sa température?

KNOCK: Nous recauserons de cela tout à l'heure. (*Mme Rémy se retire.*)

5 MOUSQUET: Je vous laisse un instant, messieurs. (*À Knock.*) J'ai cassé une aiguille,[63] et je vais en prendre une autre à la pharmacie. (*Il sort.*)

Scène IX
KNOCK, PARPALAID

LE DOCTEUR: Dites donc,[64] c'est une plaisanterie? (*Petit silence.*) Je
10 vous remercie, de toute façon. Ça ne m'amusait pas de recommencer ce soir même huit heures de voyage. (*Petit silence.*) Je n'ai plus vingt ans et je m'en aperçois. (*Silence.*) C'est admirable, comme vous gardez votre sérieux. Tantôt, vous avez eu un air pour me dire ça[65]... (*Il se lève.*) J'avais beau savoir que c'était une
15 plaisanterie et connaître les ficelles du métier[66]... oui, un air et un œil... comme si vous m'aviez scruté jusqu'au fond des organes[67]... Ah! c'est très fort.[68]

KNOCK: Que voulez-vous! Cela se fait un peu malgré moi. Dès que je suis en présence de quelqu'un, je ne puis pas empêcher
20 qu'un diagnostic s'ébauche[69] en moi... même si c'est parfaitement inutile, et hors de propos.[70] (*Confidentiel.*) À ce point[71] que, depuis quelque temps, j'évite de me regarder dans la glace.[72]

LE DOCTEUR: Mais... un diagnostic... que voulez-vous dire? un diagnostic de fantaisie,[73] ou bien?...

25 KNOCK: Comment, de fantaisie? Je vous dis que malgré moi quand je rencontre un visage, mon regard se jette, sans même que j'y pense, sur un tas de[74] petits signes imperceptibles... la

---

[63]**aiguille** hypodermic [64]**Dites donc** Tell me [65]**vous avez eu... ça** you had such a look when you told me that [66]**les ficelles du métier** the ropes [67]**comme si... organes** as if you had seen right through me [68]**très fort** very good [69]**s'ébaucher** to take shape [70]**hors de propos** irrelevant [71]**À ce point** so much so [72]**glâce** mirror [73]**un diagnostic de fantaisie** not a real diagnostic [74]**un tas de** quite a few

peau, la sclérotique,[75] les pupilles, les capillaires, l'allure du souffle,[76] le poil... que sais-je encore, et mon appareil à construire des
diagnostics fonctionne tout seul. Il faudra que je me surveille,[77]
car cela devient idiot.

LE DOCTEUR: Mais c'est que... permettez... J'insiste d'une manière   5
un peu ridicule, mais j'ai mes raisons... Quand vous m'avez dit
que j'avais besoin d'une journée de repos, était-ce par simple jeu,
ou bien?... Encore une fois, si j'insiste, c'est que cela répond à
certaines préoccupations que je puis avoir. Je ne suis pas sans
avoir observé sur moi-même telle ou telle chose,[78] depuis quelque   10
temps... et ne fût-ce[79] qu'au point de vue purement théorique,
j'aurais été très curieux de savoir si mes propres observations coïn-
cident avec l'espèce de diagnostic involontaire dont vous parlez.

KNOCK: Mon cher confrère, laissons cela pour l'instant. (*Sonnerie
de cloches.*) Dix heures sonnent. Il faut que je fasse ma tournée.   15
Nous déjeunerons ensemble, si vous voulez bien me donner cette
marque d'amitié. Pour ce qui est de votre état de santé, et des
décisions qu'il comporte[80] peut-être, c'est dans mon cabinet, cet
après-midi, que nous en parlerons plus à loisir. (*Knock s'éloigne.
Dix heures achèvent de sonner. Parpalaid médite, affaissé*[81] *sur une*   20
*chaise. Scipion, la bonne, Mme Rémy paraissent, porteurs d'instruments
rituels, et défilent, au sein de la Lumière Médicale.*[82])

RIDEAU

---

[75]**sclérotique** sclera [76]**l'allure du souffle** the breathing rate [77]**se surveiller** to
watch oneself [78]**telle ou telle chose** such and such a thing [79]**ne fût-ce** if only
[80]**comporter** to involve [81]**affaissé** collapsed [82]**défilent... Médicale** file by,
bathed in Medical Light

Act I (pp. 164–174)

READING COMPREHENSION

Answer the following questions.

1. Quels sont les détails qui montrent que les Parpalaid essaient de vendre leur auto à leur successeur?
2. Quels détails montrent que cette auto n'est pas très bonne?
3. Que disent les Parpalaid pour cacher ou pour minimiser la mauvaise qualité de l'auto?
4. Que disent-ils à Knock pour le convaincre qu'il a fait une bonne affaire en venant à Saint-Maurice?
5. Quel type de malades ne venaient pas consulter le docteur Parpalaid?
6. Quelle explication en donne-t-il à Knock?
7. Quel type de malades venaient consulter Parpalaid et quand le payaient-ils?
8. Quel est le jugement de Knock sur la clientèle et sur l'auto?
9. Knock voulait-il payer ses dettes à des dates fixes?
10. Quel était le sujet de thèse de Knock et qu'en pensez-vous?
11. Knock était-il un médecin débutant à l'âge de quarante ans?

VOCABULARY STUDY

A. Write sentences of your own with each of the following words and expressions.

l'auto (la voiture)
le véhicule
se sentir à l'aise sur la banquette
le capot
la carrosserie
la bougie
l'essence
le chauffeur

le chauffard
l'étape
démonter un tuyau
tourner la manivelle
les pétarades du
 moteur
mettre en marche
se mettre en marche
s'ébranler

le docteur (le médecin)
le confrère

le malade consulte un médecin
la consultation
se faire soigner par un médecin et soigner un malade
exercer la médecine
l'état de santé
un climat salubre
un apoplectique
un rhumatisant
un cardiaque
les gens bien portants

B. Study the following expressions; then select the appropriate one to replace the near-equivalent in italics in each of the sentences below.

faire fortune   ne ... guère
si le cœur nous en dit   se rendre compte de
donner envie de   valoir la peine de
se passer de   s'attendre à
ne pas cesser de

1. Pendant le voyage, on peut bien *voir les* qualités de la voiture.
2. Le paysage est si beau que ça vous *donne le désir* de s'arrêter.
3. Mme Parpalaid *ne s'arrête pas* de parler de Saint-Maurice.
4. Knock *ne pensait pas* trouver si peu de malades.
5. Jean pourra stopper si *cela nous plaît*.
6. Voici un panorama qui *doit* être vu.
7. En montagne, on ne peut pas *ne pas avoir* de voiture.
8. Knock *ne* parle *pas beaucoup*.
9. Il se demande comment le docteur Parpalaid *est devenu riche*.

STRUCTURES

A. *The Use of* y

> **Y** replaces nouns introduced by prepositions like **à, dans,** and **sur.** It never replaces nouns introduced by **de.**
>
>   J'ai logé des appareils **dans la caisse.**
>   J'**y** ai logé des appareils.
>
> Note that **y** directly precedes the verb or auxiliary verb.

Rewrite the following sentences replacing the words in italics with **y.**

1. Nous tiendrons très bien *à l'arrière de la voiture.*
2. Je pense *aux grandes épidémies.*
3. Les malades ne consultent pas *au chef-lieu.*
4. Elle a décrit ce paysage *dans un roman.*
5. On se sent à l'aise *sur la banquette.*
6. Mon mari finira sa carrière *à Lyon.*

B. *The Use of* en

> **En** replaces nouns introduced by **de.**
>
> Jean profite **de la halte** pour examiner le moteur.
> Jean **en** profite pour examiner le moteur.

Rewrite the following sentences, replacing the words in italics with **en.**

1. Le docteur descend *de l'auto.*
2. Mme Parpalaid ne sort pas *de la voiture.*
3. On jouit *de la vue.*
4. Knock était victime *de la situation.*
5. Knock n'avait pas *de réserves* pour payer le docteur.

Rewrite the following sentences, replacing the words in italics with **y** or **en.**

1. Le docteur Parpalaid n'a pas passé beaucoup de temps *à Saint-Maurice.*
2. Knock n'avait pas *d'illusions.*
3. Il croit *à sa chance.*
4. Il renoncerait *à la clientèle* si possible.
5. Il vivait *de son travail.*
6. Le pharmacien ne sortira pas *de son rôle.*
7. On n'arrivait pas encore *à Saint-Maurice.*
8. Le docteur Parpalaid n'avait pas de clients réguliers *dans la petite ville.*

C. The Imperative with Reflexive Verbs

> The position of the pronoun depends on whether the imperative is in the affirmative or in the negative.
>
> Attendez-**vous** à une grande clientèle.
> Ne **vous** attendez pas à une grande clientèle.

Write both affirmative and negative commands according to the example.

EXAMPLE: s'attendre à beaucoup de malades

*Attendez-**vous** à beaucoup de malades.*
*Ne **vous** attendez pas à beaucoup de malades.*

1. se mettre en marche
2. se placer près de lui
3. s'asseoir ici

4. se moquer de tout
5. s'arrêter ici
6. se faire soigner par Knock

WRITING PRACTICE

Study the following expressions used in everyday conversations; then write mini-dialogues using these expressions.

EXAMPLE: La vue est belle, n'est-ce pas?

Oui, elle est belle.

N'est-ce pas?	Isn't that so?, Won't you?, O.K.?, etc.
Pardon!	Excuse me
Juste! Juste!	True, true.
Certes.	Surely.
Vous vous trompez.	You are mistaken (wrong).
Vous trouvez?	You think so?
Hélas!	Unfortunately.
C'est fâcheux!	How aggravating! (What a nuisance! That's bad!)
Évidemment.	Of course.
C'est l'évidence même.	It's quite obvious.
Plaît-il?	I beg your pardon? (*when asking to repeat a sentence*)

Je m'y attendais.	I expected as much.
C'est dommage.	What a pity.
Soit!	O.K., *or* Granted.
Nous sommes d'accord	We're in agreement.

COMMUNICATIVE ACTIVITY

Prepare one of the topics listed below to be discussed in class. You should be ready to quote sentences or parts of sentences from the text in support of the views expressed.

1. Le docteur Parpalaid et sa femme sont des gens assez honnêtes, mais un peu rusés (*crafty*), qui essaient de convaincre Knock qu'il a fait une bonne affaire. Knock, cynique et très intelligent, n'est pas leur dupe.
2. Est-il vrai que «les gens bien portants sont des malades qui s'ignorent»?

Acte I (pp. 174–184)

READING COMPREHENSION

Answer the following questions.

1. Expliquez comment Knock a pu pratiquer pendant vingt ans sans titres.
2. A-t-il pratiqué clandestinement? Expliquez.
3. Dans quelles circonstances est-il devenu médecin à bord d'un bateau?
4. Que pensez-vous de sa sincérité? Était-elle réelle ou calculée, selon vous?
5. Que savait-il de la médecine avant de pratiquer à bord du bateau.
6. Combien de malades a-t-il eus à soigner sur les trente-cinq personnes qui étaient sur le bateau?
7. Pourquoi Knock n'est-il pas resté dans le commerce des cacahuètes?
8. Quelles autres carrières l'intéressaient?
9. Quelle proposition fait-il au docteur Parpalaid pour le payer?

10. Quels renseignements demande-t-il aux Parpalaid concernant Saint-Maurice?
11. Pourquoi chacun de ces renseignements est-il si important pour Knock, selon vous?
12. Pourquoi Knock craint-il le spiritisme et les sorciers, selon vous?
13. Quel est son jugement, basé sur les renseignements, sur la situation qu'il va trouver à Saint-Maurice?
14. Quelles sont les réactions différentes du docteur Parpalaid et de sa femme devant ce jugement?
15. Pourquoi le docteur Parpalaid dit-il que son chauffeur Jean aime les démarrages automatiques?

VOCABULARY STUDY

A. Translate the following sentences using prepositions or prepositional phrases of time.

1. Knock connaissait de bonne heure le style médical.
2. Depuis son enfance, il a lu des journaux médicaux.
3. Dès l'âge de neuf ans, il savait beaucoup d'expressions médicales.
4. Dès ce moment-là, il avait un sentiment médical correct.
5. À un moment, il a vendu des cacahuètes.
6. Il y a une vingtaine d'années, il était vendeur de magasin.

B. Study the following expressions; then select the appropriate one to replace the near-equivalent in italics in each of the sentences below.

exiger
avoir horreur de
se ficher complètement de
tenir à
être à l'aise

ignorer
s'y prendre
à la longue
prendre ses jambes à son cou

1. Les gens du bateau ne *s'intéressaient pas beaucoup au* sujet de la thèse de Knock.
2. Knock *insistait pour* tout expliquer.
3. On ne *demandait* pas *avec insistance* le titre de docteur.
4. Knock *détestait* les dettes.
5. Si on sait *comment faire,* on peut réussir.
6. Après *un certain temps,* on réussit.

7. Les habitants de Saint-Maurice *étaient assez riches.*
8. La théorie de Knock est que les gens *ne savent pas* qu'ils sont malades.
9. Les habitants *s'enfuiront* en voyant un charlatan.

STRUCTURES

A. *The Use of the Imperfect with* si

Rewrite the following sentences according to the example.

EXAMPLE: Si je ne le **pense** pas, je **prendrai** mes jambes à mon cou.

*Si je ne le **pensais** pas, je **prendrais** mes jambes à mon cou.*

1. Si je sais le sujet de ma thèse, je vous le dirai.
2. Si vous êtes docteur, vous pourrez exercer.
3. S'il a des connaissances médicales, il deviendra médecin.
4. Si je renonce à l'étude des langues, je devrai choisir un emploi.
5. Si vous avez une méthode, je serai moins sceptique.
6. Si nous nous arrêtons ici, je ferai le nettoyage.

B. *The Position of* pas encore

Pas encore follows the verb or the auxiliary verb.

Je ne suis **pas encore** docteur.
*I am not a doctor **yet***

Il n'a **pas encore** nettoyé le carburateur.
*He has not cleaned the carburetor **yet.***

Answer the following questions in the negative using the construction **ne ... pas encore.**

1. Était-il déjà docteur avant de partir sur le bateau?
2. A-t-il déjà payé le docteur Parpalaid?
3. La voiture est-elle déjà en marche?
4. Sont-ils déjà arrivés à Saint-Maurice?
5. Jean a-t-il déjà sauté sur le marchepied?

C. *The Formation of the Past Conditional*

The past conditional is formed with the conditional of **avoir** or **être** + *past participle.*

Qu'**auriez-vous fait?**	*What **would you have done?***
Où **seriez-vous allé?**	*Where **would you have gone?***

Rewrite the following sentences in the past conditional.

1. Ils arriveraient dans une heure.
2. Je ne croirais pas.
3. Je voudrais vous croire.
4. Vous ne pourriez pas tuer quelqu'un.
5. La plaisanterie serait cruelle.
6. Vous auriez des perles au cou.
7. Vous deviendriez millionnaire.
8. On ferait du spiritisme.

D. *The Use of* c'est *for Emphasis*

C'est + *stress pronoun* + **qui** is used to emphasize the subject. Note that the verb takes the same form as if it were preceded by a subject pronoun.

Je vais conduire. → **C'est moi** qui vais conduire.
    I*'ll drive.*

Rewrite the following sentences, using c'est + **moi, toi, lui, elle, nous, vous, eux, elles.**

1. Tu vas conduire.
2. Nous ne comprenons pas.
3. Il va rire.
4. Je suis roulé.
5. Ils végétaient.
6. Vous m'écrirez.
7. Je prendrai le volant.
8. Elles faisaient du spiritisme.

E. The Use of en and dans to Express Time

En describes the time it takes to complete an action, whereas **dans** indicates when the action will take place in the future.

Nous réglerons la question **en dix minutes.**
*We'll settle the question **within** ten minutes.*

Nous réglerons la questions **dans dix minutes.**
*We'll settle the question ten minutes **from now.***

Translate the following sentences.

1. Il a lu les annonces en quelques minutes.
2. Il lira les annonces dans quelques minutes.
3. Nous partirons dans trois jours.
4. J'ai appris la médecine en dix ans.
5. Revenez dans trois mois.
6. Nous avons vendu beaucoup de cacahuètes en une semaine.
7. On peut écrire cette lettre en une heure.
8. On peut écrire cette lettre dans une heure.

WRITING PRACTICE

Study the following expressions used in everyday conversations; then write mini-dialogues using these expressions.

EXAMPLE: Je suis sûr que Jean viendra. Voulez-vous que je lui téléphone?

Merci, je vous crois.

Merci, je vous crois. (*Note that **merci** usually means thanks.*)	No, thanks, I believe you.
Pardon!	I beg your pardon. (*to express indignation*)
Faites!	Please do. *or* Go ahead.
Tiens!	Really! *or* What a surprise!
Il y a du vrai dans ce que vous dites.	There is some truth in what you're saying.
Dites donc.	By the way.

Parfaitement.	Exactly.
Quelle idée!	The idea! *or* What an idea!
Que voulez-vous dire?	What do you mean?
Tant mieux!	So much the better.
Je vous en prie.	Please.
Vous plaisantez?	You're not serious?
C'est affreux!	That's awful!
Bon, bon, bon.	All right! All right! (*when giving up*)

COMMUNICATIVE ACTIVITY

Prepare one of the topics listed below to be discussed in class. You should be ready to quote sentences or parts of sentences from the text in support of the views expressed.

1. Dans cette partie de l'Acte I, Knock, personnage de plus en plus fascinant, continue à faire la démonstration de sa supériorité intellectuelle et nous laisse facilement deviner le projet qu'il a d'exploiter cyniquement la population de Saint-Maurice. Les Parpalaid ne sont plus que des dupeurs dupés. Montrez comment.

2. Analysez le comique des mots, des gestes, des caractères et des actions des trois personnages, et le comique des situations.

Act II, Scenes I–III

READING COMPREHENSION

Answer the following questions.

1. Pourquoi Knock corrige-t-il le tambour qui l'appelle «monsieur»?
2. Comment appelait-on son prédécesseur?
3. Quelle était la manière du docteur Parpalaid avec ses malades?
4. Pensez-vous que Parpalaid était un bon ou un mauvais docteur? Pourquoi?

5. Comment Knock organise-t-il sa publicité (*advertising*)?
6. Pourquoi Knock pourra-t-il avoir beaucoup de clients ce lundi?
7. Comment Knock flatte-t-il le tambour et pourquoi le fait-il?
8. De quoi souffre le tambour?
9. Y a-t-il une grande différence entre «chatouiller» et «grat-touiller»? Pourquoi Knock insiste-t-il sur cette différence?
10. Qu'est-ce que Knock ordonne au tambour de faire et de ne pas faire? Quelle est son intention?
11. Comment se manifeste la peur progressive du tambour?
12. Comment Knock peut-il transformer l'instituteur Bernard en agent de publicité pour lui?
13. De quelle collaboration parle-t-il pour mieux convaincre Bernard?
14. Comment le flatte-t-il?
15. Quel type de conférence propose-t-il à Bernard de faire devant la population?
16. Quel doit être l'effet de la conférence sur la population?
17. Quel est le sujet de la deuxième conférence et quelle est la réaction de Bernard?
18. Quels compliments Knock fait-il au pharmacien Mousquet?
19. Par quelle stratégie peut-il obtenir sa collaboration?
20. Quelle est la théorie de Knock sur la santé?
21. Quelle promesse fait-il au pharmacien?
22. Pensez-vous que cette promesse était facile à faire? Pourquoi?

VOCABULARY STUDY

A. *Vocabulary Usage*

Select the word or phrase in *Column B* that is closest in meaning or related logically to each term in *Column A*.

A	B
davantage	tâcher
se débrouiller	gratuitement
paraître	plus
gratis	se hâter
essayer	être un peu malade
se dépêcher	causer
se sentir mal à l'aise	trouver une solution
parler	sembler

B. *Idiomatic Expressions with* avoir

Study the following expressions with **avoir;** then write sentences of your own using each of them.

avoir une maladie, avoir un problème	to be sick, to have a problem
Qu'est-ce que vous avez?	What's the matter with you?
avoir affaire avec quelqu'un	to have something to do with somebody
avoir besoin de quelqu'un ou d'une chose	to need somebody or something
avoir la chance de faire quelque chose	to be lucky enough to do something
avoir de la chance	to be lucky
avoir envie d'une chose	to wish something
avoir envie de faire	to feel like doing
avoir mal	to hurt
Elle a mal aux dents.	Her teeth hurt.
avoir du mal à faire quelque chose	to find it hard to do something
avoir toutes les peines du monde à faire	to find it extremely hard to do
avoir raison	to be right
avoir tort	to be wrong

STRUCTURES

A. *The Use of Possessive Pronouns*

Possessive pronouns are composed of the definite article and a possessive word, both of which agree with the noun they replace.

Singular		Plural	
Masculine	*Feminine*	*Masculine*	*Feminine*
le mien	**la mienne**	**les miens**	**les miennes**
le tien	**la tienne**	**les tiens**	**les tiennes**
le sien	**la sienne**	**les siens**	**les siennes**
le nôtre	**la nôtre**	**les nôtres**	**les nôtres**
le vôtre	**la vôtre**	**les vôtres**	**les vôtres**
le leur	**la leur**	**les leurs**	**les leurs**

Replace the following words with their corresponding possessive pronouns.

EXAMPLE: leur voiture — la leur

1. leur conversation
2. leurs relations
3. mon médecin
4. ta santé
5. son service
6. vos malades
7. notre maire
8. mes heures
9. sa visite
10. mes compliments
11. votre consultation
12. nos rendez-vous
13. ton ami
14. ses réunions

B. The Imperative with Reflexive Verbs

Write commands with the following reflexive verbs, according to the example.

EXAMPLE: s'arrêter

Arrêtez-vous.
Arrêtons-nous.

1. se coucher
2. se soigner
3. se dépêcher
4. se méfier
5. se promener
6. se lever
7. s'asseoir
8. se servir

C. The Use of the Subjunctive

The subjunctive is used with verbs that express a wish, a will, or a desire: **préférer, aimer, exiger, accepter, désirer, vouloir.**

Complete the following sentences, using the verbs in parentheses in the subjunctive.

1. J'aime mieux que vous me (lire) _____ le papier vous-même.
2. On exige qu'un médecin (avoir) _____ le titre de docteur.
3. Knock désire qu'on (se servir) _____ du mot **docteur.**
4. Je préfère que vous me (dire) _____ docteur.
5. Vous voudriez que je (venir) _____ vous voir.
6. Je n'accepte pas qu'on (être) _____ si ignorant.
7. Voulez-vous que je (réfléchir) _____ ?
8. Knock voulait qu'on (répondre) _____ à ses questions avec précision.

D. The Use of the Immediate Future

The immediate future expresses an action that is about to happen. It is formed with the verb **aller** + *infinitive*.

Il **arriveront**.	*They **will** arrive.*
Ils **vont arriver**.	*They **are about to** arrive.*

Rewrite the following sentences in the immediate future.

1. Nous examinerons le malade.
2. Ils soigneront le charlatan.
3. J'irai à la poste.
4. Vous lirez le papier.
5. Tu diras la vérité.
6. Il réfléchira.
7. Mes visites seront gratuites.
8. Ma femme sera empêchée de venir.

WRITING PRACTICE

Study the following expressions used in everyday conversations; then write mini-dialogues using these expressions.

EXAMPLE: C'est une indigestion.
            J'en doute fort.

J'en doute fort.	I doubt it very much.
C'est effrayant!	It's frightening!
Évidemment!	Of course!
Je suis désolé.	I am sorry.
Taisez-vous!	Stop it! (*lit.*: Be quiet! *Used when you can't take it any longer.*)
Voyons!	Come now! (*in mild reproach*)
À bientôt.	See you soon.
C'est entendu.	All right.
Ça, c'est rudement vrai.	That's quite true. *or* You can say that again.
Ah!	Oh! (*in mild surprise*)
Oh!	Oh no! (*amazement or indignation, etc.*)

COMMUNICATIVE ACTIVITY

Prepare one of the topics listed below to be discussed in class. You should be ready to quote sentences or parts of sentences from the text in support of the views expressed.

1. Pour se faire un clientèle dans la petite ville, Knock utilise les services de plusieurs personnes.
2. L'impression que nous fait Knock le charlatan n'est pas très différente de celle qui est faite par un docteur authentique dans son comportement avec les malades. Tout le problème, c'est de savoir distinguer l'un de l'autre.
3. Certains passages sont particulièrement comiques en ce qui concerne les mots, les gestes, les situations et le caractère des personnages.

Act II, Scenes IV–VI

READING COMPREHENSION

Answer the following questions.

1. Décrivez la dame en noir.
2. Par quelles questions Knock peut-il apprendre que la dame n'est pas pauvre?
3. Quel sentiment pousse la dame à donner toutes sortes de détails?
4. Pensez-vous que l'histoire de l'échelle est vraie ou inventée par Knock? Pourquoi?
5. Comment fait-il peur à la dame?
6. Comment se manifeste l'avarice de la dame?
7. Quels ordres Knock lui donne-t-elle et qu'est-ce que vous en pensez?
8. Quelle est la réaction des autres consultants à la sortie de la dame en noir?
9. Décrivez la dame en violet.
10. Comment se manifeste le snobisme de la dame?
11. Montrez qu'elle est très bavarde (*talkative*) et indiquez les détails qu'elle donne sur elle-même et sur son monde.
12. Quelle invitation fait-elle à Knock?
13. Comment le docteur Parpalaid a-t-il soigné son insomnie et qu'en pensez-vous?

14. Qu'est-ce qui peut causer une insomnie?
15. Comment Knock l'explique-t-il?
16. Quelle est la réaction de la «malade»?
17. En quoi consiste le traitement et combien de fois Knock la verra-t-elle?
18. Selon vous, pourquoi les deux gars du village sont-ils venus consulter?
19. Pourquoi leur comportement peut-il être dangereux pour Knock?
20. Qu'est-ce que Knock essaie d'abord pour se débarrasser d'eux?
21. Comment fait-il ensuite pour intimider le premier?
22. Comment lui fait-il peur?
23. Comparez la foule à l'entrée et à la sortie des deux gars.

VOCABULARY STUDY

Write sentences of your own with each of the following words and phrases.

ce que fait le docteur (la doctoresse) à une visite médicale:

examiner ou prendre le pouls
examiner les poumons, le foie, le cœur, les reins, les autres organes
palper le ventre
ausculter
percuter le dos, la poitrine
tirer sur la peau

retourner les paupières
presser les reins (*back*)
explorer la gorge
prendre la pression artérielle
faire une piqûre
rédiger une ordonnance pour le pharmacien
mettre en observation

ce qu'il (elle) vous demande de faire:

respirer
tousser
tirer la langue
se déshabiller
se rhabiller

enlever la chemise
se mettre tout nu
s'étendre
ramener les genoux

les questions qu'il (elle) vous pose:

lourdeurs de tête
la paresse à se lever
avoir mal à certains endroits

l'alimentation
le sommeil (*sleep*)
l'usage de tabac ou d'alcool

STRUCTURES

A. The Use of the Present Tense with depuis

The present tense is used in conjunction with **depuis** to describe an action that has been going on for a certain time.

Vous **traînez** ce mal **depuis quarante ans.**
*You **have been suffering** from this condition **for forty years.***

Translate the following sentences.

1. La dame souffre depuis quarante ans.
2. Elle habite Saint-Maurice depuis son enfance.
3. Ses valets travaillent depuis longtemps.
4. La dame en violet a des insomnies depuis très longtemps.
5. Elle prend du tabac depuis des années.
6. Le médecin lui parle depuis dix heures du matin.

B. The Use of Tenses with il y a and il y a ... que

Il y a expresses the time elapsed since an action occurred. The verb is in a past tense.

Elle est tombée d'une échelle **il y a quarante ans.**
*She fell from a ladder **forty years ago.***

Il y a + *time* + **que** is used to describe an action that has been going on. The verb is in the present tense.

Il y a quarante ans que la dame traîne ce mal.
*The lady has been suffering from this condition **for forty years.***

Translate the following sentences.

1. Il y a cinq minutes que la dame est avec le docteur.
2. Il y a cinq minutes, la dame est sortie.
3. Il y a quelques années, la dame a vendu son domaine.
4. Il y a quelques années déjà que la dame dort mal.
5. Il y a longtemps que ses nuits sont fatigantes.
6. Le docteur Parpalaid l'a soignée il y a quelque temps.

Translate the following sentences into French, using the correct tense and either **il y a ... que** or **depuis** or **il y a.**

1. Knock has been in Saint-Maurice for two days.
2. He arrived two days ago.
3. His patients have been arriving since 9 o'clock.
4. The lady fell forty years ago.
5. She has been sick for a very long time.
6. She has been sick since her childhood.

C. *The Use of the Subjunctive after Conjunctions*

The subjunctive is used after conjunctions **à condition que, à moins que, pour que, bien que, avant que.**

Complete the following sentences, using the subjunctive of the verbs in parentheses.

1. Je vous soignerai à condition que vous ne (fumer) _____ plus.
2. Je vous aiderai à condition que vous (comprendre) _____ les conditions.
3. Je vous dis ça pour que vous (venir) _____ chez le pharmacien.
4. Vous pouvez rester, à moins que ce (être) _____ trop tard.
5. Déshabillez-vous avant que l'autre ne (prendre) _____ votre place.
6. Il faut lui expliquer avant qu'il (s'endormir) _____ .

D. *The Use of the Subjunctive with Certain Phrases*

The subjunctive is used after certain expressions that describe feelings: **être content, être désolé, être étonné, être heureux, être surpris.**

Complete the following sentences, using the subjunctive of the verbs in parentheses.

1. Knock était content que la dame en noir (être) _____ riche.
2. La dame est étonnée que Knock lui (défendre) _____ de travailler.

3. Je suis heureuse que vous me (comprendre) ———— si bien.
4. Knock n'est pas désolé que la dame en noir (avoir) ———— mal aux reins.
5. Les deux gars sont surpris que le médecin (vouloir) ———— les examiner.
6. Knock est heureux qu'on (suivre) ———— ses conseils.

WRITING PRACTICE

Write a paragraph on the following topic, using the expressions contained in the vocabulary study on p. 251.

Une visite médicale (réelle ou imaginaire). Dites ce que le médecin a fait et vous a dit de faire, les questions qu'il vous a posées, ses prescriptions.

Your paragraph will be evaluated for grammatical accuracy and vocabulary usage. It should be at least sixty words in length.

COMMUNICATIVE ACTIVITY

Prepare one of the topics listed. Be ready to quote sentences or parts of sentences in support of your statements.

Décrivez la manière de Knock en action. Sa manière consiste à:

1. se mettre à la place de la personne consultante pour découvrir, par des questions directes ou indirectes, ce qu'il peut exploiter en elle.
2. choisir une façon de parler, des gestes, des actions qui correspondent à la personnalité et à la situation de la personne.
3. inventer une maladie grave et à la décrire en termes «scientifiques» incompréhensibles ou réalistes.
4. écrire une ordonnance (le pharmacien en profitera et lui enverra d'autres clients) et à commencer un traitement qui nécessitera des visites fréquentes.

Act III, Scenes I–IV

READING COMPREHENSION

Answer the following questions.

1. Décrivez la grande salle de l'Hôtel de la Clef.
2. Quels sont les détails qui montrent que beaucoup de clients viennent consulter Knock?
3. Que doit faire Scipion quand il aura mis sa blouse blanche?
4. La bonne ne connaît pas le docteur Parpalaid, parti trois mois avant. Que montre ce détail?
5. Comment Mme Rémy explique-t-elle l'occupation de toutes les chambres de l'hôtel?
6. Mme Rémy parle de la «vie de forçat» du docteur Knock. Que veut-elle dire par là.?
7. Comment défend-elle la pratique médicale de Knock?
8. Knock continue de donner des consultations gratuites, ce qui montre qu'il n'est pas intéressé, dit-elle. Êtes-vous d'accord avec elle? Expliquez.
9. Selon vous, pourquoi Knock n'a-t-il pas trouvé de maladie chez Mme Rémy, ni chez l'instituteur?
10. Qu'est-ce que Knock avait diagnostiqué chez Mme Mousquet?
11. Y a-t-il une grande différence entre des migraines et des lourdeurs de tête?
12. Quel détail montre que Mousquet est surmené lui aussi?
13. Quelles sont les deux raisons pour lesquelles Mousquet est content?

VOCABULARY STUDY

Write sentences of your own with each of the following words and phrases.

sur place
exprès
en effet
de mon (ton, son, etc.) temps (*in my, your, his, etc. time*)
en tout cas

des pieds à la tête
d'ailleurs
à l'heure qu'il est (*at this time*)
pas du tout
au début
tout de même

STRUCTURES

A. The Use of Indefinite Articles

> The indefinite articles **un, une,** and **des** are used in the affirmative, whereas **de, d'** are usually used in the negative, except with **être.**
>
> J'avais **des** instructions. → Je **n'**avais **pas d'**instructions
> Il y a **un** autre hôtel. → Il **n'**y a **pas d'**autre hôtel.
> *but:*
> Je suis **un** médecin   Je ne suis pas **un** médecin.

Rewrite the following sentences in the negative.

1. Elle a des chambres.
2. Ce sont des chambres ordinaires.
3. Il y a une autre solution.
4. J'attends des malades avant midi.
5. Vous avez des malades intéressants.
6. Je suis un malade.
7. C'est un autre hôtel.
8. Il voit des bagages.

B. The Construction ne ... plus

> **Ne ... plus** may be opposed to **encore** (*still*). Compare the following sentences. Note that when the negative occurs, **des** changes to **de,** unless **être** is used. Study the English translations as well.
>
> Respire-t-il encore?   Non, il ne respire plus.
> *Is he still breathing?*   *No, he is no longer breathing.*
>
> Nous avons encore des   Nous n'avons plus de
>   chambres?   chambres.
> *We still have rooms?*   *We have no rooms left.*
> *but:*
> Nous sommes encore   Nous ne sommes plus des
>   des sauvages?   sauvages.
> *We are still savages?*   *We are not savages anymore.*

Answer the following questions in the negative, using **ne ... plus.**

1. Les gens se portent encore bien?
2. Il y a encore des bien-portants?
3. Les habitants mangent encore?
4. Ils font encore des imprudences?
5. Il y a encore des places à l'hôtel?
6. Knock déjeune encore régulièrement?
7. Vous êtes encore en bonne santé?
8. Mme Mousquet se plaint encore de ses migraines?
9. Vous êtes des paysans?
10. Vous travaillez encore?

C. *The Formation of the* plus-que-parfait

Like the English past perfect, the **plus-que-parfait** is a compound tense. It is formed with the auxiliary verb in the imperfect + *past participle.*

Il y **avait eu** un accident.   *There **had been** an accident.*

With **être**

Mme Rémy **était arrivée.**   *Mme Rémy **had arrived.***

With reflexive verbs

Les malades **s'étaient couchés.**   *The sick people **had gone** to bed.*

Rewrite the following sentences in the **plus-que-parfait,** making the past participle agree, if necessary.

1. Mousquet faisait une prise de sang.
2. Knock terminait ses ordonnances.
3. Les malades se levaient.
4. Mme Rémy ne se tourmentait plus.
5. Elle n'y pensait plus.
6. Parpalaid ne venait pas en voiture.
7. Knock ne découvrait pas de maladies à ses collaborateurs.
8. Les gens n'achetaient pas de médicaments.

D. Reflexive Pronouns in an Infinitive Construction

In an infinitive construction, the reflexive pronoun precedes the infinitive.

Vous tâcherez de **vous reposer.**   *You will try to get some rest.*
Elle tâchera de **se reposer.**   *She will try to get some rest.*

Complete the following sentences, using the appropriate form of the reflexive pronoun.

1. Les malades essaient de (se lever) _____ .
2. Je n'ai pas envie de (se faire soigner) _____ ici.
3. Tu n'as qu'à (se débrouiller) _____ .
4. Nous finirons tous par (se soigner) _____ .
5. Dépêche-toi de (se mettre) _____ au lit.
6. Ici, vous ne pourriez pas (se faire) _____ une vie tranquille.

E. The Use of oui, non, and si

Si is used to contradict a negative question. Compare the following sentences:

—Vous êtes le docteur Parpalaid?
—Oui.

—Vous êtes le docteur Parpalaid?
—Non.

—Vous n'êtes pas le docteur Parpalaid?
—Si. (*Yes, I am.*)

Write the answers to the following questions in complete sentences, using **oui, non,** or **si** in agreement with the facts presented in the play.

1. Knock n'est pas un charlatan?
2. Knock a le titre de docteur en médecine?
3. Knock n'examine jamais Mme Rémy?
4. Knock ne déjeune pas toujours à la maison ou à l'hôtel?
5. Knock déjeune quelquefois d'un sandwich?
6. Knock n'est pas devenu très riche?

7. Knock mène une vie de forçat?
8. Knock ne mène pas une vie de forçat?

F. Entendre dire *vs.* entendre parler

Entendre dire means *to hear information from (somebody).*

Mme Rémy **a entendu dire** qu'il y avait de la neige.
Mme Rémy heard that there was snow.

Elle a **entendu dire** cela ce matin.
She heard it said this morning.

Entendre parler d'une personne ou **d'une chose** means *to hear about somebody* or *something.*

Tout le monde **entendait parler de** Knock.
Everybody heard about Knock.

Translate the following sentences.

1. Les gens entendaient dire que les soins de Knock étaient extra-ordinaires.
2. Les gens entendaient parler aussi des ses collaborateurs.
3. On entendait dire cela partout.
4. On entendait parler de l'Hôtel de la Clef.
5. Tout le monde en entendait parler.
6. Tout le monde en entendait dire beaucoup de bien.
7. Le docteur Parpalaid entendait dire cela et il commençait à comprendre.

COMMUNICATIVE ACTIVITY

Prepare the topic listed below to be discussed in class. You should be ready to quote sentences or parts of sentences from the text in support of the views expressed.

Les transformations et les innovations à Saint-Maurice montrent que Knock a mis sa théorie médicale en pratique avec la collaboration enthousiaste du personnel et le consentement de la population de toute la région.

Act III, Scenes V–VI

READING COMPREHENSION

Answer the following questions.

1. Pour quelle raison le docteur Parpalaid est-il revenu à Saint-Maurice?
2. Qu'est-ce que le docteur Parpalaid trouvait inexplicable aux chiffres de Knock?
3. Quelle solution Knock a-t-il trouvée pour faire payer les plus riches et les moins riches? Qu'en pensez-vous?
4. Pourquoi montre-t-on Knock en train de se laver les mains?
5. Que signifient les points rouges sur la carte de la région?
6. Quelle question délicate, d'ordre moral, le docteur Parpalaid pose-t-il à Knock?
7. Quelle est la réponse de Knock et qu'est-ce que cela montre?
8. Comment réagit Parpalaid?
9. Comment se manifeste le caractère totalitaire de Knock?
10. Cela vous fait-il rire ou cela vous inquiète-t-il?
11. Qu'est-ce qui est arrivé à M. Raffalens?
12. Quelle objection, concernant l'activité économique, le docteur Parpalaid fait-il à Knock qui voudrait que tout le monde soit au lit?
13. Knock aime contempler le paysage autour de Saint-Maurice car il sait qu'il y a des malades partout. Il ajoute: «La nuit, c'est encore plus beau.» Expliquez pourquoi et montrez sa mégalomanie.
14. Quelle proposition fait alors Parpalaid à Knock et qu'en pensez-vous?
15. Quelle est la réponse de Knock?

VOCABULARY STUDY

Study the following words and expressions; then rewrite the sentences below, replacing the near-equivalents in italics with each of the words and expressions.

ne pas manquer de	tenir à
regarder	on dirait
peser lourd	à la fois
se gêner l'un l'autre	dénombrer
à l'apogée	agacer
manquer de	songer

1. Un homme qui gagne beaucoup n'*est* pas *très attaché à* l'argent.
2. Knock était arrivé *au sommet* de sa carrière.
3. Il *pensait* déjà à une grande ville.
4. Il *serait certain de* supprimer tous les bien-portants.
5. Si on *n'a pas de* courage, on ne peut pas aller très loin.
6. Knock a *compté* tous les riches du canton.
7. Au début de sa carrière, Knock n'*était* pas *important*.
8. Si Knock et Parpalaid exerçaient tous les deux à Saint-Maurice, ils ne *seraient* pas *un obstacle l'un pour l'autre*.
9. Ça *ressemble à* une carte.
10. Cela m'*irrite* de voir des gens bien-portants.
11. Les autres activités, cela ne le *concerne* pas.
12. Les malades étaient soignés tous *en même temps*.

STRUCTURES

A. *The Position of* y *and* en *with Other Pronouns*

Y and **en** immediately follow direct and indirect object pronouns.

On n'a pas amené **les personnes à la porte.**
On ne **les y** a pas amenées.

On **m'**a parlé **des résultats.**
On **m'en** a parlé.

Rewrite the following sentences, replacing the words in italics with the corresponding pronoun.

1. On lui a parlé *de ce traitement*.
2. Je ne veux pas me coucher *dans ce lit*.
3. Knock lui montre *des points rouges*.
4. Le docteur Parpalaid a pu les voir *sur la carte*.
5. Je vous prie *de me poser la question*.
6. Vous m'avez donné plusieurs milliers *de francs*.
7. Il ne s'attendait pas *à être roulé*.
8. Je les mets *au lit*.
9. Il vous faut *des malades*.
10. Nous les laissons *à l'hôtel*.

The Use of Tenses in Indirect Speech

The tense of the verb in a reported statement (*a dependent clause introduced by* **que**) is governed by the tense of the verb in the main clause. The following combinations are possible. Note the changes made when turning each direct statement into a reported statement.

1. When the main verb is in the present, the tense of the verb in the reported statement does not change.

Le docteur Parpalaid dit:	Le docteur Parpalaid **dit**
«J'aime ma voiture.»	qu'il aime sa voiture.
«J'ai compris.»	qu'il **a compris.**
«Je suis venu par le train.»	qu'il **est venu** par le train.
«Je profiterai de l'occasion.»	qu'il **profitera** de l'occasion.
«Je faisais de mon mieux.»	qu'il **faisait** de son mieux.

2. When the main verb is in the past (**passé composé** *or imperfect*), the tense of the verb in the reported statement usually changes. Occasionally, it remains as shown in the second example («**J'ai compris.**»)

Le docteur Parpalaid a dit:	Le docteur Parpalaid **a dit**
Le docteur Parpalaid disait:	Le docteur Parpalaid **disait**
«J'aime ma voiture.»	qu'il **aimait** sa voiture.
«J'ai compris.»	qu'il **avait compris.**
«Je suis venu par le train.»	qu'il **était venu** par le train.
«Je profiterai de l'occasion.»	qu'il **profiterait** de l'occasion.
«Je ferais de mon mieux.»	qu'il **faisait** de son mieux.

Rewrite the following sentences, joining the two clauses with **que** and using the appropriate tense in the reported statement.

EXAMPLE: Knock **pensait:** personne n'est bien-portant

*Knock **pensait** que personne n'**était** bien-portant.*

1. Knock dit: tout le monde est malade.
2. Knock a dit: il faut mettre tout le monde au lit.
3. Knock annonce: il a soigné cent cinquante malades.
4. Knock a annoncé: il fera construire un hôpital.
5. Mme Rémy dit: on va construire.

6. Mme Rémy a dit: les paysans ne sont pas des sauvages.
7. Mousquet a avoué: il a quintuplé son chiffre d'affaires.
8. Mousquet disait: il est loin de le déplorer.
9. Mousquet a annoncé: il prendra un élève.
10. Le docteur Parpalaid a répondu: il y pensera.
11. Le docteur Parpalaid se disait: Knock a un succès énorme.
12. Certains économistes prétendaient: une guerre moderne ne durera pas longtemps.

COMMUNICATIVE ACTIVITY

Prepare the topic listed below to be discussed in class. You should be ready to quote sentences or parts of sentences from the text in support of the views expressed.

Les meilleures comédies sont peut-être celles qui ressemblent aux tragédies, c'est-à-dire celles où le spectateur ne sait plus s'il doit rire ou pleurer. La scène VI en est un exemple. Stimulé par les timides objections du docteur Parpalaid, Knock fait une déclaration de foi et révèle son secret: le projet de transformer le monde des bien-portants en un monde de malades sur lequel il pourra régner comme un despote. Nous admirons tellement ce charlatan supérieur que nous risquons de rire avec lui, au lieu de rire contre lui et le charlatanisme.

Act III, Scenes VII–IX

READING COMPREHENSION

Answer the following questions.

1. Que dit Mousquet au sujet de l'échange proposé par le docteur Parpalaid?
2. Montrez l'émotion de Mme Rémy quand elle entend parler de l'offre?
3. Montrez l'indignation du docteur Parpalaid.
4. Comment Knock calme-t-il Parpalaid?
5. Que déclare Knock pour que Mme Rémy trouve une chambre pour le docteur Parpalaid?

6. Pourquoi le docteur Parpalaid accepte-t-il de rester?
7. Quelle confidence Knock lui fait-il?
8. Pourquoi le docteur Parpalaid s'intéresse-t-il au diagnostic involontaire de Knock?
9. Qu'est-ce qui va probablement arriver au docteur Parpalaid à la fin de l'Acte III?
10. Qu'est-ce qui vous semble particulièrement ironique?

VOCABULARY STUDY

A. Select the word in *Column B* that is opposite in meaning to each of the terms in *Column A*.

A	B
quitter	rattraper
montée	repos
s'éloigner	retrouver
lâcher	descente
perdre	revenir
arriver	repartir
travail	déconseiller
conseiller	s'approcher

B. *The Meaning of* bien

Bien has two meanings:

1. *well:*

   Je dors bien.   *I sleep well.*

2. *all right:*

   Bien, docteur.   *All right, Doctor.*

It is also used for emphasis.

   Vous **savez bien** que c'est   *You **do know** it's true.*
   vrai.

Translate the following sentences.

1. Voulez-vous bien venir avec moi?
2. Le docteur Parpalaid n'a pas bien compris.
3. Mme Rémy, vous avez bien une chambre?

4. Bien, bien, je ne savais pas.
5. Vous êtes bien de Saint-Maurice?
6. Bien. Vous pouvez partir.
7. Il connaît bien le charlatanisme.
8. Vous me permettez bien de vous poser une question?
9. Nous sommes bien d'accord.
10. Nous sommes bien dans cet hôtel confortable.

STRUCTURES

A. *The Position of Adjectives*

Most adjectives composed of two or more syllables follow the nouns they modify

    une théorie **moderne**   *a modern theory*

A few, very common, adjectives composed of one or two syllables usually precede the nouns they modify.

beau	**jeune**
bon	**joli**
dernier	**mauvais**
grand	**petit**
gros	**premier**

    une **grosse** erreur

Adjectives of color and nationality follow the noun.

    une blouse **blanche**   *a white blouse*
    la grippe **espagnole**   *the flu (influenza)*

Rewrite the following phrases, inserting each adjective in its proper position.

1. des beautés (naturelles)
2. un traitement (régulier)
3. un traitement (bon)
4. une voiture (belle)
5. une voiture (italienne)
6. un paysage (joli)
7. un paysage (intéressant)
8. un paysage (étonnant)
9. un hôtel (grand)
10. un hôtel (petit)
11. un hôpital (moderne)
12. les paysans (derniers)
13. un point (délicat)
14. un point (mauvais)
15. des rayons (violets)
16. un ciel (bleu)

B. The Meaning of Adjectives According to their Position

Some common adjectives have a different meaning depending upon their position. *Before* the noun, they usually have a figurative or abstract meaning; *after* the noun, they have a specific, literal meaning.

Adjective	Before the Noun	After the Noun
ancien	*former*	*old, ancient*
bon	*good*	*generous*
brave	*good, nice*	*brave*
cher	*dear, cherished*	*expensive*
dernier	*last (in a series)*	*last, preceding*
grand	*great, big*	*tall*
gros	*big*	*fat*
même	*same*	*very*
pauvre	*poor (pitiful)*	*poor (without money)*
propre	*own*	*clean*
seul	*only*	*alone, solitary*
vrai	*real*	*true*

Translate the following sentences.

1. Je suis le docteur Parpalaid, l'ancien docteur de Saint-Maurice.
2. L'Hôtel de la Clef était une maison ancienne.
3. Knock est bon psychologue.
4. La dame en violet n'est pas une femme bonne.
5. Docteur Parpalaid, vous êtes un brave homme.
6. Il faut des hommes braves dans une guerre.
7. Bonjour, mon cher confrère.
8. Knock a acheté une voiture chère.
9. Le mois dernier, j'avais quatre-vingts malades.
10. Le dernier mois de l'année, j'en avais cent cinquante.
11. Knock est un grand charlatan.
12. Le docteur Parpalaid était un homme grand.
13. Cet homme gros a probablement de gros revenus.
14. Mon pauvre ami, venez avec moi.
15. J'ai un ami pauvre qui a besoin de moi.
16. Je pars ce soir même.
17. Je pars le même soir que vous.
18. Ce sont mes propres observations.
19. Knock a toujours les mains propres.
20. Vous n'êtes pas un vrai médecin.

21. C'est une histoire vraie.
22. J'ai une seule chambre.
23. Les malades seuls sont tristes parfois.

WRITING PRACTICE

Describe either a real doctor or a quack, using the vocabulary that follows. Your paragraph will be evaluated for grammatical accuracy and vocabulary usage. It should be at least seventy words in length.

Croire / ne pas croire que la médecine peut facilement guérir les épidémies, les maladies psychosomatiques, les rhumatismes, les maladies du cœur, le cancer, la grippe

intervenir le plus / le moins possible dans l'évolution naturelle de la maladie

considérer la profession comme une industrie / un apostolat / un art

pratiquer sans / avec des titres, clandestinement / publiquement

subordonner / ne pas subordonner l'intérêt du malade à celui du médecin ou à celui de la science

choisir / ne pas choisir sa clientèle

ausculter / ne pas ausculter les malades de la tête aux pieds

rassurer le malade / faire peur au malade

expliquer / ne pas expliquer la maladie en termes scientifiques incompréhensibles

utiliser / ne pas utiliser beaucoup d'instruments très sophistiqués

prescrire des remèdes peu coûteux mais bons / des remèdes très nombreux, très chers et souvent inutiles

faire / ne pas faire garder automatiquement le lit pendant long-temps, sans manger et sans boire

visiter / ne pas visiter souvent une personne sans maladie grave

collaborer / ne pas collaborer avec le pharmacien pour augmenter la clientèle

utiliser / ne pas utiliser les médias (tambour de ville, journaux, etc.) pour gagner des clients

donner / ne pas donner des consultations gratuites; faire payer / ne pas faire payer les pauvres; faire payer / ne pas faire payer selon les revenus des malades

---

COMMUNICATIVE ACTIVITY

A. Prepare one of the topics listed below to be discussed in class. You should be ready to quote sentences or parts of sentences from the text in support of the views expressed. (*You may use the vocabulary given in the preceding Writing Practice.*)

1. La conception et la pratique de la profession médicale moderne comparées à celles du docteur Parpalaid et à celles de Knock.
2. L'ironie de la scène où Mme Rémy, créature endoctrinée de Knock, donne des leçons au docteur Parpalaid.
3. Le comique des mots, des gestes, des situations et du caractère des personnages dans cette partie de la pièce.

B. After selecting a short scene from the play and rehearsing the parts with your chosen partner(s), perform the scene in front of your classmates.

REVIEW EXERCISE

Review the grammar points and the vocabulary covered in *Part IV*. Then rewrite each sentence; use the correct form of the word in parentheses or supply the missing word.

La voiture du docteur Parpalaid était vaste. Le docteur, sa femme et Knock _____ (y / en) sont montés. Mme Parpalaid a dit que son mari _____ (**vouloir**) finir sa carrière à Lyon. Selon le docteur, Knock _____ (**faire**) une bonne affaire. La voiture _____ (**s'arrêter**). Le docteur a demandé à Jean d' _____ (y / en) profiter pour nettoyer le moteur. Puis il a dit à Knock qu'il n'y _____ (**avoir**) pas beaucoup de malades à Saint-Maurice, sauf pendant les épidémies. Il _____ (y / en) avait vu deux. Beaucoup de gens _____ (**se faire**) soigner pendant ces épidémies. Knock lui a dit qu'il lui _____ (**donner**) trente francs pour sa voiture. Il n'avait pas _____ (*article*) dettes; il détestait _____ (y / en) avoir. _____ (**Il y a** / **Depuis**) vingt ans, il était vendeur dans un magasin. Puis, il a demandé le poste de médecin sur un _____ . Il a avoué qu'il _____ (**ne pas être**) docteur et qu'il _____ (**ne pas savoir**) quel était le sujet de sa thèse. Il voulait qu'on lui _____ (**dire**) docteur à bord. Il avait certaines connaissances médicales parce que depuis son _____ il lisait les prospectus. Dès l'âge de neuf _____ , il _____ par cœur le vocabulaire médical. _____ (**En** / **Dans**) six mois, il a trouvé une méthode pour une grande clientèle. Des malades, il _____ (**y** / **en**) a eu beaucoup, mais aucun _____ (**être**) mort. Il avait aussi vendu des cacahuètes et il _____ (**être**) devenu millionnaire s'il _____ (**l'a** / **l'avait voulu**). Le docteur Parpalaid lui a dit qu'à Saint-Maurice il y _____ (**avoir**) un tambour de ville. La population n'était pas pauvre mais très _____ , au contraire. Quant à la politique, on s' _____ (**y** / **en**) intéressait comme partout. En entendant cela, Knock a dit que l'âge médical _____ (**pouvoir**) commencer et que le docteur Parpalaid _____ (**a** / **avait**) gâché une situation magnifique. Parpalaid a annoncé qu'il _____ (**revenir**) trois mois plus tard. Il s'est installé au _____ de la voiture en disant: C'est moi qui _____ (**conduire**). En voiture!

VOCABULARY

This vocabulary includes all irregular verb forms and nearly identical cognates. Excluded are identical cognates and most high-frequency words. Idioms are listed under the key words. The definition of each word corresponds only to the context in which it is used.

Abbreviations

adj.	adjective	*n.*	noun
adv.	adverb	*p.p.*	past participle
art.	article	*p. comp.*	passé composé
cond.	conditional	*p. simp.*	passé simple
f.	feminine	*pl.*	plural
fut.	future	*prep.*	preposition
impf.	imperfect	*pres. ind.*	present indicative
impf. subj.	imperfect subjunctive	*pres. part.*	present participle
impv.	imperative	*pres. subj.*	present subjunctive
inf.	infinitive	*pron.*	pronoun
inter.	interrogative	*rel.*	relative
m.	masculine	*v.*	verb

A
abaisser lower
abandonner abandon, leave;
 s'abandonner yield; throw
abasourdi dumbfounded
abattre shoot down; **s'abattre**
 throw oneself down
abîme *m.* abyss, gulf

abîmer damage
aboiement *m.* bark
abondant abundant, copious
abonder abound
abord *m.* approach; **abords** *m.*
 pl. surroundings; **d'abord**
 (at) first, in the first place
aborder land; come alongside

aboyant   barking
aboyer   bark
abri *m.*   shelter; **se mettre à l'abri**   take shelter
abriter   shelter; **s'abriter**   shelter, find shelter
abrutir   knock out
abstenir: s'abstenir   abstain
abuser   take advantage; delude
abusif   improper
acajou *m.*   mahogany
accablé   overwhelmed, overcome
accabler   overwhelm
accent *m.*   accent; tone
accommoder   focus; **s'accommoder**   get used to
accomplir   accomplish, perform
accord *m.*   agreement; **d'accord**   in agreement
accorder   grant, give
accoutumer   accustom
accrocher   hook
accroître   increase
accroupi   crouched, crouching
accroupir: s'accroupir   squat
accueillir   welcome; receive
acheminer: s'acheminer   walk
achever   complet, end, finish (off); add
acier *m.*   steel
à-coup *m.*   problem
acquiescer   concur
acte *m.*   act, deed
action *f.*   stock
actrice *f.*   actress
actuel   of today
adhésion *f.*   approval
adieu *m.*   good-bye, farewell; parting
adjoint *m.*   assistant; **premier adjoint**   first deputy mayor
adjudant *m.*   adjutant
adosser: s'adosser   lean against
adresse *f.*   skill

adroit   clever
affaiblir   weaken; **s'affaiblir**   weaken
affaire *f.*   deal, affair, case; business matter; *pl.*   business; things; **avoir affaire**   deal
affairer: s'affairer   busy oneself
affaissé   collapsed
affirmer   affirm, assert
affliger   afflict, distress
affolé   panicky
affolement *m.*   nervousness
affoler   disturb; **s'affoler**   get distracted
affreux   horrible, frightful; ugly
afin   so as
agacement *m.*   irritation
agacer   irritate
agenouiller: s'agenouiller   kneel
agglomération *f.*   town
agir   act; **il s'agit de** *impersonal v.*   it is about, it concerns
agiter   move; **s'agiter**   stir
agonie *f.*   death struggle, death throes
agrafe *f.*   staple
agrémenté   pleasantly assorted
agrémenter   embellish
ahurissement *m.*   bewilderment
aïe!   ouch!
aïeul *m.*, **aïeule** *f.*   ancestor
aigre   sour; shrill
aigri   soured
aigrir   make bitter, embitter
aigu, aiguë   acute; shrill
aiguille *f.*   needle
aiguisé   sharp
aile *f.*   wing
ailleurs   elsewhere; **d'ailleurs**   besides; as a matter of fact
aimable   kind, nice
aimer   love, like; **aimer mieux**   prefer, like better
aîné   elder, older

ainsi so, thus; **pour ainsi dire** as it were, so to speak

air *m.* air; look, appearance; **avoir l'air** seem, look like, resemble; **prendre l'air** get some air

aire *f.* area; **aire de repos** rest area

aise *f.* ease; **à l'aise** well-off; **mal à son aise** uneasy, uncomfortable; **se mettre à l'aise** make oneself comfortable

aisé easy

ajouter add

alentour *adv.* surrounding

aliment *m.* food

alimentation *f.* food

allée *f.* alley; **faire des allées et venues** pace up and down

allégement *m.* relief

aller (*pres. part.* **allant;** *p.p.* **allé;** *pres. ind.* **vais, vas, va, allons, allez, vont;** *pres. subj.* **aille, allions; aillent;** *impf.* **allais;** *impv.* **va, allez;** *fut.* **irai;** *p. comp. with auxiliary* **être;** *p. simp.* **allai**) go, get along; **aller à** reach; **aller chercher** go for, fetch; **allons!** come now! well!; **allons oust!** out you go, beat it!; **allons-y** let's go; **s'en aller** go away, leave; **aller** + *inf.* be about to + inf.; **ça va** it's all right; **vas-y** go ahead

alliance *f.* wedding ring

allonger stretch out; **s'allonger** stretch, lie down; get longer

allumer light

allure *f.* rate (of speed, etc.); appearance; **à toute allure** at full speed; **à vive allure** at a great speed

alpenstock *m.* alpenstock

alors then, so

altération *f.* deterioration

amarré berthed

amas *m.* pile

âme *f.* soul; **aller à l'âme** speak to the heart

améliorer improve

amener bring, introduce, take; **se faire amener** have oneself taken

amer bitter

amertume *f.* bitterness

ameuter stir up

ami *m.,* **amie** *f.* friend

amincir: s'amincir get thin

amitié *f.* friendship; **prendre en amitié** befriend

amonceler pile up; **s'amonceler** gather

amour *m.* love

amoureux, amoureuse *adj.* in love, loving; *n.* lover

amuser amuse; **s'amuser** have a good time, enjoy oneself

an *m.* year

ananas *m.* pineapple

ancien, ancienne old; former; of a past age

ange *m.* angel

angine *f.* sore throat

anglais English

angoisse *f.* anguish

anneau *m.* ring

année *f.* year

annonce *f.* advertisement; announcement

antichambre *f.* antechamber; waiting room

anxieux, anxieuse anguished

apercevoir (*pres. part.* **apercevant;** *p.p.* **aperçu;** *pres. ind.* **aperçois, apercevons, aperçoivent;** *pres. subj.* **aperçoive, apercevions, aperçoivent;** *impf.* **apercevais;**

fut. **apercevrai;** *p. simp.*
aperçus) see, perceive;
s'apercevoir realize, be aware
of, notice
apeuré frightened
apogée *f.* height
apostolat *m.* devotion
apothicaire *m.* apothecary,
druggist
apparaître (*for forms, see*
paraître) appear
appareil *m.* apparatus
apparence *f.* appearance; **en**
apparence apparently
appel *m.* call; **faire appel**
resort
appeler (*pres. part.* **appelant;** *p.p.*
appelé; *pres. ind.* **appelle,**
appelles, appelle, appelons,
appelez, appellent; *pres. subj.*
appelle, appelions, appellent;
impf. **appelais;** *impv.* **appelle,**
appelez; *fut.* **appellerai;** *p.*
simp. **appelai)** call; **s'appeler**
be called
appliquer apply; **tenir**
appliqué hold close
apporter bring
apprendre (for forms, see
prendre) learn
apprêter: s'apprêter get ready
appuyer rest; stress;
s'appuyer lean
après after
arachide *f.* ground nut
araignée *f.* spider
arborer wear
arbre *m.* tree
arbuste *m.* shrub
arc-bouter; s'arc-bouter lean
against
archange *m.* archangel
ardoise *f.* slate
argent *m.* silver; money; **argent**
comptant ready money

argenterie *f.* silver plate
armé armed
armer arm; cock
armoire *f.* wardrobe; cupboard;
armoire-bibliothèque
bookcase
armure *f.* armor
arracher tear, rip; strip, peel
off; wrest away; **s'arracher**
tear (out)
arranger arrange; straighten;
settle; **s'arranger** fix things
up
arrestation *f.* arrest
arrêt *m.* stop; arrest; warrant
arrière *adj.* back; *n.* rear;
arrière de moi stay away; **en**
arrière back, backwards
arrière-gorge *f.* back of the
throat
arriver (*p. comp. with auxiliary*
être) arrive; manage;
succeed; happen
arrondissement *m.* district
art *m.* art; guile
artériel: tension artérielle
blood pressure
artério-scléreux arteriosclerotic
asepsie *f.* aseptic treatment
asile *m.* asylum
assassin *m.* murderer
assaut *m.* assault; **prendre**
d'assaut storm
asseoir (*pres. part.* **asseyant** *or*
assoyant; *p.p.* **assis;** *pres. ind.*
assieds, assied, asseyons,
asseyez, asseyent *or* **assois,**
assoit, assoyons, assoyez,
assoient; *pres. subj.* **asseye,**
asseyions, asseyent *or* **assoie,**
assoyions, assoient; *impv.*
assieds, asseyez, *or* **assois,**
assoyez; *fut,* **assiérai** *or*
assoirai; *p. simp.* **assis)** sit;
s'asseoir sit down

assiéger besiege
assiette *f.* plate
assimilable comparable
assistance *f.* assistance; audience
assister assist; be present, witness
assoupi dozing; **assoupi par** overcome by
assoupir: s'assoupir fall asleep
assourdi deafened
assurance *f.* assurance; insurance
assurer assure; guarantee; **s'assurer** make sure
asticot *m.* maggot (*fishing bait*)
astre *m.* star, heavenly body
astreindre: s'astreindre make an effort
atroce atrocious
attaché *m.* attaché; **attaché de cabinet** minister's staff member
atteindre (*pres. part.* **atteignant**; *p.p.* **atteint**; *pres. ind.* **atteins, atteint, atteignons, atteignez, atteignent**; *pres. subj.* **atteigne, atteignions, atteignent**; *impf.* **atteignais**; *fut.* **atteindrai**; *p. simp.* **atteignis**) attain; reach; strike
atteint afflicted
atteinte *f.* reach; **hors d'atteinte** out of reach
attendre (*for forms, see* **tendre**) wait; expect; **s'attendre** expect
attendri fond, loving
attendrir soften, move
attendrissant moving
attestation *f.* certificate; **demander attestation** check out
attirer pull (*up towards*); attract; **s'attirer** win, earn

attraper catch
attribuer attribute
aubaine *f.* good buy
aube *f.* dawn
auberge *f.* inn
aucunement not at all
audace *f.* boldness
au-delà beyond
au-dessous under, inferior
au-devant: venir au-devant come to meet
auditoire *m.* audience
aujourd'hui today
auparavant before
auprès close
aurore *f.* dawn
ausculter examine (*with a stethoscope*)
aussi also, too, as; and so, therefore (*at the beginning of a sentence*)
aussitôt at once; **aussitôt que** as soon as; **aussitôt... que** no sooner . . . than
autant as much (many); **d'autant plus** all the more; **d'autant que** particularly as
autel *m.* altar
autour around
autre other
autrefois formerly: **d'autrefois** of old
autrement otherwise
autrui others
avaler swallow
avant before; **aller plus avant** move on
avant-veille *f.* two days before
avare *adj.* avaricious, stingy; *m. or f.* miser
avenir *m.* future
aventure *f.* adventure; **courir des aventures amoureuses** have love affairs
avertissement *m.* warning

aveu *m.* confession; **de votre propre aveu** by your own admission

aveuglant blinding

aveugle blind

aveuglement *m.* blindness

aveuglément blindly

avis *m.* advice; opinion; announcement

avocat *m.* lawyer; **avocat général** Public Prosecutor

avoine *f.* oats

avoir (*pres. part.* **ayant;** *p.p.* **eu;** *pres. ind.* **ai, as, a, avons, avez, ont;** *pres. subj.* **aie, aies, ait, ayons, ayez, aient;** *impf.* **avais;** *impv.* **aie, ayez;** *fut.* **aurai;** *p. simp.* **eus, eut, eûmes, eûtes, eurent**) have, get, possess; **avoir l'air** look like, resemble, appear, have the appearance; **avoir besoin** need; **avoir faim** be hungry; **avoir froid** be cold; **avoir honte** be ashamed; **avoir raison** be right; **avoir tort** be wrong; **il y a (avait)** there is, are (was, were); **il y a** ago; **il y a... que** for, since; **avoir... ans** be . . . years old; **qu'est-ce qu'il a?** what's the matter with him?

avoir *m.* asset

avouer confess, admit; **s'avouer** admit to oneself

B

bachelier *m.* high school graduate; **bachelier ès lettres** liberal arts graduate

bâcler dash off

bagarre *f.* fight, brawl

bagatelle *f.* trifle

bagout *m.* gift of gab

bague *f.* ring

bahut *m.* cupboard

baigner bathe

baignoire *f.* bathtub

bâillement *m.* yawn

baiser *v.* kiss; *n.* kiss

baisse *f.* low

baisser lower; weaken; **les yeux baissés** with downcast eyes

bal *m.* ball

balancer: se balancer swing

balbutier stammer

ballant dangling

balle *f.* bullet

ballon *m.* balloon

balustrade *f.* hand rail

banal common, trite

banc *m.* bench

bande *f.* band; gang

bander cover

bandit *m.* bandit; outlaw (*in 19th-century Corsica*)

bandoulière *f.* shoulder strap; **porter un fusil en bandoulière** carry a gun slung over one's shoulder

banquette *f.* seat

baptême *m.* baptism

baraque *f.* hut, hovel; hole

barbe *f.* beard

barboter splash

barbu bearded

barque *f.* boat

barrière *f.* gate

bas, basse low, lower; **à voix basse** in a low voice; **plus bas** in a lower voice; **se sentir bas** feel low

bas *m.* bottom; stocking; **bas de soie** silk stocking

basse-cour *f.* chicken yard; poultry

batifoler cavort; joke

bâtiment *m.* building, house

bâtir build
bâton *m.* stick, cane; perch; **recevoir des coups de bâton** get beaten
battement *m.* beating, trampling
battre beat, strike; blink
bavard talkative
beau, bel, belle beautiful, handsome, pretty; **au beau milieu** right in the middle; **avoir beau faire quelque chose** do something in vain
beaucoup much, many, a lot; greatly
beau-père *m.* father-in-law
bec *m.* beak
bêche *f.* spade
bel, belle (see **beau**)
bénir bless
bénitier *m.* holy water vessel (*basin*)
bercer rock; lull; **se laiser bercer** be lulled
berge *f.* bank
berger *m.* shepherd
besace *f.* bag (*closed at both ends*)
besogne *f.* work, job
besoin *m.* need; **au besoin** if need be; **avoir besoin de** need; **il est besoin de** it is necessary to
bêta *m.* idiot
bête stupid
bêtise *f.* nonsense
bien *adv.* well; quite, very, thoroughly; indeed (*used for emphasis*)
bien *m.* good; property; *pl.* estate
bienfaiteur *m.* benefactor
bientôt soon; **à bientôt** see you soon
bienveillance *f.* kindness
bijou *m.* jewel; *pl.* **bijoux**

bijoutier *m.* jeweler
billard *m.ʼ* billiards
billet *m.* note; **faire des billets** sign IOU's
biscuit *m.* cracker
bistrot *m.* pub, bistro
blanc, blanche white
blanchir whiten; turn white
blé *m.* wheat
blême livid
blessé wounded; **d'un air blessé** in a chilly tone
blessure *f.* wound
bleu blue
bleuâtre blueish
bloc *m.* block; **d'un bloc** like a mass
blotti nestled
bœuf *m.* ox; steer
bohémien *m.* gypsy, vagrant
boire (*pres. part.* **buvant;** *p.p.* **bu;** *pres. ind.* **bois, boit, buvons, buvez, boivent;** *pres. subj.* **boive, buvions, boivent;** *impf.* **buvais;** *impv.* **bois, buvez;** *fut.* **boirai;** *p. simp.* **bus**) drink
bois *m.* wood
boîte *f.* box; case
boiteux lame, crippled
bon, bonne good, kind; **en avoir de bonnes** that's a good one
bond *m.* jump, leap; **faire un bond** jump; pop by
bonheur *m.* happiness
bonhomme *m.* (*simple*) man
bonne *f.* maid
bonnet *m.* cap
bonté *f.* goodness, kindness
bord *m.* side; board; **à bord** on board; **de leur bord** one of them
border line
bordure *f.* edge

borne *f.* limit

bossu hunchbacked

botte *f.* boot; bundle

bouche *f.* mouth

boucher stuff; block

boucher *m.* butcher

boucherie *f.* butchery; butcher's shop

bouffée *f.* puff

bouger move, stir, budge

bougie *f.* candle; spark plug

bougonner grumble

bouillie *f.* pap

bouillon *m.* bubble; **bouillon d'écume** froth

boulanger *m.* baker

boulangère *f.* baker's wife

boule *f.* ball

boulet *m.* cannon ball; weight

bouleverser upset

bourdonner hum, buzz

bourgeois, bourgeoise *adj.* middle-class

bourgeois *m.* burgher; middle-class man

bourgeoise *f.* housewife

bourgeoisie *f.* middle class; **haute bourgeoisie** upper-middle class

bourre: bourre de laine *f.* tag wool

bourrer stuff

bout *m.* piece; end; **au bout de** at the end of, after: **à tout bout de champ** all the time; **venir à bout** get the better

boutique *f.* shop

branche *f.* branch

brandir brandish

branler rock

bras *m.* arm

brave brave; nice, good; **un brave type** a nice, decent guy; **mon brave** old chap

bravement bravely

brebis *f.* ewe lamb

bref, brève brief, short; in short; **d'une voix brève** curtly

breloque *f.* trinket

bride *f.* bridle; **brides abattues** at a gallop

brigadier *m.* corporal

briller shine

brisé: brisé de fatigue dead tired

briser break; **se briser** break up

brocanteur *m.* second-hand dealer

brochet *m.* pike (*type of fish*)

broder embroider

bronches *f. pl.* bronchi

brouhaha *m.* uproar

brouiller: se brouiller fall out

brousse *f.* brush

bru *f.* daughter-in-law

bruit *m.* noise

brûler burn; be dying

brûlure *f.* burn; sting

brun brown

brunir get dark; become dark skinned

brusquement suddenly

brusquerie *f.* abruptness

bruyant noisy

bruyère *f.* briar

bûche *f.* log; blockhead

bûcher *m.* stake

buisson *m.* bush

bureau *m.* desk; office

but *m.* purpose

butin *m.* loot.

C

ça, cela this, that; **ah ça!** now then!; I say!; **ça y est** there; I knew it; **çà** *adv.*   here; **çà et là**   here and there

cabane *f.*   hut

cabaret *m.*   inn

cabinet *m.*   closet, lavatory; minister's staff

cacahuète *f.*   peanut

cacher   hide, conceal; **se cacher**   hide

cadavre *m.*   corpse

cadeau *m.*   gift

cadran *m.*   frame; face

cahier *m.*   exercise book; **cahier d'écriture**   copybook

cahute *f.*   shack

caillou *m.*   pebble

caisse *f.*   case, box; body

calciner   incinerate

cale *f.*   hold

calé   resting

calendes: aux calendes grecques   put off indefinitely

caler   fit, place

calmant *m.*   tranquillizer

calorifère *m.*   furnace; heater

camarade *m. or f.*   comrade, mate

cambuse *f.*   steward's room

camelot *f.*   trash

camomille *f.*   camomile tea

campagne *f.*   countryside, rural area

canapé *m.*   sofa

canard *m.*   duck

candélabre *m.*   candlestick; lamp

canne   cane; **canne à pêche**   fishing rod

canon *m.*   gun barrel

cantique *m.*   hymn

cantonade: à la cantonade   behind the scenes

capillaire   capillary

caporal *m.*   corporal

capot *m.*   hood

capuchon *m.*   hood

caquetage *m.*   cackling

caqueter   cackle

car   for

carapace *f.*   shell

carchera *f.*   leather belt

carême *f.*   Lent

carillon *m.*   chime

carré   square; *m.* officer's quarters (*on board ship*)

carreau *m.*   window pane

carrefour *m.*   crossroad; square

carrière *f.*   career; course

carrosse *m.*   coach

carrosserie *f.*   body (*of a car*)

carton *m.*   chart

cartouche *f.*   cartidge

cas *m.*   case; **en tout cas**   at any rate

caser   place, fit in

casqué   helmeted

casquer: se casquer   put on (*helmet or set*)

cassé   broken; **voix cassée**   broken voice

casser   break

casserole *f.*   pan

cauchemar *m.*   nightmare

causer   talk

causerie *f.*   chat; informal talk

cavalier *m.*   horseman

ceci   this

céder   give up (in); sell

ceinture *f.*   belt

cela   that

célèbre   famous

céleste   heavenly

celui-là   that one

cendre *f.*   ash

cent   hundred; **pour cent**   percent

cependant   however; meanwhile

cerf-volant *m.*   kite

certes   certainly

cerveau *m.* brain
cervelle *f.* brain
cet, cette, ces this, these
ceux those
chacun each, every
chagrin *m.* grief, sorrow
chagriner sadden; **se chagriner** be sorry
chaînette *f.* chain
chair *f.* flesh; **chair de poule** goose bumps
chaise *f.* chair; **chaise longue** reclining chair
chaleur *f.* heat, warmth
chaloupe *f.* rowboat; **chaloupe de sauvetage** life boat
champ *m.* field; **à tout bout de champ** all the time
champignon *m.* mushroom
chance *f.* luck; chance
chanceler totter
chanceux, chanceuse lucky
chandelle *f.* candle
chant *m.* song; **chant du cygne** swan song
chapeau *m.* hat
chaque each, every
char *m.* wagon
charbonnage *m.* coal
chardon *m.* thistle
charge *f.* cost; hoax
charger load; ask; **se charger** undertake; take on
chariot *m.* cart
charlatanisme *m.* quackery
charognard *m.* griffon vulture
charrette *f.* cart
charrier carry, bring
chasse *f.* hunting; **faire bonne chasse** shoot much game; **partie de chasse** day's hunting
chat *m.* cat
châtaigne *f.* chestnut

châtaigner *m.* chestnut tree
château *m.* castle
chatte *f.* she-cat
chatière *f.* cat door
chatouiller tickle
chauffard *m.* reckless driver
chaume *m,.* thatch
chavirer sway; capsize; **faire chavirer** jeopardize; **avoir le cœur chaviré** feel sick
chef *m.* chief, head; **médecin en chef** chief physician
chef-d'œuvre *m.* masterpiece
chef-lieu *m.* chief town
chemin *m.* way
chemise *f.* shirt
cher, chère dear; expensive; **à moins cher** by paying less; **payer cher** pay dearly
chercher look for; **chercher à** try to; **aller chercher** go and get
chéri cherished; darling
chétif weak
cheval *m.* horse
chevaleresque chivalrously, gallantly
chevalier *m.* knight
chevaucher ride (*a horse*)
chevaux *m. pl.* (*see* **cheval**)
chevelure *f.* hair
chevet *m.* apse (*of church*); bedside
cheveu *m.* hair; **couper les cheveux en quatre** split hairs
chèvre *f.* goat; **chèvre laitière** goat kept for her milk
chevreau *m.* kid
chevrette *f.* young she-goat
chevreuil *m.* roebuck
chez *prep.* at, in, into, to the house or office of
chichement scantily
chien *m.* dog

chiffon *m.* rag

chiffonnier *m.* ragman

chiffre *m.* figure; **chiffre d'affaires** sales figure

chignon *m.* bun (*hair twisted behind the head*)

chimérique visionary

chiquenaude *f.* flick

chiquer chew tobacco

chose *f.* thing

chou *m.* cabbage; **chou palmiste** palm cabbage

chrétien, chrétienne Christian

Christianisme *m.* Christianity

chuchotement *m.* whisper

chuchoter whisper

chute *f.* fall

cicatrice *f.* scar

cicatriser: se cicatriser heal

ciel *m.* sky; heaven; *pl.* **cieux**

cingler lash

cirer wax

citer quote, cite

citoyen *m.*, **citoyenne** *f.* citizen

clair clear

clairière *f.* clearing

clarté *f.* light

classé filed; dismissed

clavier *m.* keyboard

clef *f.* key; **fermer à clef** lock

clerc *m.* clerk; **clerc de notaire** notary's clerk

cliché *m.* (*negative*) plate

client *m.* customer, client

cligner close; **cligner de l'œil** wink

cloche *f.* bell; **coup de cloche** ringing, peal

cloporte *m.* sowbug

clos *adj.* closed; *m.* vineyard

clou *m.* nail

cocher *m.* coachman

cochon *m.* pig

cœur *m.* heart; **à cœur ouvert** openly; **en avoir le cœur net** get to the bottom of it; **tenir au cœur** concern

coffre *m.* chest

coffret *m.* box, case

coiffé wearing (*on one's head*)

coiffer comb

coin *m.* corner; **au coin du feu** by the fireside; **dans tous les coins** everywhere, throughout

col *m.* collar; neck

colère *f.* anger

coléreux angry

collant sticky

coller stick; **se coller** stick, cling

collet *m.* collar

collier *m.* necklace; **tirer le collier** put one's back into it, be a hard worker

colombe *f.* dove

combat *m.* fight

comète *f.* comet; **c'est comme le vin de la comète** it happens once in a blue moon

comme as, like, how

commencement *m.* beginning

commencer begin

comment how

commettre (*for forms, see* **mettre**) commit

commis *m.* clerk

commissaire *m.* commissioner

commissariat *m.* police headquarters

commode *f.* chest of drawers

commode convenient, suitable

commodité *f.* convenience

commune *f.* town

communier receive Holy Communion

compagne *f.* companion

complet *m.* suit

comporter involve
composé compound
compositeur *m.* composer
comprendre (*for forms, see*
prendre) understand
comprimé compressed; **fusil à
air comprimé** BB gun
compte *m.* account; **compte
rendu** report; **en fin de
compte** everything
considered; **faire des
comptes** settle accounts;
rendre compte render an
account; **se rendre compte**
realize; **tenir compte** take
into consideration; **tout
compte fait** everything
considered
compter count, expect
comptoir *m.* bar, counter
concevoir (*pres. part.* **concevant;**
p.p. **conçu;** *pres. ind.* **conçois,
conçoit, concevons, concevez,
conçoivent;** *pres. subj.*
**conçoive, concevions,
conçoivent;** *impf.* **concevais;**
impv. **conçois, concevez;** *fut.*
concevrai; *p. simp.* **conçus**)
conceive
concorder agree
concurrent *m.* competitor
condamner sentence, condemn;
give
condition *f.* condition; **faire
condition** stipulate
conducteur *m.* driver
conduire (*pres. part.* **conduisant;**
p.p. **conduit;** *pres. ind.* **conduis,
conduit, conduisons,
conduisez, conduisent;** *pres.*
subj. **conduise, conduisions,
conduisent;** *impf.* **conduisais;**
impv. **conduis, conduisez;** *fut.*
conduirai; *p. simp.* **conduisis**)

conduct, lead, take; **se
conduire** behave
conduite *f.* behavior
conférence *f.* lecture
confesser declare one's belief
confiance *f.* confidence, trust
confier confide; tell
confondre confound; be
confounded; confuse; expose
confondu identical, blended
confrère *m.* colleague, fellow
congénère *m.* fellow tribesman
congestion *f.* stroke
connaissance *f.* knowledge;
consciousness; acquaintance
connaître (*pres. part.*
connaissant; *p.p.* **connu;** *pres.
ind.* **connais, connaît,
connaissons, connaissez,
connaissent;** *pres. subj.*
**connaisse, connaissions,
connaissent;** *impf.* **connaissais;**
impv. **connais, connaissez;** *fut.*
connaîtrai; *p. simp.* **connus**)
know, become acquainted
consacrer devote; **se
consacrer** take care
conseil *m.* advice; council
conseiller advise; *m.* advisor;
councillor
conserver keep
consoler console; **se consoler**
console oneself; get over
constamment constantly
constater notice
consterné dismayed
consultant *m.* patient
consultation *f.* visit,
appointment; **consultation
contradictoire** second
opinion
consulter see (*a doctor*), come
for an examination
contempteur *m.* scorner

contenance *f.* content;
countenance; **faire bonne
contenance** put a good face
on it
content pleased, happy
contenter gratify; **se contenter
de faire** to merely do; be
satisfied with
conter tell
continu constant
contourner walk around
contrainte *f.* coercion
contrairement à contrary to
contre against
convaincre (*pres. part.*
convainquant; *p.p.* **convaincu;**
pres. ind. **convaincs, convaincs,
convainc, convainquons,
convainquez, convainquent;**
pres. subj. **convainque,
convainquions, convainquent;**
impf. **convainquais;** *impv.*
convaincs, convainquez; *fut.*
convaincrai; *p. simp.*
convainquis) convince
convenable suitable, proper
convenablement properly
convenance *f.* suitability; **à
votre convenance** as you wish
convenir (*for forms, see* **venir**)
admit
convenu agreed (*upon*);
conventional
convoitise *f.* greed
copie *f.* copy; **faire de la
copie** do copying
coquet stylish
coquillage *m.* shell
coquin rascal
corbeau *m.* crow
corbeille *f.* basket
corde *f.* rope
cordon *m.* cord; **cordon
d'étoupe** fuse

cordonnet *m.* tie; cord
corner blare
corps *m.* body
corriger: se corriger correct
oneself
corrompu corrupt
corse Corsican
Corse *f.* Corsica
côte *f.* coast; rib; hill
côté *m.* side; **à côté de** next to,
beside
cou *m.* neck
coucher lie; **se coucher** lie
down
coucher: coucher de soleil *m.*
sunset; **chambre à coucher**
bedroom
coude *m.* elbow
coudre sew
coudrier *m.* hazel
couler sink; flow, fun; **couler
un regard** steal a look; **se
couler** slip; **se couler le
long** creep along, edge
along
couloir *m.* hall
coup *m.* blow; **coup de cloche**
peal, ringing; **coup de fusil**
shot; **coup d'œil** glance;
coup de poignard stab;
taunt; **coup de sonnette** ring;
coup de tête whim; **coup sur
coup** one after another; **un
bon coup** a hit; **donner un
coup de baïonnette dans**
stick a bayonet into; **d'un coup
de pouce** with one's thumb;
jeter un coup d'œil look;
tout à coup suddenly; **tout
d'un coup** all at once
coupable guilty
coupe *f.* cross section
couper cut; **couper les sous en
quatre** be stingy

cour *f.* court; yard; **cour
intérieure** backyard
courant common
courbature *f.* ache
courbe *f.* curb; curve
courbé bent, slumped
courber bend
couronne *f.* crown
cours *m.* course
course *f.* errand
coursier *m.* courser, charger
court short
courtisan *m.* courtier
couteau *m.* knife
coûteux costly
coutume *f.* custom, habit; **de
coutume** usual, customary
couver brood
couvercle *m.* cover
couvert *m.* cover; **à couvert**
under cover
couverture *f.* blanket, cover
couvrir (*pre. part.* **couvrant;** *p.p.*
couvert; *pres. ind.* **couvre,
couvrons, couvrez, couvrent;**
pres. subj. **couvre, couvrions,
couvrent;** *impf.* **couvrais;** *impv.*
couvre, couvrez; *fut.* **couvrirai;**
p. simp. **couvris**) cover; **se
couvrir** wrap oneself up
crachat *m.* spit; sputum
cracher spit
craie *f.* chalk
craindre (*pre. part.* **craignant;**
p.p. **craint;** *pres. ind.* **crains,
craint, craignons, craignez,
craignent;** *pres. subj.* **craigne,
craignions, craignent;** *impf.*
craignais; *impv.* **crains,
craignez;** *fut.* **craindrai;** *p.
simp.* **craignis**) fear
crainte *f.* fear
cramponner: se cramponner
cling

craquement *m.* crackling
crayon *m.* pencil; **crayon-feutre**
felt pen
crépiter patter
crépu crisp, frizzy
crépuscule *m.* twilight, dusk
creusé hollowed; **figure
creusée** hollow-cheeked face
creuser dig; **se creuser** bend
creux *adj.* hollow; *m.* hollow
crever croak, puncture
cri *m.* cry; **pousser un cri**
utter a cry
crieur *m.* crier; **crieur public**
town crier
crinière *f.* mane
croc *m.* fang
croire (*pres. part.* **croyant;** *p.p.*
cru; *pres. ind.* **crois, croit,
croyons, croyez, croient;** *pres.
subj.* **croie, croyions, croyiez,
croient;** *impf.* **croyais;** *impv.*
crois, croyez; *fut.* **croirai;** *p.
simp.* **crus**) believe; think;
croyez-m'en believe me
croiser fold; **se croiser** cross
each other
croître grow
croix *f.* cross
croquis *m.* sketch
crosse *f.* butt
crouler crash
croûte *f.* crust
croyance *f.* belief
cru raw
cueillir pick; break off
cuillerée *f.* spoonful
cuir *m.* leather
cuire cook; **dur à cuire** *m.*
tough customer
cuisine *f.* kitchen; cooking
cuisinier *m.* cook
cuisse *f.* thigh
cuivre *m.* copper, brass (*of a car*)

culot: avoir du culot have nerve

culotte *f.* knickers; **culotte courte** knee breeches

curé *m.* village priest

cyclothymique cyclothymic

cygne *m.* swan; **chant du cygne** swan song

D

de of, from, by, with, in, to, than, some, any; **de lui-même** of his own accord

déambuler parade

déballage *m.* clearance sale

débarrasser get rid; **se débarrasser** get rid of

débattre: se débattre struggle

débordé overworked

déborder overflow

debout standing (*up*); **se tenir debout** keep upright

débusquer drive out

début *m.* beginning

débuter begin, start

déception *f.* disappointment

décès *m.* decease, death

déchaîner unleash, cause

déchargé not loaded

décharger unload

déchiqueter take apart, shred, tear to pieces

déchirer tear, rend; break

déchoir fall

déconcerter disconcert

déconseiller advise against

décontenancé confused

découvrir discover; uncover; expose

décret *m.* decree, by-law

décrire (*pres. part.* **décrivant;** *p.p.* **décrit;** *pres. ind.* **décris, décrit, décrivons,décrivent;** *pres. subj.*

décrive, décrivions, décrivent; *impf.* **décrivais;** *impv.* **décris, décrivez;** *fut.* **décrirai;** *p. simp.* **décrivis**) describe

déçu disappointed

dédaigneusement disdainfully

dédain *m.* disdain

dedans inside

dédire: se dédire go back on one's word

déduire (*for forms, see* **conduire**) deduce

déesse *f.* goddess

défaire (*for forms, see* **faire**) undo, unbutton

défendre (*pres. part.* **défendant;** *p.p.* **défendu;** *pres. ind.* **défends, défend, défendons, défendez, défendent;** *pres. subj.* **défende, défendions, défendent;** *impf.* **défendais;** *impv.* **défends, défendez;** *fut.* **défendrai;** *p. simp.* **défendis**) defend

défi *m.* defiance

défiler file by

défunt *m.* deceased man

dégager: se dégager break away

déglutir swallow

dégoût *m.* disgust

dégoûtant disgusting

déguisement *m.* disguise

dehors outside, out

déjà already

déjeuner lunch; *m.* lunch

délai *m.* extension

delice *m.* delight

délier untie

délinquant criminal

délivrer free

déloger drive out

démangeaison *f.* itch

demain tomorrow

démarche *f.* gait; action
démarrage *m.* starting
démarrer drive off
demeurant: au demeurant all the same
demeure *f.* home
demeurer live; remain
demi half; **à demi** half; **comprendre à demi-mot** catch on
démon *m.* devil
démonter take apart
dénombrer find, count
dent *f.* tooth
dépasser exceed; pass
dépêcher: se dépêcher hurry, hasten
dépenser spend; use
dépérir waste away
déplaire (*for forms, see* **plaire**) displease
déployer: se déployer spread out
déplumé plucked
déposer set down
dépouille *f.* remains
dépouiller rob; **se dépouiller** rob oneself
déprimé depressed
depuis since; **depuis... jusqu'à** from . . . to
déranger trouble; **se déranger** take the trouble; get out of the way
dernier, dernière last; extreme
dérober take away
dérouler: se dérouler unfold; take place
derrière *prep.* behind; *m.* rear
dès from, as early as; **dès lors** from that time; henceforth
descendre (*pres. part.* **descendant;** *p.p.* **descendu;** *pres. ind.* **descends, descend,**

descendons, descendez, descendent; *pres. subj.* **descende, descendions, descendent;** *impf.* **descendais;** *impv.* **descends, descendez;** *fut.* **descendrai;** *p. simp.* **descendis**) go down, descend; take down
descente *f.* going down
désert *adj.* deserted; *m.* desert
désespérer: se désespérer dispair
désespoir *m.* despair
déshabiller undress; **se déshabiller** get undressed
désigner point; **client désigné** appointed client
désolation *f.* grief
désolé sorry; heartbroken
désordonné disordered
désormais from now on
dessiner draw; **se dessiner** be drawn
destin *m.* fate
détendre: se détendre relax; become limp
détente *f.* trigger
déterrer dig up
détourner distract; turn away
détourné turned away
détrempé soaked
détresse *f.* distress
détromper set right
dette *f.* debt
deuil *m.* mourning
deuxième second
devancier *m.* predecessor
devant in front
deviner guess
devinette *f.* riddle
dévisager scrutinize
dévissage *m.* unscrewing
devoir (*pres. part.* **devant;** *p.p.* **dû;** *pres. ind.* **dois, doit,**

devons, devez, doivent; *pres.*
subj. **doive, devions, doivent;**
impf. **devais;** *fut.* **devrai;** *p.*
simp. **dus)** must, have to,
expect to; owe

devoir *m.* duty; **manquer à ses**
devoirs neglect one's duty;
remplir ses devoirs do one's
duty

dévoué devoted

dévouement *m.* devotion

diable *m.* devil

diablerie *f.* devilry

diamant *m.* diamond

diantre heck, deuce

dictée *f.* dictation

difficile difficult; hard to
please

digne worthy

diligence *f.* stage coach; bus

dimanche Sunday; **en habits de**
dimanche, en toilette des
dimanches wearing one's
Sunday best

diminuer weaken

dinde *f.* turkey hen; idiot

dîner dine; *m.* dinner

dire (*pres. part.* **disant;** *p.p.* **dit;**
pres. ind. **dis, dit, disons, dites,**
disent; *pres. subj.* **dise, disions,**
disent; *impf.* **disais;** *impv.* **dis,**
dites; *fut.* **dirai;** *p. simp.* **dis)**
say, tell; **à vrai dire** as a
matter of fact; **dites donc!**
listen! **c'est-à-dire** that is to
say; **c'est dit** it is agreed;
pour ainsi dire as it were;
vouloir dire mean

diriger direct; **se diriger** go
toward

disconvenir disagree

discours *m.* speech

dispenser exonerate; **se**
dispenser get out

disponible available

disposer have available

dissimulation *f.* concealment

dissimuler conceal, hide

dissiper dissolve

distraction *f.* amusement;
absent-mindedness

distrait absent-minded; listless;
prendre des airs distraits
have a vacant look

dit said; **c'est dit** it's settled

divaguer ramble

divan *m.* couch

dix ten

dixième tenth

doigt *m.* finger; **un doigt de** a
tiny bit of

domaine *m.* estate

domestique *m. or f.* servant

dominicain Dominican

dommage *m.* damage; **c'est**
dommage it is a pity

donc therefore, so

données *f. pl.* data

doré gilt

dorer gild

dormir (*pres. part.* **dormant;** *p.p.*
dormi; *pres. ind.* **dors, dort,**
dormons, dormez, dorment;
pres. subj. **dorme, dormions,**
dorment; *impf.* **dormais;** *impv.*
dors, dormez; *fut.* **dormirai;** *p.*
simp. **dormis)** sleep

dos *m.* back

dot *f.* dowry

douce (*see* **doux**)

doucement slowly

douceur *f.* sweetness,
smoothness; comfort

douche *f.* shower

douleur *f.* pain

douloureux painful

doute *m.* doubt; **sans doute**
no doubt; probably

douter doubt; **se douter** suspect

doux, douce sweet, gentle; fresh

douze twelve

drap *m.* sheet

drapeau *m.* flag

dresser set up; **se dresser** stand up, rise; **se dresser sur son séant** sit up

droit *adj.* right; straight; *m.* right; tax; **avoir droit** be entitled

drôle funny; *m.* **petite drôle** little scamp

dû, due due

dur hard

durant during

durement hard

durer last; go on

dureté *f.* hardness, harshness

E

eau *f.* water; **eau douce** fresh water

ébaucher: s'ébaucher be made

éblouissant dazzling

ébranler: s'ébranler start moving

écaille *f.* scale

écarquillé wide open

écarter brush aside

échapper escape, slip; **s'échapper** escape; **laisser échapper** express

échéance *f.* date of payment; **échéance trimestrielle** quarterly installment

échec *m.* failure

échelle *f.* ladder

échelon *m.* level

éclabousser splatter, splash

éclair *m.* lightning, flash

éclairage *m.* lighting

éclairer light; enlighten

éclat *m.* burst; **éclats de voix** loud voices

éclatant bright

éclater burst; break; **éclater de rire** burst out laughing

école *f.* school

écolier *m.* schoolboy

économiser save

écouler: s'écouler flow, be spent; go by; sell off

écouter listen; **s'écouter** take care of one's health

écoutille *f.* hatchway

écran *m.* screen

écraser crush

écrire (*pres. part.* **écrivant;** *p.p.* **écrit;** *pres. ind.* **écris, écrit, écrivons, écrivez, écrivent;** *pres. subj.* **écrive, écrivions, écrivent;** *impf.* **écrivais;** *impv.* **écris, écrivez;** *fut.* **écrirai;** *p. simp.* **écrivis**) write

écriture *f.* writing; handwriting; Scripture

écrouler: s'écrouler break into pieces

écu *m.* crown (*money*)

écume *f.* foam, froth; **bouillon d'écume** froth

écurie *f.* stable

édifier build

effacer: s'effacer step back; fade away

effectivement indeed

effet *m.* effect; **en effet** indeed

effondrer: s'effondrer collapse

efforcer: s'efforcer try

effrayant frightening, terrifying

effrayer frighten, terrify, alarm

effronté saucy, impudent

effroyable frightening; tremendous

effusion *f.* show of feeling;

avec effusion   again and
again
égarer   mislay; lose; **s'égarer**
get lost
église *f.*   church
égoïste   selfish
égout *m.*   sewer
élan *m.*   dash
élancer: s'élancer   leap
élève *m. or f.*   pupil; apprentice
élever   raise; **s'élever**   rise; be
raised; amount
éloignement *m.*   distance
éloigner   keep away;
s'éloigner   move away
embarcation *f.*   boat
embarrasser   embarrass;
perplex
embellir   embellish
embrasure *f.*   doorway
embrasser   kiss; **s'embrasser**
kiss each other
embrouiller   confuse
embuscade *f.*   ambush
empêché   unable; at a loss
empêcher   prevent; **ne pas
s'empêcher**   not to prevent
oneself; **il ne peut s'empêcher
de rougir**   he cannot help
blushing
emphase *f.*   bombast; **avec
emphase**   importantly
empiler   pile up
emplacement *m.*   presence; spot
emploi *m.*   employment; **mode
d'emploi**   instructions
empoigner   seize, grab, collar;
get hold of
empoisonné   poisoned
emportement *m.*   passion; anger
emporter   carry away
empresser: s'empresser   show
eagerness
emprunter   borrow; use

ému   moved; emotional
en *prep.*   in, into, at, to, by,
while, on; *pron.* of her (him, it,
them), with it, from there,
some, any; **en** + *pres. part.* by,
while, in, on
encensoir *m.*   incense holder
encercler   encircle
enchanté   delighted
encore   again, yet, still, but still;
pas encore   not yet
endosser   put on
endroit *m.*   place, spot
enduire   smear
endurer   bear, undergo
enfance *f.*   childhood
enfer *m.*   hell
enfermer   shut up
enfilade: en enfilade   in a row
enfiler   string; **enfiler des
perles**   string pearls
enfin   finally, at last; well after
all; **mais enfin**   but still; come
now
enfler   swell
enfoncer   stick into, stuff;
s'enfoncer   sink, disappear
enfoui   buried
enfourcher   mount, get on
enfuir: s'enfuir   flee
engagement *m.*   agreement;
prendre des engagements
enter into agreements
engourdir: s'engourdir   grow
numb
engueuler   yell at; **se faire
engueuler**   get yelled at
enhardi   boldly
enjamber   step over
enlèvement *m.*   elopement
enlever   take away; remove
ennui *m.*   boredom; trouble
ennuyé   bored; **être ennuyé**
not to know what to do

ennuyer (*pres. part.* **ennuyant;**
p.p. **ennuyé;** *pres. ind.* **ennuie,**
ennuies, ennuie, ennuyons,
ennuyez, ennuient; *pres. subj.*
ennuie, ennuyions, ennuyiez,
ennuient; *impf.* **ennuyais;** *impv.*
ennuie, ennuyez; *fut.* **ennuirai;**
p. simp. **ennuyai**) bore;
bother, tire; **s'ennuyer** get
bored

ennuyeux troublesome; **être**
ennuyeux be a problem

enrager enrage, be in a rage,
fume

enrayer check

enregistrement *m.* record
office; registry

enregistrer register; record

enroulé wrapped around

enrouler: s'enrouler wrap
around

enseigne *f.* sign

enseignement *m.* teaching

enseigner teach

ensemble together

ensuite then, afterward

entassé piled up

entassement *m.* pile

entendre (*for forms, see* **tendre**)
hear; understand; **entendre**
dire hear that; **entendre**
parler de hear about;
s'entendre understand each
other; **entendons-nous** let me
explain; **se faire entendre** be
heard; **s'entendre dire** listen;
bien entendu of course; **c'est**
entendu all right; **y**
entendre understand

entendu knowing

enterrement *m.* funeral

enterrer bury

entier entire, complete, whole;
en entier entirely

entièrement entirely,
completely

entonner force down

entourer surround

entrailles *f. pl.* guts, bowels

entraîner take along

entre between, among

entrée *f.* entrance

entrecoupé broken

entreprendre (*for forms, see*
prendre) undertake

entretenir: s'entretenir have a
talk

entretien *m.* conversation

entrevoir glimpse

entr'ouvrir (*for forms, see*
couvrir) half open

envahir invade

envahissement *m.* invasion

envelopper envelop, wrap;
s'envelopper wrap around
oneself

envie *f.* envy; desire,
inclination; **avoir envie de**
wish, desire; feel like

environ about; *m. pl.*
neighborhood, area

envoler: s'envoler fly away

épais, épaisse thick

épaisseur *f.* thickness

épancher: s'épancher pour out

épanoui beaming

épars dispersed, scattered

épaule *f.* shoulder; **hausser les**
épaules shrug one's
shoulders

épée *f.* sword

éperdu wild, wildly; stunned;
delirious, frantic

éperonner spur

épicé spicy

épicerie *f.* grocery

épicier *m.* grocer

épier spy

épigastre *m.* abdomen

éponger wipe, mop;
  s'éponger wipe, mop

épouser marry, wed

épouvantable frightful,
  dreadful

épouvantail *m.* scarecrow

épouvante *f.* fright, terror

épouvanter frighten

éprouver undergo; suffer; feel

épuisé exhausted

épuiser tire, exhaust

équipage *m.* crew; equipment

équiper equip

escalier *m.* staircase, stairs

escarre *f.* bedsore

escopette *f.* blunderbuss

espace *m.* space

espagnol Spanish

espèce *f.* sort, kind; **en
  espèces** cash; **en l'espèce** in
  the case at hand; **une espèce
  de** something like

espérance *f.* hope

espérer hope

espoir *m.* hope

esprit *m.* spirit, mind; **avoir
  l'esprit tranquille** rest
  assured; **rendre l'esprit** give
  up the ghost

esquisser start (to do)

essayer try; try on

essence *f.* gasoline

essuyer wipe

estaminet *m.* pub

estimation *f.* estimate

estimer feel

estomac *m.* stomach; **soulever
  l'estomac** upset the stomach

établir establish

étal *m.* display

étaler spread, spread out;
  s'étaler spread out

étape *f.* lap

état *m.* state; condition;
  profession; schedule; **mettre
  quelqu'un hors d'état** make it
  impossible for someone to

été *m.* summer

éteindre (*pres. part.* **éteignant;**
  p.p. **éteint;** *pres. ind.* **éteins,
  éteint, éteignons, éteignent;**
  pres. subj. **éteigne, éteignions,
  éteignent;** *impf.* **éteignais;**
  impv. **éteins, éteignez;** *fut.*
  éteindrai; *p.simp.* **éteignis**)
  extinguish; blow out;
  s'éteindre pass away; fade,
  die down

éteint stifled

étendard *m.* banner

étendre (*for forms, see* **tendre**)
  hang up (*laundry*); **s'étendre**
  lie down

étendu stretched out

étincelant sparkling

étinceler shine, sparkle

étoffe *f.* material, cloth

étoile *f.* star

étonnement *m.* astonishment

étonner astonish; **s'étonner**
  wonder

étouffement *m.* choking,
  suffocation

étouffer choke, stifle, suffocate

étourdi scatterbrained

étourdissement *m.* fainting
  (*spell*)

étrange strange

étranger *adj.* foreign; **étranger
  à** nonresident; *m.* stranger;
  foreigner

étrangler strangle; **s'étrangler**
  choke

être (*pres. part* **étant;** *p.p.* **été;**
  pres. ind. **suis, es, est, sommes,
  êtes, sont;** *pres. subj.* **sois, soit,
  soyons, soient;** *impf.* **étais;**

impv. **sois, soyez;** *fut.* **serai;** *p. simp.* **fus**) be; **être à** belong to; **être à faire quelque chose** be doing something; **soit!** OK!

être *m.* being

étriqué cramped

évanouir: s'évanouir faint, lose consciousness

éveillé aroused; **bien éveillé** bright

éveiller arouse; **s'éveiller** wake up

événement *m.* event

évêque *m.* bishop

évidemment evidently, obviously

évincer turn down

éviter avoid

évoquer conjure up; tell

exécuter execute, carry out; follow

exercer practice; **s'exercer** be exerted

exiger require; demand

exploiter run

exposition *f.* exhibition

exprès on purpose

expressif expressive; **faire un regard expressif** blink hard

exprimer express

extase *f.* ecstasy

extasié in ecstasy

extrait *m.* extract

extrême-onction *f.* Last Sacrament

F

face *f.* face; **à la face** to someone's face; **face à face** face to face; **en face** straight; opposite; across

fâcher: se fâcher get angry

fâcheux unfortunate, unpleasant

façon *f.* way, manner; **de toute façon** in any case

factice false

fagot *m.* bundle

faible weak

faiblesse *f.* weakness

faïence *f.* earthenware

faim *f.* hunger

faire (*pres. part.* **faisant;** *p.p.* **fait;** *pres. ind.* **fais, fait, faisons, faites, font;** *pres. subj.* **fasse, fasses, fassions, fassent;** *impf.* **faisais;** *impv.* **fais, faites;** *fut.* **ferai;** *p. simp.* **fis**) do, make; **faire** + *inf.* cause (*have, make*) someone to do something or something to be done; **faire attention** pay attention; **faire chercher** get; **faire entendre** give out; **faire mal** hurt; **faire peur** frighten; **faire une promenade** go for a walk; **faire semblant** pretend; **faire signe** motion; **faire venir** send for; **se faire** earn, make; **se faire vieux** be getting old; **s'en faire** care, worry; **qu'est-ce que ça me fait?** what difference does that make?; **rien n'y fit** it was of no use

faisceau *m.* bundle; **faisceau de Türck** Turck's facellum

faiseur *m.* charlatan

fait *m.* feat; **fait d'armes** feat of arms

falaise *f.* cliff

falloir (*impersonal v.*) be necessary, must; **s'en falloir** be lacking, fall short

famélique half starved

fameux famous; terrific

familièrement familiarly

fantaisie *f.* fantasy; **de fantaisie** not real

fardeau *m.* burden, load

farouche fierce, grim

fastidieux boring

fatigue *f.* fatigue, tiredness

fatigué tired, weary

fatras *m.* trash, junk

faufiler: se faufiler slip, thread one's way

fausse see **faux**

faute *f.* fault; **faute de** for lack of

fauteuil *m.* armchair

fauve fawn-colored

faux, fausse false

favori *m.* sideburn

feindre pretend

féliciter congratulate; **se féliciter** congratulate oneself

fendre split

fente *f.* slit

fer *m.* iron; bit; chain

ferblantier *m.* tinsmith

fermage *m.* (*farm*) rent

fermer close, shut; **fermer à clef** lock

fermeté *f.* firmness

fesse *f.* buttock

fêtard *m.* merrymaker

fête *f.* festival; party; **Fête-Dieu** Corpus Christi Day

feu *m.* fire; **au coin du feu** by the fireside; **faire feu** shoot

feuillage *m.* foliage

feuille *f.* leaf

février February

fiacre *m.* cab

ficelle *f.* string

ficher: se ficher not to care

fichu *m.* shawl

fidèle faithful, loyal

fidélité *f.* loyalty

fier, fière proud

fier: se fier rely

fifille *f.* girlie

figure *f.* face; drawing; **figure creusée** hollow-cheeked face

figurer figure; **se figurer** imagine

fil *m.* thread, wire; **fils de fer** wire bars (*in a bird cage*)

file *f.* line

filer spin; run

filet m. net; fillet; **filet de pêche** fishing net

fin *f.* end; **mettre fin** put an end

fin thin, fine, graceful, elegant

finesse *f.* grace

fisc *m.* income tax

fixer fasten

flacon *m.* bottle

flambeau *m.* candlestick

flamboyer blaze

flèche *f.* arrow; **flèche de direction** directional arrow

fléchette *f.* dart

fleuve *m.* river

flic *m.* cop

florin *m.* florin (coin)

flot *m.* wave; crowd

foi *f.* faith; **de bonne foi** in good faith, sincere; **ma foi** well

foie *m.* liver

foin *m.* hay; **tas de foin** haystack

fois *f.* time; **à la fois** at a time, at the same time; **d'autres fois** at other times

folle (see **fou**)

foncé dark

fond *m.* background; back; substance; bottom; **à fond** thoroughly; **à fond de train** at full speed; **au fond** basically

fondement *m.* foundation
fonder found, establish
fontaine *f.* fountain
forain itinerant; **marchand forain** peddler
forçat *m.* convict
force *f.* strength, force; **de toutes ses forces** with all one's might
forcer force; **se forcer** overdo
forme *f.* form, shape; **en bonne forme** regular
fort *adj.* strong; good; loud; **fort de** backed by; **par trop fort** a bit too much; *adv.* quite, much, very; **fort en peine** troubled
fortement tightly
fortifier fortify
fossé *m.* moat, ditch
fou, folle mad, insane, lunatic
foudre *f.* lightning; **coup de foudre** lightning bolt
foudroyant thundering
foudroyé thunderstruck; **mourir foudroyé** drop dead
fouet *m.* whip
fouetter whip
fouiller rummage; search; go through
foulard *m.* scarf
foule *f.* crowd
fouler tread
fourbi polished
fourche *f.* fork
fourmi *f.* ant
fourmiller swarm
fournir furnish
fourré *m.* thicket
fourrer put
fourrure *f.* fur
foyer *m.* home
fracas *m.* crash
fraîcheur *f.* cool

frais *m. pl.* expenses, cost; **frais divers** various expenses
frais, fraîche fresh; cool
franchir cross over; cover
frapper hit, strike; **se frapper la poitrine** beat one's breast
frayeur *f.* fright
frein *m.* brake; **ronger son frein** fret under restraint
frêle frail
frémir flutter; throb
frémissement *m.* shiver
fréquemment frequently
fret *m.* freight
friand fond
fripon *m.* rogue, rascal; naughtly little boy
frisé frizzy
frisson *m.* shiver
frissonnant shivering
frissonner shiver; shudder
froid *adj.* cold; **avoir froid** be cold
fromage *m.* cheese
froncer: se froncer knit
front *m.* forehead, brow
frotter scrub, rub; **se frotter** rub
fuir flee
fuite *f.* escape
fumée *f.* smoke
fureur *f.* fury, rage
furoncle *m.* boil
fusil *m.* gun; **coup de fusil** shot
fusillade *f.* shooting; volley of musketry
futile idle

G

gâcher waste
gâchis *m.* waste

gagner   gain; go; reach; profit
gai   merry, gay
gaillard *m.*   chap; **gaillard dur à cuire**   tough cookie
gaillard   strong, in good shape; boldly
galanterie *f.*   compliment
galère *f.*   galley
galérien *m.*   galley slave
galet *m.*   pebble
gamin *m.*   boy
garantir   guarantee; safeguard
garcette *f.*   cat o'nine tails
garçon *m.*   boy
garde *f.*   guard; **prendre garde**   take care, be careful; notice
garde-champêtre *m.*   village policeman
garder   keep; **se garder**   watch out; **se garder de**   take care not to, make sure not to
gardeuse *f.*   keeper
garnement *m.*   scamp
garniture *f.*   garnishing
gars *m.*   boy, young man
gascon   Gascon, from Gascony
gaspiller   waste
gâter   spoil
gauche *adj.*   awkward; left; *f.* left
gaze *f.*   gauze
gazon *m.*   grass
geindre (*for forms, see* **peindre**) wail, complain
gémir   creak
gémissement *m.*   moaning
gendarme *m.*   state trooper
gendre *m.*   son-in-law
gêner   be in the way, inconvenience, bother; **se gêner**   deprive oneself; be in each other's way
genou *m.*   knee
genre *m.*   kind

gens *m. pl.*   people
gentil   nice, kind
gentilhomme *m.*   gentleman
gentillesse *f.*   kindness
gentiment   kindly
geste *m.*   gesture
gestion *f.*   management
gibier *m.*   game
gifle *f.*   slap
gigantesque   gigantic
gilet *m.*   undershirt
glace *f.*   ice; mirror
glacé   icy
glacial   chilly
glaireux   slimy
glapir   yap
glisser   slip, glide; **glisser un œil**   peep; **se glisser**   slip
gloussement *m.*   cluck; chuckle
glousser   chuckle
goélette *f.*   schooner
gonfler   fill up; **se gonfler**   swell up
gorge *f.*   throat; breast; **avoir mal à la gorge**   have a sore throat
gorgée *f.*   mouthful
gourde *f.*   water bottle, flask
gourmand   greedy
goût *m.*   taste
goutte *f.*   drop; bead
grâce *f.*   grace; pardon; **grâce à**   thanks to; **crier grâce**   beg for mercy; **faire grâce**   pardon; **rendre grâce**   give thanks
gracieux   graceful; gracious
grade *m.*   rank; degree
grand   big, tall, high; great; **en grand**   on a large scale; **pas grand-chose**   not much
grandeur *f.*   greatness
grandir   grow up
graphique *m.*   graph

grappe *f.* bunch; **grappe de raisin** bunch of grapes

gras, grasse fat

gratter scrape

grattouiller prickle

grave grave, serious

gravir climb

gravure *f.* picture

grenier *m.* granary; hayloft

grève *f.* beach

griffe *f.* claw; **coup de griffe** claw

grignoter nibble

grimper climb

grippe *f.* flu; **grippe banale** common cold

gris gray

grogner grumble; mutter

grommeler grumble, mutter

gronder grumble

gros, grosse, big; rough

grosseur *f.* size

grossi magnified

grossier bad-mannered, gross, uncivil

grossièrement coarsely; not thoroughly

grouillant wriggling

guenilles *f. pl.* rags

guère hardly, scarcely (*preceded by* **ne**)

guéridon *m.* pedestal table

guérir cure; recover

guérison *f.* cure

guerre *f.* war

guet *m.* watch, look out

guetter watch

gueuler clamor, shout

guimbarde *f.* jalopy

H

habileté *f.* cleverness, skill

habiller dress; **s'habiller** dress

habit *m.* coat; clothing; **habits de dimanche** Sunday best

habitude *f.* habit, custom

habituer accustom; **s'habituer** get used (*accustomed*)

hache *f.* hatchet

hagard drawn

haillon *m.* rag

haine *f.* hatred; **prendre en haine** conceive a strong aversion

haïr hate

haleine *f.* breath; **perdre haleine** get out of breath

halètement *m.* heaving

haleter pant

halle *f.* market hall

hameau *m.* hamlet

hanche *f.* hip

hardiesse *f.* boldness

hardiment boldly

hargneux snappy

harponner corner

hasard *m.* chance; **à tout hasard** just in case; **par hasard** by chance

hâte *f.* haste; **avoir hâte** be in a hurry

hâter hasten; **se hâter** hasten, hurry

hauban *m.* shroud

hausse *f.* high

hausser raise; **hausser les épaules** shrug one's shoulders

haut high, tall; **parler haut** speak in a loud voice; **tout en haut** up on top; *m.* upper part

haut-le-cœur: avoir un haut-le-cœur feel sick

hautbois *m.* oboe

hauteur *f.* height; haughtiness

hé hey; well

hebdomadaire weekly

hectare *m.* about two and a half acres

hein what

hélas unfortunately

hennir neigh

herbe *f.* grass

héritage *m.* inheritance

héritière *f.* heiress

hétéroclite nondescript, odd

heu er . . . (*sound indicating hesitation*)

heure *f.* hour, o'clock; **de bonne heure** early; **tout à l'heure** just now, a while ago; soon

heureux happy, fortunate

heurter knock, hit, bump

hideux hideous

hisser hoist; **se hisser** lift oneself

histoire *f.* history; story; incident; **histoire de rire** as a joke

hiver *m.* winter

hivernage *m.* winter season

hocher shake

honneur *m.* honor; **parole d'honneur** upon my word

honoraires *m. pl.* salary; fees

honte *f.* shame; **avoir honte** be ashamed

hoquet *m.* choking

horreur *f.* horror; **prendre en horreur** feel disgust

hors out; beside; **hors d'atteinte** out of reach; **hors d'état de** not in a position to; **hors de propos** irrelevant

houleux bobbing

huile *f.* oil

huit eight

humer smell

humeur *f.* humor; mood; **se**

sentir d'humeur be in a mood

hurler scream, howl

I

ici here

ignorer not to know

imbécile idiot

immeuble *m.* building

impatient anxious

importer matter, be of importance; **il importe que** it is essential that; **n'importe qui** anybody

importun unwelcome

impôt *m.* tax

imprimer print

improviste: à l'improviste unexpectedly

inaccoutumé unusual

inaperçu unnoticed

incliner bend, bow; **s'incliner** bow

inconsidéré inconsistent

inconvénient *m.* disadvantage, drawback, ill effect

incroyable unbelievable

indigne unworthy

indigner: s'indigner get indignant

indissolublement indissolubly

indivis undivided

industriel *m.* industrialist

inégal unequal

infailliblement unfailingly

inférieurement downward

infirmière *f.* nurse

ingrat *m.* ungrateful

iniquité *f.* unjust action

injure *f.* insult; **grogner des injures** mutter insults

innombrable countless

inonder flood
inouï unheard of
inquiet, inquiète uneasy; nervous
inquiétant alarming
inquiéter worry; bother; **s'inquiéter** become worried, worry
inquiétude f. worry
insensé senseless
insensiblement gradually
insigne conspicuous
insomnie f. sleeplessness
insouciance f. carelessness, unconcern
insoupçonné unsuspected
insoutenable unbearable
installation f. facilities
instantanément instantaneously
instituteur m. teacher (*grade school*)
instruction f. education
instruire instruct, teach
instruit educated
insupportable unbearable
intéressé interested; self-seeking
intérêt m. interest; **intérêts composés** compound interest
interpeller ask questions
interroger interrogate
interrompre interrupt; **laisser s'interrompre** break off
introduire (*pres. part.* **introduisant;** *p.p.* **introduit;** *pres. ind.* **introduis, introduit, introduisons, introduisent;** *pres. subj.* **introduise, introduisions, introduisent;** *impf.* **introduisais;** *impv.* **introduis, introduisez;** *fut.* **introduirai;** *p. simp.* **introduisis**) introduce
inusité unusual

inutile useless
inventaire m. inventory
isolément separately
issue f. opening
ivre drunk, inebriated
ivresse f. intoxication; **avec ivresse** ecstatically

J
jadis formerly
jais m. jet
jamais never, ever; **à jamais** forever
jambe f. leg; **prendre ses jambes à son cou** take to one's heels; **traîner une jambe** drag one leg
jardin m. garden
jatte f. bowl
jaune yellow
jeter throw, cast; **jeter un regard** glance at; look at; **se jeter** throw oneself
jeu m. game; **même jeu** same action
jeune young
jeûne m. fast
joindre (*pres. part.* **joignant;** *p.p.* **joint;** *pres. ind.* **joins, joint, joignons, joignez, joignent;** *pres. subj.* **joigne, joignions, joignent;** *impf.* **joignais;** *impv.* **joins, joignez;** *fut.* **joindrai;** *p. simp.* **joignis**) join; add; clasp
joue f. cheek; **mettre en joue, coucher en joue** take aim
jouer play; be enforced
jouet m. toy; **être le jouet** be the victim
jouir enjoy
jouissance f. enjoyment; possession

jour *m.* day; **du jour au lendemain** overnight
jounalier *m.* day laborer
journée *f.* day; **de la journée** all day
juger judge
jument *f.* mare
jupe *f.* skirt
jurer swear
juridique legal
juron *m.* swearword
jusque until; as far as, to; **jusqu'à** to the point of: **depuis... jusqu'à** from . . . to
juste correct
justement as a matter of fact, indeed
justesse *f.* soundness

L
là there; **-là** *distinguishes between* **that** *and* **this (-ci); cet homme-là** that man; **cette femme-ci** this woman; **là-bas** over there; yonder; **là-haut** up there
labouré furrowed
lâche loose
lâcher let go, drop
lâcheté *f.* cowardice
laid ugly
laideur *f.* ugliness
laisser leave, let, allow; **laisser tomber** drop; **laisser voir** show
lait *m.* milk
laitier *m.* milkman
laitière: chèvre laitière goat kept for her milk
lambeau *m.* tatter, shred
lancement *m.* launching
lancer throw; let out

langoureux languorous
langue *f.* tongue
lapin *m.* rabbit; **en col de lapin** with a rabbit collar
largement generously; handsomely
larme *m.* tear
las, lasse weary
lavabo *m.* wash basin; *pl.* rest room
lavage *m.* washing
lécher lick; **lécher ses babines** lick one's chops
léger, légère light
léguer bequeath
légume *m.* vegetable
lendemain *m.* next day, the day after
lent slow
lentement slowly
leurrer deceive
levant *m.* East
lever raise; grow; weigh; **se lever** get up, rise
lèvre *f.* lip; **se mordre les lèvres** bite one's lips
liaison *f.* collaboration
liberté *f.* freedom
libre free
lier bind, tie
lieu *m.* place, spot; **au lieu de** instead of; **s'il y a lieu** if necessary
lieue *f.* league; **à cinq lieues à la ronde** within a radius of twenty kilometers
ligne *f.* line, row
ligoté tied up
limousine *f.* luxury car
linge *m.* laundry; linen; cloth
liquoriste *m.* wine and spirit dealer
lire (*pres. part.* **lisant**; *p.p.* **lu**; *pres. ind.* **lis, lit, lisons, lisent**;

pres. subj. **lise, lisions, lisent;**
impf. **lisais;** *impv.* **lis, lisez;** *fut.*
lirai; *p. simp.* **lus**)   read
lis *m.*   lily
liseuse *f.*   bed jacket
lisse   smooth
lit *m.*   bed
litanie *f.*   litany
livre *m.*   book; *f.* pound
livrer   hand over; **se livrer**
  wage; be fought; **se livrer'**
  combat   wage a fight
locataire *m.*   tenant
logement *m.*   lodging
loger   lodge, house
logis *m.*   house, home
loi *f.*   law
loin   far, **au loin**   in the
  distance, from a distance; **de**
  loin   from a distance
loisir *m.*   pastime; spare time
long, longue   long; **à la longue**
  in the long run
longer   walk along
longtemps   a long time
lors   then; **depuis lors**   from
  that time
lorsque   when
louable   praiseworthy
louche   suspicious, shady
louer   praise; **Dieu soit loué**
  God be praised
louer   rent; **se louer**   be rented
louis *m.*   louis (*twenty franc piece*)
loup *m.*   wolf
loupe *f.*   magnifying glass
lourd   heavy
lourdeur *f.*   heaviness
lueur *f.*   glimmer
lugubre   dismal
luire   shine
luisant   shiny, shining; gleaming
lumière *f.*   light
lunettes *f. pl.*   glasses

lutter   fight, struggle
luxe *m.*   luxury

M

mage *m.*   magician
magie *f.*   magic, miracle
magnifique   magnificent,
  beautiful
maigre   thin, meager
main *f.*   hand; **mettre la main**
  sur   lay hands on
main-d'œuvre *f.*   labor
maintenir (*for forms, see* **tenir**)
  hold, maintain
mairie *f.*   town hall
maisonnée *f.*   household
maître *m.*   master
maîtresse *f.*   mistress
mal *adv.*   badly, ill, wrong, bad;
  être mal à son aise   be ill at
  ease; **faire mal**   hurt; **pas mal**
  de   quite a few
mal *m.*   evil; disease, ache
malade   sick, ill
maladie *f.*   sickness, illness
maladresse *f.*   awkwardness
maladroit   clumsy, awkward
malchance *f.*   ill-luck
malédiction *f.*   curse
malentendu *m.*
  misunderstanding
malfaiteur *m.*   criminal
malgré   in spite of
malheur *m.*   misfortune
malheureusement
  unfortunately
malheureux   unhappy,
  unfortunate
malicieux   mischievous
malin   sly; **faire le malin**   play
  the fool
malodorant   foul

malotrus *m.* boor
malpropre dirty, untidy
maltraiter mistreat
manche *m.* handle
manche *f.* sleeve
manège *m.* game
manie *f.* habit
manière *f.* manner
manifeste *m.* manifesto
manivelle *f.* crank
mannequin *m.* dummy
manœuvre *f.* operation
manquer lack, be wanting
(missing); fail
manteau *m.* coat
marchand *m.* dealer,
shopkeeper; **marchand
forain** peddler
marchander bargain
marche *f.* step, walk; march;
mettre en marche start
marché *m.* market; **bon
marché** cheap
marchepied *m.* running board
marcher walk; work, operate
marécage *m.* marsh
marée *f.* tide
marge *f.* margin; **en marge**
outside
marguerite *f.* daisy
mari *m.* husband
mariage *m.* marriage; **mariage
de raison** marriage of
convenience
marier marry; **se marier avec**
marry
marin *m.* sailor
marron *adj.* brown; *m.* chestnut
marteau *m.* hammer
martyre *m.* martyrdom
mât *m.* mast; **mât de misaine**
foremast
maté subdued
matelas *m.* mattress

matelot *m.* sailor
matière *f.* matter; material
matin *m.* morning; **au petit
matin** early in the morning
matinée *f.* morning; **faire la
grasse matinée** sleep late
maudit cursed
mauvais bad, evil
maux *m. pl.* (see **mal**)
méchanceté *f.* wickedness
méchant wicked
méconnaître (*for forms, see*
connaître) underestimate
médaille *f.* medal
médecin *m.* physician
médicament *m.* medicine
méfiant distrustful
méfier: se méfier distrust
mélanger mix
mêler mix; **se mêler** interfere
membre *m.* member; limb
même *adj.* same; even; *pron.*
itself, himself, etc; **de même
que** as well as; **faire de
même** do the same; **tout de
même** all the same, anyway;
no, really
mémoire *f.* memory
menace *f.* threat
menacer threaten
ménage *m.* household;
housekeeping; **faire le
ménage** do the housework
ménager take care
ménagère *f.* housekeeper;
housewife
mener lead; push oneself
mensuel monthly
menteur *m.* liar
mentir (*pres. part.* **mentant;** *p.p.*
menti; *pres. ind.* **mens, ment,
mentons, mentent;** *pres. subj.*
mente; mentions, mentent;
impf. **mentais;** *impv.* **mens,**

mentez; *fut.* mentirai; *p. simp.*
mentis) lie

menton *m.* chin

menu small, fine

menuisier *m.* carpenter

méprendre (*for forms, see*
prendre) be mistaken; se
méprendre be mistaken

mépris *m.* contempt

mépriser despise

mer *f.* sea

mériter deserve

merveille *f.* marvel; faire
merveille work wonders

messe *f.* mass; faire dire des
messes have masses
celebrated

messire *m.* Sir

mesure *f.* measure; à mesure
que as

métier *m.* trade, profession,
calling; avoir du métier be a
master craftsman

mètre *m.* meter

mettre (*pres. part.* mettant; *p.p.*
mis; *pres. ind.* mets, met,
mettons, mettent; *pres. subj.*
mette, mettions, mettent; *impf.*
mettais; *impv.* mets, mettez;
fut. mettrai; *p. simp.* mis) put,
put on, place; invest; mettre
bas put down; mettre en
scène stage; mettre hors
d'état make it impossible;
mettre la main sur lay hands
on; mettre pied à terre set
foot on the ground; se mettre
à start; se mettre à son aise
make oneself comfortable; se
mettre à table sit down at the
table; se mettre aux ordres
take orders; se mettre en
colère get angry; se mettre
hors d'atteinte put oneself

out of reach; se mettre en
posture get ready

meuble *m.* (*piece of*) furniture

meubler furnish; pad

meurtre *m.* murder

meurtrir bruise

mi- half; à mi-chemin
half-way; à mi-voix softly

mi-Carême *f.* mid-Lent

midi noon

mieux better, best; faire de son
mieux do one's best; tant
mieux so much the better

mignon, mignonne cute; le
mignon the darling

milieu *m.* middle; au milieu
in the middle; au beau
milieu right in the middle

milliard *m.* billion

mince thin

mine *f.* air, look, face; faire
mine make as if, pretend

mineur *m.* (coal) miner

minuit midnight

minutieux thorough

miroiter shimmer

mis dressed; proprement mis
well-dressed

misaine: mât de misaine
foremast

mocheté *f.* ugliness

mode *m.* way; mode d'emploi
directions

mode *f.* fashion; à la mode in
fashion; smart, fashionable

modelage *m.* modeling

moëlle *f.* marrow; moëlle
épinière spine

moëlleux soft

mœurs *f. pl.* manners; mores

moindre less, least

moine *m.* monk

moins less; ne... pas moins
nevertheless

mois *m.* month
moisissure *f.* mould
moisson *f.* crop
moitié *f.* half; **à moitié** half
molle (*see* **mou**)
monceau *m.* heap
monde *m.* world; **tout le monde** everybody
mondial worldwide
monseigneur my Lord
montagnard mountaineer; mountain dweller
montée *f.* going up
monter go up; climb; amount; **monter à cheval** mount a horse
monture *f.* mount
montre *f.* watch; **faire montre** display
moquer mock; **se moquer** make fun, laugh
morale *f.* morals
morcelé broken up
mordant biting
mordre (*pres. part.* **mordant;** *p.p.* **mordu;** *pres. ind.* **mords, mord, mordons, mordent;** *pres. subj.* **morde, mordions, mordent;** *impf.* **mordais;** *impv.* **mords, mordez;** *fut.* **mordrai;** *p. simp.* **mordis**) bite; **se mordre les lèvres** bite one's lips
morsure *f.* bite
mort *adj.* dead; **raide mort** stone dead
mort *f.* death
morve *f.* snot
mot *m.* word; **prendre au mot** take at one's word
mou, molle soft; weak
mouche *f.* fly
mouchoir *m.* handkerchief
mouette *f.* seagull
mouflon *m.* wild sheep

mouiller wet
moulin *m.* mill
mourir (*pres. part.* **mourant;** *p.p.* **mort;** *pres. ind.* **meurs, meurt, mourons, mourez, meurent;** *pres. subj.* **meure, mourions, meurent;** *impf.* **mourais;** *impv.* **meurs, mourez;** *fut.* **mourrai;** *p. simp.* **mourus**) die
mousse *m.* ship's boy
mousse *f.* moss
mouton *m.* sheep
moyen *m.* means; **employer les grands moyens** take extreme measures
moyen average, medium
muet, muette mute, silent
mugir roar
mugissement *m.* roaring; lowing
mulet *m.* mule
multiplier multiply
multipolaire multipolary
muraille *f.* wall
mutin roguish
myrtille *f.* blueberry

N

nage *f.* swimming
naissance *f.* birth
nappe *f.* tablecloth
narine *f.* nostril
narrer narrate
natal native
nature *f.* nature; **nature morte** still life; **en nature** in kind
naufrage *m.* shipwreck; **faire naufrage** get shipwrecked
navet *m.* turnip
navire *m.* ship
navré painful; pained
ne: ne... pas no, not; **ne... guère** scarcely, hardly, rarely;

ne... jamais never; **ne... ni
neither . . . nor; ne... plus** no
more, no longer; **ne... que**
only; **ne... personne** no one,
nobody; **ne... rien** nothing,
not anything
néanmoins nevertheless
néant *m.* nothingness
nébuleuse *f.* nebula
négligé neglected; **tenue
négligée** casual dress
nervosité *f.* grace, dash
net, nette clear
nettoyage *m.* cleaning
nettoyer clean
neveu *m.* nephew
névroglie *f.* neuroglia
névropathe neurotic
nez *m.* nose
ni: ne... ni... ni neither . . . nor
niais stupid
nid *m.* nest
nier deny
nique: faire la nique look down
one's nose
noblement nobly
noir black
noirceur *f.* black deed
noisette *f.* hazel nut
noix *f.* nut; **noix de coco**
coconut
nom *m.* name; noun
nombreux numerous
nommer name
nonobstant notwithstanding, in
spite of
notabilité *f.* notable
notaire *m.* notary
notairesse *f.* notary's wife
note *f.* note; **changer de note**
change one's tune
nourrir nourish, feed; **se
nourrir** eat
nourrisson *m.* infant

nouveau-né newborn
nouvelle *f.* (*piece of*) news; **vous
aurez de mes nouvelles** you
shall hear from me
noyer drown; **se noyer** drown
nu naked
nuage *m.* cloud
nuance *f.* shade
nuée *f.* cloud
nuit *f.* night; **de nuit** by night
nul no; nonexistent
nullement in no way
numéro *m.* number
nuque *f.* back of neck

O

obéir obey
obligation *f.* bond
obscurité darkness
observer observe; **faire
observer** point out
obtenir (*for forms, see* **tenir**)
obtain
occasion *f.* occasion;
opportunity; **par occasion**
occasionally
occuper occupy; **s'occuper** go
into; take care of, be busy
odeur *f.* smell, odor
œdème *m.* abnormal swelling
œil *m.* eye; **coup d'œil** look,
glance; **jeter un coup d'œil**
glance at, look; **les yeux
baissés** with downcast eyes
œuf *m.* egg
œuvre *f.* work
office *m.* duty; **faire son
office** do one's duty
offrir offer
ombre *f.* shadow; shade
ombrelle *f.* sunshade
onde *f.* wave
ongle *m.* nail

opothérapique opotherapic

or now

or *m.* gold; **rouler sur l'or** roll in money

orbite *f.* orbit, socket

ordinaire ordinary; **à l'ordinaire** as usual

ordonnance *f.* regulation; prescription; **prescrire une ordonnance** write out a prescription; **exécuter une ordonnance** fill a prescription

ordonné ordered

ordre *m.* order

ordure *f.* refuse, garbage

oreille *f.* ear

oreiller *m.* pillow

orgue *m.* organ; *f. pl.* **grandes orgues** grand organ

orgueil *m.* pride

oriflamme *f.* streamer

originel primal

oser dare

ôter take away (off), remove; **ôter de la tête** get rid of the idea

où where, when

ouais yea

outre: en outre in addition

outre *f.* leather bottle

ouvert open

ouverture *f.* opening

ouvrage *f.* work

P

pactole *m.* gold mine

pagayer paddle

pagne *m.* loincloth

païen pagan

paille *f.* straw

pain *m.* bread

paix *f.* peace

pâlir get (turn) pale

palmier *m.* palm tree

palper feel

palpiter flutter

pan *m.* flap

panier *m.* basket; **marchand au panier** street vendor

panne *f.* breakdown; **laisser en panne** leave undone

pansement *m.* medical dressing

pantalon *m.* trousers

paon *m.* peacock

paperasserie *f.* red tape

papillon *m.* butterfly

par by, through, in, on, out, of, across; **par jour** per day, a day; **par un jour d'hiver** on a winter day; **par-ci par-là** here and there

paraître (*pres. part.* **paraissant;** *p.p.* **paru;** *pres. ind.* **parais, paraît, paraissons, paraissent;** *pres. subj.* **paraisse, paraissions, paraissent;** *impf.* **paraissais;** *impv.* **parais, paraissez;** *fut.* **paraîtrai;** *p. simp.* **parus**) appear, seem, be visible

paravent *m.* shade

parbleu of course

parcelle *f.* bit

parcourir travel, roam

paré decked; adorned

parer: se parer adorn oneself

parcourir (*for forms, see* **courir**) go through

parcours *m.* way

par-dessus above

pardessus *m.* overcoat

paré adorned; decked

pareil, pareille such, like, similar, the same; *m.* peer

parent *m.* relative; **proche parent** close relative

parenté *f.* relationship

paresse *f.* laziness
paresseux lazy
parfum *m.* perfume, fragrance
parfumer perfume
parier bet
paroisse *f.* parish
parole *f.* word; **ma parole d'honneur** upon my word
parsemé dotted, scattered with
part *f.* part, share; helping; **à part** aside; **comme à part lui-même** as though he is talking to himself; **de la part de** on behalf; **d'autre part** on the other hand; **de toutes parts** from all over; **faire part** inform; **pour ma part** as far as I am concerned
partager share, divide; **se partager** share
parti *m.* decision; **prendre son parti** resolve; resign oneself
particulier *m.* private person, individual
particulièrement particularly
partie *f.* part; **faire la partie** play a game; **partie de cartes** game of cards; **partie de chasse** a day's hunting; **partie de quilles** game of ninepins
partisan: être partisan be in favor
partout everywhere
parure *f.* ornament; necklace
parvenir (*for forms, see* **venir**) succeed; reach
pas *m.* step; pace; **à deux pas** at a stone's throw
passage *m.* passage; **de passage** passing through
passer pass, go (walk) by; spend; **se passer** happen; **se passer de** do without

passerelle *f.* gangway; **passerelle de commandement** bridge
passionément passionately
pâte *f.* paste; **pâte à modeler** modeling clay
pâteux thick
pathétique touching, moving
patois *m.* local dialect
patron *m.* boss; skipper
patronne *f.* boss; wife of the boss
patte *f.* leg, paw
paume *f.* palm; **se frotter les paumes** rub one's hands
paupière *f.* eyelid
pauvre poor
pauvresse *f.* destitute woman
pauvreté *f.* poverty
pavaner: se pavaner strut
pavé *m.* paving stone; pavement; paved road
payer pay; **payer cher** pay dearly; **se payer le nécessaire** get what it takes
pays *m.* country; town; **être du pays** be a local (*person*)
paysage *m.* landscape
paysan *m.*, **paysanne** *f.* peasant
peau *f.* skin
peccadille *f.* peccadillo; trifle
pêche *f.* fishing
péché *m.* sin
peindre (*pres. part.* **peignant;** *p.p.* **peint;** *pres. ind.* **peins, peint, peignons, peignent;** *pres. subj.* **peigne, peignions, peignent;** *impf.* **peignais;** *impv.* **peigne, peignez;** *fut.* **peindrai;** *p. simp.* **peignis**) paint
peine *f.* pain; trouble; **à peine** hardly; **avoir toutes les peines du monde** have all the trouble in the world; **faire de la peine** hurt; **sous peine**

under penalty; **valoir la
peine** be worth (worthwhile)
pèlerinage *m.* pilgrimage
pellicule *f.* skin
penché leaning, bending
pencher bend; **se pencher**
bend over
pendre (*pres. part.* **pendant;** *p.p.*
pendu; *pres. ind.* **pends, pend,
pendons, pendent;** *pres. subj.*
pende, pendions, pendent;
impf. **pendais;** *impv.* **pends,
pendez;** *fut.* **pendrai;** *p. simp.*
pendis) hang
pendule *f.* clock
pénible painful, distressful
péniblement painfully;
laboriously
péniche *f.* barge
pente *f.* slope
percer pierce
percevoir (*for forms, see*
recevoir) perceive
percuter tap
perdre (*pres. part.* **perdant;** *p.p.*
perdu; *pres. ind.* **perds, perd,
perdons, perdent;** *pres. subj.*
perde, perdions, perdent; *impf.*
perdais; *impv.* **perds, perdez;**
fut. **perdrai;** *p. simp.* **perdis**)
lose; undo; be the ruin of;
perdre son temps waste one's
time; **tenir pour perdu** give up
péremptoire decisive
perle *f.* pearl; **rang de perles**
strand of pearls
Pérou *m.* Peru; gold mine
(*name for Peru in the 16th-17th
centuries*)
perroquet *m.* parrot
personnage *m.* character;
person
perspective *f.* prospect;
perspective; sight

perte *f.* loss
pesant weighty
pesanteur *f.* weight
peser weigh (down); **peser
lourd** weigh a lot
pétarade *f.* backfire
petit small; little; **au petit jour**
at daybreak
peuh! pooh!
peur *f.* fear; **avoir peur** be
afraid
phare *m.* headlight
phrase *f.* sentence
physionomie *f.* face;
countenance
picoter peck; prickle
pièce *f.* piece; room
pied *m.* foot; **à pied** on foot;
de pied ferme on firm
footing; **mettre pied à terre**
set foot on the ground
pierre *f.* stone
piétiner stamp; trample
pillule *f.* pill
pincer pinch
piqué piqued
piqûre *f.* shot
pire worse, the worst
pis worse, the worse; **tant pis**
so much the worse, too bad
pisciculture *f.* fish breeding
piteux miserable
pitié *f.* pity; plight; **se faire
pitié** feel sorry for oneself
piton *m.* peak
pitoyable pitiful
placard *m.* closet
place *f.* place; job; room; **sur
place** on the premises
placement *m.* investment
plafond *m.* ceiling
plage *f.* beach
plaie *f.* wound; **le vif de la
plaie** the sore spot

plaindre (*pres. part.* **plaignant;**
p.p. **plaint;** *pres. ind.* **plains,**
plaint, plaignons, plaignent;
pres. subj. **plaigne, plaignions,**
plaignent; *impf.* **plaignais;**
impv. **plains, plaignez;** *fut.*
plaindrai; *p. simp.* **plaignis)**
pity; be sorry; **se plaindre**
complain

plaine *f.* plain; **en plaine** flat

plainte *f.* complaint

plaire (*pres. part.* **plaisant;** *pres.*
p.p. **plu;** *pres. ind.* **plais, plaît,**
plaisons, plaisent; *pres. subj.*
plaise, plaisions, plaisent;
impf. **plaisais;** *impv.* **plais,**
plaisez; *fut.* **plairai;** *p. simp.*
plus) please; **plaît-il?** I beg
your pardon?

plaisanter joke

plaisanterie *f.* joke

plaisir *m.* pleasure

plan *m.* plane; plan

plancher *m.* floor

planer hover

plante *f.* plant; sole (*of feet*)

plantureux fertile

plaque *f.* plate, piece

plat flat; **à plat ventre** flat on
one's stomach

plat *m.* dish

plâtre *m.* plaster

pleur *m.* tear; **verser des**
pleurs shed tears

pleurer weep, cry; **pleurer à**
chaudes larmes weep
copiously

pleuvoir rain

pli *m.* fold

pliant folding

plisser fold

plomb *m.* lead

plonger: se plonger get into

plume *f.* feather

plupart: la plupart most

plus more; **le plus** most; **plus**
de more than; **plus que**
more than; **de plus** in
addition, moreover; besides;
de plus en plus more and
more; **ne... plus** no longer,
no more; **non plus** not
either, neither; **tout au plus**
at the most

plusieurs several

plutôt rather

pneu *m.* tire

poche *f.* pocket

poids *m.* weight; **poids public**
public weighing station

poignard *m.* dagger

poignée *f.* handle; handful

poil *m.* hair

poing *m.* fist

point: ne... point not, not at all

point *m.* point: **à ce point** so
much so, to such an extent

pointe *f.* sting; **sur la pointe**
des pieds on tiptoe

poitrine *f.* chest; **se frapper la**
poitrine beat one's breast

Polonais Pole

pommade *f.* salve

pommier *m.* apple tree

pondre lay (*an egg*)

pont *m.* bridge

pontifier pontificate

porcelaine *f.* china

port *m.* harbor

portant *m.:* **bien portant** person
in good health

portée: hors de portée out of
reach

portefeuille *m.* wallet

porte-monnaie *m.* change
purse; wallet

porter carry, wear; bear; bear
the weight; be concentrated; **se**

porter be (*health*); **se porter bien** be in good health
posément calmly
poser set down, place
posséder own, possess
postillon *m.* coachman
posture *f.* posture; **se mettre en posture** get ready
pot *m.* jar
potage *m.* soup
poteau *m.* post
pouce *m.* thumb; **d'un coup de pouce** with one's thumb
poudre *f.* powder
pouffer: pouffer de rire burst out laughing
poulain *m.* foal
poule *f.* chicken, hen
poulet *m.* chicken
poulpe *m.* octopus
pouls *m.* pulse
poumon *m.* lung
pourrir rot
poursuivre (*for forms, see* **suivre**) pursue
pourtant yet, however,
pourvu *adj.* equipped; **pourvu que** *adv.* I only hope that
poussée *f.* pressure
pousser push; lead; carry; prompt; **pousser un cri** utter a cry; **se pousser du coude** elbow each other
poussière *f.* dust; **grain de poussière** speck of dust
pouvoir (*pres. part.* **pouvant**; *p.p.* **pu**; *pres. ind.* **peux (puis), peut, pouvons, pouvez, peuvent**; *pres. subj.* **puisse, puissions, puissent**; *impf.* **pouvais**; *fut.* **pourrai**; *p. simp.* **pus**) can, may, be able; **il se peut** it may be; **n'en plus pouvoir** be exhausted

pouvoir *m.* power
pratique practical; *f.* practice
pratiquer practice
pré *m.* meadow
préalable: au préalable preliminary
précéder precede
précipiter hurl; **se précipiter** rush
prédicateur *m.* preacher
prédire (*for forms, see* **dire**) predict, foresee
premier, première first
prendre (*pres. part.* **prenant**; *p.p.* **pris**; *pres. ind.* **prends, prend, prenons, prennent**; *pres. subj.* **prenne, prenions, prennent**; *impf.* **prenais**; *impv.* **prends, prenez**; *fut.* **prendrai**; *p. simp.* **pris**) take, seize, catch, capture; **prendre les jambes à son cou** take to one's heels; **prendre soin** take care; **se prendre à** start; **se prendre au sérieux** take oneself seriously; **s'en prendre à** blame
près close; **de plus près** closer up
prescription *f.* end of the statute of limitation
présenter introduce
pressentiment *m.* foreboding
pressentir surmise, guess
presser urge
prêt ready
prétendre claim
prétendu so-called
prêter loan; **se prêter à** go about
prêtre *m.* priest
prévenir inform, warn
prévoir foresee
preuve *f.* proof

prier pray; ask; beg
prière *f.* prayer
princesse *f.* princess; **faire la
princesse** put on airs
printemps *m.* spring
prise *f.* catch; **prise de sang**
blood sample; **être aux prises**
be at grips, wrestle
priser take snuff
privation *f.* deprivation
priver deprive
procédé *m.* procedure
procéder proceed, act; **la façon
dont on procède** how to do
prochain next
prodige *m.* wonder, miracle
prodiguer lavish
produire (*pres. part.* **produisant;**
p.p. **produit;** *pres. ind.* **produis,
produit, produisons,
produisent;** *pres. subj.*
**produise, produisions,
produisent;** *impf.* **produisais;**
impv. **produis, produisez;** *fut.*
produirai; *p. simp.* **produisis**)
produce, create, cause
produit *m.* produce; product
profit *m.* profit; **mettre à
profit** take advantage
profiter take advantage
profond deep; profound
profondeur *f.* depth
prolonger: se prolonger
continue
promenade *f.* walk; drive, ride;
faire une promenade take a
walk
promener: se promener take a
walk
promeneur *m.* passerby, stroller
prometteur promising
promettre (*for form, see* **mettre**)
promise
promptement promptly

propice propitious, favorable
propos *m.* remark; **hors de
propos** irrelevant
propre clean; own; **sa propre
maison** his (her) own house;
propre à peculiar to
proprement properly;
proprement mis well-dressed
propriété *f.* estate
provisoire temporary
provoquer cause; provoke
prunelle *f.* eyeball
puce *f.* flea
puis then
puissance *f.* power
puissant powerful
pupille *f.* pupil (*of the eye*)
purement purely; **purement et
simplement** simply
purger clean out

Q

quai *m.* (*river*) bank
quant: quant à as to
quartier *m.* neighborhood
que *rel. pron.* whom, which,
that; *inter. pron.* what?; *conj.*
that, than, as, whether, so that;
que... ou whether . . . or; **ce
que** what, that which, which;
ne... que only
quel, quelle what, which, what!,
what a . . .
quelque some, a few, any;
quelque part somewhere;
quelque peu somewhat
quelquefois sometimes, at times
queue *f.* tail; **faire (la) queue**
stand in line
quiconque whoever
quille *f.* ninepin
quintupler multiply by fifteen

quinze fifteen; **quinze jours** two weeks

quittance *f.* receipt

quitter leave

quoique although

R

raccommoder mend

racler scrape

raconter tell, relate

radieux beaming

rafraîchir refresh

rageusement furiously

raide stiff; **raide mort** stone dead

raidi stiff

raidir stiffen

raillerie *f.* mockery

railleur mocking

raison *f.* reason; **avoir raison** be right; **mariage de raison** marriage of convenience

ralentir slow down; **se ralentir** slow down

ralentissement *m.* slowing down

rameau *m.* branch, twig

ramener bring back; pull back; pull up

ramer row

rameur *m.* rower

ramper creep

rançon *f.* ransom; price

ranger put away

ranimer revive, bring back to life; **se ranimer** revive; kindle

rapetissé shrivelled

rappeler recall; remind; write down; **se rappeler** remember

rapport *m.* relationship; report

rapporter bring back; bring in, produce

rapproché near

rapprocher piece together; bring together

ras level; **au ras de** close to; **faire table rase** make a clean sweep

raser: se raser shave

rattraper catch, catch up; **se rattraper** make up

rauque sharp

ravissant gorgeous

ravitaillement *m.* supplies

rayer cross out

rayon *m.* ray; department

rayonner shine

receler hide

recevoir (*pres. part.* **recevant;** *p.p.* **reçu;** *pres. ind.* **reçois, reçoit, recevons, reçoivent;** *pres. subj.* **reçoive, recevions, reçoivent;** *impf.* **recevais;** *impv.* **reçois, recevez;** *fut.* **recevrai;** *p. simp.* **reçus**) receive, entertain

réchauffer warm

recherché sought after

rechercher look for

récit *m.* tale, story

réclamer demand

récolte *f.* crop

recommandation *f.* recommendation; instructions

récompense *f.* reward

reconduire walk back

réconforter comfort

recourir use

récréation *f.* recess

recroquevillé hunched up

recueil *m.* collection

recueillir collect, gather; receive

reculer back up; walk back

reculons: à reculons backward

redescendre (*for forms, see* **descendre**) go down again

redevance *f.* payment due

redevenir become again
rédiger write
redoubler redouble
redoutable awesome
réduire reduce
refaire do over; go over
réfléchir think about (over)
refroidi congealed
refroidissement *m.* cold
réfugier: se réfugier take shelter
refus *m.* refusal
regagner go back to
regard *m.* look; **regard de travers** look askance; **jeter un regard** look; turn
regarder look; concern; **ça me regarde** that's my business
régime *m.* diet
règle *f.* rule; **se mettre en règle** put everything in order
régler settle
régner reign
regonfler buoy up
rein *m.* kidney; *pl.* lower back, waist; **avoir mal aux reins** have a backache
réitérer reiterate, repeat
rejeter reject, expel; throw back; **se rejeter en arrière** jump back
rejoindre (*for forms, see* **joindre**) join, catch up; come up
réjouir rejoice
relaps relapse (*heretic*)
relation *f.* relationship
relevé *m.* recording; **faire le relevé** do the accounts
relever raise; **se relever** get up again; **se relever d'un bond** jump to one's feet
relié connected
reluire shine; **faire reluire** shine

remarquer notice; **faire remarquer** point out
remède *m.* medicine; **remède de quatre sous** two-bit medicine
remettre (*for forms, see* **mettre**) put back again; put back; hand (in); **se remettre** get over; start again; **s'en remettre à** leave it up to
remontant fortifying
remonter go back up; date back
remontrer do better
remplacer replace
remplir fill
remuer stir, move
rencogner: se rencogner huddle up
rencontre *f.* meeting
rencontrer meet
rendez-vous *m.* appointment
rendre give back, return; render, make; **rendre service** help; **se rendre** go; **se rendre compte** realize
renfermer lock up
renflement *m.* bulge
renfrogné glum
rengaine *f.* tune
renoncer give up
renonciation *f.* renunciation
renouveler renew
renseignement information
renseigner inform
rente *f.* pension, payment; private income
rentrée *f.* income
renverse: à la renverse backward
renversé slumped back
renverser knock down (over); tilt back
renvoyer send back home; put out; dismiss

répandre: se répandre spread
réparer repair
repartir leave again
répartir: se répartir share, divide
repas *m.* meal
repentir: se repentir repent, regret
répit *m.* respite
repli *m.* fold
replié bent
répliquer retort, reply
replonger: se replonger sink back, fall back
répondre (*pres. part.* **répondant;** *p.p.* **répondu;** *pres. ind.* **réponds, répond, répondons, répondent;** *pres. subj.* **réponde, répondions, répondent;** *impf.* **répondais;** *impv.* **réponds, répondez;** *fut.* **répondrai;** *p. simp.* **répondis**) answer
reporter carry over
reposer: se reposer rest
reposoir *m.* (*temporary*) altar
repousser push back, repulse
reprendre (*for forms, see* **prendre**) take back; take up again; continue; **se reprendre** regain one's self-control
représenter represent; **se représenter** imagine
reproche *m.* reproach
répugner hate
rescapé *m.* survivor
réserver reserve
résorber: se résorber resolve
respirer breathe; exude
resplendir shine, glitter, glow
ressort *m.* spring
ressortir (*for forms, see* **sortir**) come out again
rester remain, stay; **il est resté une âme** one soul remained

retenir (*for forms, see* **tenir**) keep (hold) back; **se retenir** keep, refrain
retiré taken away
retirer take off (*clothing*); **se retirer** retire; withdraw
rétorquer retort
retourner turn over (back); turn inside out; **se retourner** turn around; look about oneself; reverse
retraite *f.* retreat
rétrécir: se rétrécir shrivel, shrink
retrousser curl
réunion *f.* meeting
réunir join; **se réunir** meet; be added
réussir succeed
rêve *m.* dream
réveil *m.* waking up
réveiller wake up; **réveiller en sursaut** startle out of sleep; **se réveiller** wake up
revenant *m.* ghost; person who returns after a long absence
revendeur *m.* retailer
revenir (*for forms, see* **venir**) come back; get over; **revenir cher** be expensive, run high; **revenir sur ses pas** retrace one's steps
revêtir put on
revoir (*for form, see* **voir**) see again; **au revoir** good bye
rhabiller: se rhabiller get dressed again
ricanement *m.* sneer
ricin: huile de ricin *f.* castor oil
ride *f.* wrinkle
rideau *m.* curtain
rien nothing; **un rien** a bit; **rien du tout** nothing at all
rigolo funny

rigueur *f.* rigor; **à la rigueur** if really necessary; **être de rigueur** be the rule

ripolin *m.* enamel, varnish

rire (*pres. part.* **riant;** *p.p.* **ri;** *pres. ind.* **ris, rit, rions, rient;** *pres. subj.* **rie, riions, rient;** *impf.* **riais;** *impv.* **ris, riez;** *fut.* **rirai;** *p. simp.* **ris**) laugh; **éclater de rire** burst out laughing; **se rire de** laugh at

rivage *m.* shore

rivalité *f.* rivalry

rive *f.* bank

rivière *f.* river; **rivière de diamants** diamond necklace

robe *f.* dress; **robe de bal** ball dress

rocher *m.* rock

rocheux rocky

roi *m.* king

roman *m.* novel

roman *adj.* romance (*architecture, languages, etc.*)

rond round

ronde *f.* round; **à la ronde** within a radius

rondement right away

rondeur *f.* straightforwardness; roundness

ronflement *m.* snoring

ronfler hum

ronger gnaw; erode; **ronger son frein** fret under restraint

rosace *f.* rose window

rose pink

rôtir roast; burn

rougeaud reddish

rougir blush

roulé taken

roulement *m.* rotation

rouler roll; roll up; **rouler sur l'or** roll in money; **se faire rouler** get rolled (taken)

rousse (*see* **roux**)

rousseur: tache de rousseur freckle

route *f.* road; **se mettre en route** set out

roux red, reddish; russet

royaume *m.* kingdom

ruban *m.* ribbon

rude harsh; rugged; hard

rudement quite + *adj.*

rue *f.* street; **courir les rues** be everywhere

rugissement *m.* roar

ruisseau *m.* brook

ruissellement *m.* running

rumeur *f.* hum

ruminer brood, linger

ruse *f.* wile

rusé sly

S

sable *m.* sand

sabler drink (*champagne*)

sabot *m.* hoof; wooden shoe

sac *m.* bag

sacerdoce *m.* priesthood

sacré sacred

sacrer crown

sacristie *f.* vestry

sage wise; good

sagement patiently

sagesse *f.* wisdom; prudence

sain healthy

Saint-Glinglin: à la Saint-Glinglin till Kingdom come

saisir seize, grab; perceive

saisissement *m.* shock

saison *f.* season

sale dirty

saler salt

salle *f.* room; common room; **grande salle** hall; lobby

salon *m.* living room, drawing room; **faire salon** sit and chat

salubre healthy

saluer greet, bow

sang *m.* blood

sang-froid *m.* coolness, composure

sanglant bloody

sangle *f.* strap

sangler strap

sangloter sob

sans without; if it were not for; **sans doute** no doubt; probably

santé *f.* health

satisfaire (*for forms, see* **faire**) satisfy

sauter jump, come off

sauterelle *f.* grasshopper

sautiller hop

sauvage wild; savage

sauver: se sauver flee

savant learned; skillful; *m.* scientist; scholar

saveur *f.* taste

savoir (*pres. part.* **sachant;** *p.p.* **su;** *pres. ind.* **sais, sait, savons, savent;** *pres. subj.* **sache, sachions, sachent;** *impf.* **savais;** *impv.* **sache, sachez;** *fut.* **saurai;** *p. simp.* **sus**) know how, can, be able

scène *f.* stage; scene; **mettre en scène** stage

scie *f.* saw

sclérotique *f.* sclera

scrupule *m.* scruple

scruter examine thoroughly

séance *f.* sitting; séance; **séance tenante** on the spot

sec, sèche dry

sèchement tartly

sécher dry; **faire sécher** dry; **se sécher** dry (*oneself*)

second *m.* first mate

secouer shake

secours *m.* help, rescue; **au secours!** help!

secousse *f.* jolt, shaking

séduisant seductive, charming, fascinating

seigneur *m.* lord

sein *m.* breast; bosom; **au sein** amidst; **donner le sein** suckle

seller saddle

semblable similar; *m. pl.* fellowmen

semblant *m.* semblance; **faire semblant** pretend

sembler seem

semé dotted

sens *m.* sense; meaning; **à mon sens** in my opinion; **en sens inverse** in the opposite direction; **sens dessus dessous** topsy-turvy

sensibilité *f.* sensitivity

sensualité *f.* voluptuousness

sentier *m.* path, lane

sentiment *m.* feeling

sentir (*pres. part.* **sentant;** *p.p.* **senti;** *pres. ind.* **sens, sent, sentons, sentent;** *pres. subj.* **sente, sentions, sentent;** *impf.* **sentais;** *impv.* **sens, sentez;** *fut.* **sentirai;** *p. simp.* **sentis**) feel; smell

sérieux serious; **se prendre au sérieux** take oneself seriously

serrer clasp, fasten; put away; **serrer les mains** shake hands

servir (*pres. part.* **servant;** *p.p.* **servi;** *pres. ind.* **sers, sert, servons, servent;** *pres. subj.* **serve, servions, servent;** *impf.* **servais;** *impv.* **sers, servez;** *fut.* **servirai;** *p. simp.* **servis**) serve; **à quoi servirait** what

good would it be; **se servir**
use
serviteur *m.* servant
seul alone; single; only
sévir deal severely
si if, whether; so; yes (*in answer
to negative question or statement*)
siècle *m.* century
siège *m.* seat
sieste *f.* nap
sifflement *m.* whistle, hiss
sifflet *m.* whistle
silencieux silent
silhouette *f.* figure
silicose *f.* black lung disease
singe *m.* monkey
singulier singular, peculiar
sinon or else, except
sire *m.* lord, sire
sobre sober; abstemious, frugal;
moderate
société *f.* society; company;
circle
soie *f.* silk
soigner take care; **se faire
soigner** get medical care
soigneusement carefully
soin *m.* care; *pl.* troubles; **avoir
(prendre) soin** take care
soirée *f.* evening party; evening
soit OK
sol *m.* ground
solder sell
solennellement solemnly
solliciter ask
somme *f.* sum; **en somme**
altogether, as a whole
sommeil *m.* sleep
sommet *m.* top
somnolent sleepy
son *m.* sound
sonder feel
songer think

sonné: soixante ans sonnés
sixty years old
sonner ring
sonnerie *f.* ringing
sonnette *f.* doorbell
sonore sonorous, loud
sorcellerie *f.* witchcraft
sorcier *m.* sorcerer
sorcière *f.* witch
sort *m.* fate, lot
sortie *f.* exit, way out;
departure
sortir (*pres. part.* **sortant;** *p.p.*
sorti; *pres. ind.* **sors, sort,
sortons, sortent;** *pres. subj.*
sorte, sortions, sortent; *impf.*
sortais; *impv.* **sors, sortez;** *fut.*
sortirai; *p. simp.* **sortis**) go
out, come out; stick out
sottise *f.* foolishness; nonsense
sou *m.* sou (*five* **centimes**);
remède à quatre sous two bit
medicine
souci *m.* worry
soucier: se soucier care about,
mind
soudain sudden
soudainement suddenly, all of
a sudden
souffle *m.* breath; breathing;
puff
souffler blow; breathe
soufflet *m.* slap; **déposer un
soufflet** give a slap
souffrance *f.* suffering
souffrir (*pres. part.* **souffrant;** *p.p.*
souffert; *pres. ind.* **souffre,
souffrons, souffrent;** *pres. subj.*
souffre, souffrions, souffrent;
impf. **souffrais;** *impv.* **souffre,
souffrez;** *fut.* **souffrirai;** *p.
simp.* **souffris**) suffer
souhait *m.* wish

souhaiter wish

soulagement *m.* relief

soulager relieve

soulever lift (up); heave; raise; **soulever l'estomac** upset one's stomach; **se soulever** rise

soulier *m.* shoe

soumis obedient

soupçon *m.* suspicion

soupçonner suspect

soupçonneux suspicious

soupière *f.* soup tureen

soupir *m.* sigh

soupirer sigh

souplesse *f.* suppleness, litheness

source *f.* spring

sourcil *m.* eyebrow; **froncer le sourcil** frown

sourd deaf

sourire (*for forms, see* **rire**) smile

sournois sly

sous under

sous-bois *m.* undergrowth

soutenir (*for forms, see* **tenir**) claim; support; **se soutenir** support oneself; last

souterrain underground

souvenir: se souvenir (*for forms, see* **venir**) remember

souvenir *m.* memory

soyeux silky

spiritisme: faire du spiritisme hold séances

spoliation *f.* deprivation

spontanément spontaneously

stage *m.* training period

standardiste *m. or f.* operator

strapontin *m.* jump seat

strié streaked

stupéfier stupefy, stun

subit sudden

subitement suddenly

substituer substitute

subtil subtle, pervasive

succéder: se succéder follow

succession *f.* inheritance

succomber succumb, yield

suçoter suck on

sud *m.* south

suer sweat

sueur *f.* sweat, perspiration

suffire (*pres. part.* **suffisant;** *p.p.* **suffi;** *pres. ind.* **suffis, suffit, suffisons, suffisent;** *pres. subj.* **suffise, suffisions, suffisent;** *impf.* **suffisais;** *impv.* **suffis, suffisez;** *fut.* **suffirai;** *p. simp.* **suffis**) suffice, be sufficient; **suffit!** enough of that!

suffisamment sufficiently; enough

suite *f.* following; **à la suite** following; **de suite** in a row; **par suite de** in consequence of; **par la suite** later on

suivant following; according to

suivre (*pres. part.* **suivant;** *p.p.* **suivi;** *pres. ind.* **suis, suit, suivons, suivent;** *pres. subj.* **suive, suivions, suivent;** *impf.* **suivais;** *impv.* **suis, suivez;** *fut.* **suivrai;** *p. simp.* **suivis**) follow

sujet, sujette *n. and adj.* subject

supplément *m.* supplement; additional income

supplice *m.* torture

supplier bag

supporter bear, carry; hold

supprimé cut out

surgir occur suddenly; loom

sur-le-champ right away, on the spot

surmenage *m.* overwork

surnom *m.* nickname

surplombant   overlooking
surprendre   surprise
sursaut: réveiller en sursaut
   startle out of sleep
sursauter   get startled
surveillance *f.*   supervision
surveiller   supervise; watch
   (over)
survenir (*for forms, see* **venir**)
   come
susceptible   liable
suspendre (*for forms, see* **pendre**)

T
table *f.*   table; **faire table rase**
   make a clean sweep
tableau *m.*   board; painting
tablier *m.*   apron
tache *f.*   spot
tâche *f.*   task
tâcher   try
taie: taie d'oreiller *f.*   pillow
   case
taire (*pres. part.* **taisant;** *p.p.* **tu;**
   pres. ind. **tais, tait, taisons,**
   taisent; *pres. subj.* **taise,**
   taisions, taisent; *impf.* **taisais;**
   impv. **tais, taisez;** *fut.* **tairai;** *p.*
   simp. **tus**): **se taire**   keep quiet,
   hold one's tongue
talon *m.*   heel
tambour *m.*   drum; **tambour de**
   ville   town crier
tamponner   mop
tandis que   while; whereas
tant   so much (many); **tant**
   mieux   so much the better;
   tant pis   so much the worse,
   too bad; **tant que**   as long as
tante *f.*   aunt
tantôt   now; a little while ago;
   tantôt... tantôt   now . . . now
tape *f.*   tap

tapis *m.*   rug
tapisserie *f.*   tapestry
tapoter   tap
taquiner   tease
tard   late
tarder   be long; **ne pas tarder**
   à   not to be long to
tas *m.*   heap, pile; **un tas de**   a
   lot of; **tas de foin**   haystack
tasse *f.*   cup
tâter   feel
taureau *m.*   bull
teint *m.*   complexion
tel, telle, tels, telles   such, so
tellement   so much (many); so
témoignage *m.*   testimony
témoigner *m.*   bear witness
témoin *m.*   witness
tempe *f.*   temple
temps *m.*   time; weather; **à**
   temps   in time; **de temps en**
   temps   from time to time; **en**
   même temps   at the same
   time
tendre (*pres. part.* **tendant;** *p.p.*
   tendu; *pres. ind.* **tends, tend,**
   tendons, tendent; *pres. subj.*
   tende, tendions, tendent; *impf.*
   tendais; *impv.* **tends, tendez;**
   fut. **tendrai;** *p. simp.* **tendis**)
   hand
tendu   extended; hung
ténèbres *f. pl.*   darkness
tenir (*pres. part.* **tenant;** *p.p.* **tenu;**
   pres. ind. **tiens, tient, tenons,**
   tiennent; *pres. subj.* **tienne,**
   tenions, tiennent; *impf.* **tenais;**
   impv. **tiens, tenez;** *fut.* **tiendrai;**
   p. simp. **tins**)   hold, keep; hold
   out; find room; **tenez!**   here!;
   look here!; **tenir à**   care for;
   value; insist; **tiens!**   really!;
   there!; look here!; **il tient à**
   vous   it is up to you; **tenir**

bon hold out; **tenir des livres** keep books; **tenir tête** oppose; **n'y plus tenir** bear it no longer; **se bien tenir** be well-behaved; **se tenir debout** keep upright; **se tenir plus près** come closer; **se tenir prêt** keep ready; **se tenir sur ses jambes** stand up straight; **s'en tenir** stick

tentation *f.* temptation **succomber à la tentation** yield to temptation

tenter try

tenue *f.* dress; **tenue négligée** casual dress

terminer finish; end

terrasse *f.* terrace; platform

terre *f.* earth, ground; field; **terre glaise** moldeling clay; **à terre** on the ground; **sur terre** on land

terreur *f.* terror

terrine *f.* casserole

territorial territorial; **fortune territoriale** landed property

terroir *m.* ground

tête *f.* head; **tête de veau** calf's head (*served with a vinaigrette sauce*); **coup de tête** whim; **ne pas savoir où donner de la tête** not to know where to start; **tenir tête** oppose

thaumaturge *m.* faith healer

théière *f.* teapot

tic-tac *m.* tick tack

tiède warm

tiers third

tige *f.* stalk, shoot

timide shy

tinter ring

tir *m.* shooting

tirade *f.* long passage

tiraillement *m.* strain

tirailler shoot

tire: à tire d'ailes swiftly

tirer draw, pull; get out; shoot, fire; **s'en tirer** manage; pull through

tireur *m.* shooter

tiroir *m.* drawer

tisane *f.* herb tea

titre *m.* title; security; **à titre confidentiel** confidentially

toile *f.* canvas

toilette *f.* dress; **toilette de bal** ball gown; **en toilette des dimanches** in one's Sunday best

toison *f.* fleece

tomber fall; **les bras m'en tombent** I am flabbergasted; **laisser tomber** drop

tonneau *m.* barrel

tonnelet *m.* keg

tonnerre *m.* thunder; **coup de tonnerre** thunder clap

toquade *f.* whim

toque *f.* cap

tordre (*pres. part.* **tordant;** *p.p.* **tordu;** *pres. ind.* **tords, tord, tordons, tordent;** *pres. subj.* **torde, tordions, tordent;** *impf.* **tordais;** *impv.* **tords, tordez;** *fut.* **tordrai;** *p. simp.* **tordis**) wring

torpédo *f.* touring car

tort *m.* wrong; mistake; **avoir tort** be wrong; **avoir le tort** be wrong, make the mistake; **se donner tort** accept the blame

tortue *f.* turtle

tôt early

touffe *f.* tuft

tour *m.* turn; trick; **tour à tour** in turn

tourment *m.* worry

tourmenté worried
tourmenter: se tourmenter
  worry
tournant *m.* turn
tournebroche *f.* spit
tournure *f.* turn
tousser cough
tout, tous, toute, toutes *adj. and
  pron.* all, the whole, every,
  everyone, everything; *adv.*
  very, quite, entirely, wholly;
  pas du tout not at all; **rien
  du tout** nothing at all; **tout à
  fait** quite; **tout à coup** all of
  a sudden; **tout à la fois** all at
  once; **tout au plus** at the
  most; **tout d'un coup** all at
  once; **tout de même** all the
  same; no, really!; **tout le long**
  all along; **jouer le tout pour le
  tout** stake everything
toutefois however
trac *m.* funk, stage fright
tracer draw
trahir betray; **se trahir** betray
  oneself
trahison *f.* betrayal, treason
train *m.* train; **à fond de train**
  at full speed
traîner pull; drag; haul; **se
  traîner** drag oneself
traiter treat; do business
traître *m.* traitor
trait *m.* (*facial*) feature; arrow
trajet *m.* trip
tranche *f.* slice
trancher decide
tranquille quiet, at ease
transparaître (*for forms, see*
  paraître) show through
transparent *m.* transparency
traquer run down
travers: à travers across; **de
  travers** through; askew
traverser go through (across)

trébucher trip
tremblement *m.* trembling;
  tremblement de terre
  earthquake
tremper soak; dip
trépigner trample
trésor *m.* treasure
triomphal triumphant
triste sad
tristement sadly
tristesse *f.* sadness
troc *m.* swapping
troisième third
trombe *f.* whirlwind
tromper deceive; **se tromper**
  be mistaken
trompeur false
tronc *m.* trunk
trottoir *m.* sidewalk
trou *m.* hole; **trou de
  province** boondocks
trouble *m.* confusion;
  disturbance
troubler disturb, bewilder; **se
  troubler** get confused
troupe *f.* troop; military
troupeau *m.* herd, flock
trouvaille *f.* find
truc *m.* gimmick, trick
truchement *m.* medium
tubercule *m.* root; **tubercule
  d'igname** yam root
tuer kill
tueur *m.* slayer
tulipier *m.* tulip tree
tuyau *m.* pipe; **tuyau de pipe**
  pipe stem
type *m.* type; guy

U

usage *m.* custom; usage; habit
user use, wear down; **s'user**
  wear
usine *f.* factory; mill
ustensile *m.* utensil

usurier *m.* usurer
utile useful

V

vacarme *m.* racket
vache *f.* cow
vaciller totter
vague *f.* wave
vague vague, faint
vaillant bold, courageous
vaincre overcome
vainement vainly, in vain
vainqueur *m.* victor
vaisseau *m.* vessel
vaisselle *f.* dishes
valet *m.* footman; farm hand;
  servant
valise *f.* suitcase
vallon *m.* valley, dale
valoir (*pres. part.* **valant;** *p.p.*
  valu; *pres. ind.* **vaux, vaut,**
  valons, valent; *pres. subj.* **vaille,**
  valions, vaillent; *impf.* **valais;**
  impv. **vaux, valez;** *fut.* **vaudrai;**
  p. simp. **valus**) be worth;
  profit; **valoir la peine** be
  worthwhile; **ça vaut mieux**
  that's better
valse *f.* waltz
vanité *f.* vanity, conceit
vantardise *f.* bragging
vaurien *m.* scamp, good-for-
  nothing
vautour *m.* vulture
veau *m.* calf; veal
vécu (*see* **vivre**)
véhicule *m.* vehicle
veille *f.* day before
veiller watch; **veiller à** attend
  to, see to it, take care that
veilleuse *f.* night light
velours *m.* velvet
velu hairy
vendeur *m.* salesman

vendre (*for forms, see* **rendre**)
  sell
venir (*pres. part.* **venant;** *p.p.*
  venu; *pres. ind.* **viens, vient,**
  venons, viennent; *pres. subj.*
  vienne, venions, viennent;
  impf. **venais;** *impv.* **viens,**
  venez; *fut.* **veindrai;** *p. simp.*
  vins) come; **venir de** + *inf.*
  have just + *p.p.;* **en venir là**
  come to that
vent *m.* wind
ventre *m.* belly, stomach; **à plat**
  ventre flat on one's stomach
ver *m.* worm
verdâtre greenish
verger *m.* orchard
vergue *f.* yard (*nautical term*)
véritablement truly
vermeil *m.* silver-gilt, vermeil
verre *m.* glass
verrue *f.* wart
vers toward; about; to
vers *m.* line
verser pour, shed
verset *m.* verse
vertige *m.* dizziness; vertigo
veste *f.* jacket
vestibule *m.* vestibule; lobby
vêtement *m.* clothing
vêtu dressed
veuve *f.* widow
vexant annoying
viande *f.* meat; food
vicié foul
vide empty
vie *f.* life
vieillard *m.* old man
vieille (*see* **vieux**)
vieillesse *f.* old age
vieillir grow old
vierge *f.* virgin
vieux, vieille old; **mon vieux**
  old chap; **se faire vieux** be
  getting old

vif, vive lively, sharp, quick; **le vif de la plaie** the sore spot
vigne *f.* vineyard
vilain nasty
vin *m.* wine; **c'est comme le vin de la comète** it happens once in a blue moon
vinaigrette *f.* sauce with vinegar
vingtaine *f.* about twenty
violemment violently; fiercely
violet purple
violette *f.* violet
violon *m.* violin
visage *m.* face
viser take aim
vitesse *f.* speed
vitre *f.* window pane
vitreux glassy
vivant alive
vive (*see* **vif**)
vivement quickly; hotly
vivre (*pres. part.* **vivant**; *p.p.* **vécu**; *pres. ind.* **vis, vit, vivons, vivent**; *pres. subj.* **vive, vivions, vivent**; *impf.* **vivais**; *impv.* **vis, vivez**; *fut.* **vivrai**; *p. simp.* **vécus**) live, be alive
vivre *m.* food; *pl.* food supplies
voie *f.* way; **voie lactée** Milky Way
voile *m.* veil; *f.* sail
voilier *m.* sailing ship
voir (*pres. part.* **voyant**; *p.p.* **vu**; *pres. ind.* **vois, voit, voyons, voient**; *pres. subj.* **voie, voyions, voient**; *impf.* **voyais**; *impv.* **vois, voyez**; *fut.* **verrai**; *p. simp.* **vis**) see; **voyons** look here, come now; **laisser voir** show
voisin *m.* neighbor
voiture *f.* car; carriage; cart
voix *f.* voice; **à mi-voix** softly; **à voix basse** in a low voice; **d'une voix brève** curtly

vol *m.* theft; flight
volaille *f.* fowl
volant *m.* wheel
voler fly
volet *m.* shutter
voleur *m.* thief
volonté *f.* will, willpower; desire, wish
volontiers gladly, with pleasure
voltiger fly
voltigeur *m.* rifleman
volubile voluble
vomissement *m.* vomiting
vomissure *f.* vomit
vouloir (*pres. part.* **voulant**; *p.p.* **voulu**; *pres. ind.* **veux, veut, voulons, voulez, veulent**; *pres. subj.* **veuille, voulions, veuillent**; *impf.* **voulais**; *impv.* **veux, voulez (veuillez)**; *fut.* **voudrai**; *p. simp.* **voulus**) want, will, like; **en vouloir à** intend harm, bear (hold) a grudge; **que voulez-vous?** what do you expect?; **s'en vouloir** regret
voyage *m.* trip, travel
voyager travel
vrai true; right
vraisemblable probable, likely
vue *f.* view; **à vue d'œil** visibly; **perdre de vue** lose sight of
vulgarisation *f.* popularization

Y
yeux (see **œil**)
yole *f.* skiff

Z
zélé zealous
zut! confound it!

ACKNOWLEDGMENTS

p. 87: "Oriflamme" by Eugène Ionesco from *La Photo du Colonel,* © Editions Gallimard.

p. 105: From *Une Mort très douce* by Simone de Beauvoir, © Editions Gallimard.

p. 117: From *La Tristesse du cerf-volant* by Françoise Mallet-Joris, pp. 206–213. Reprinted by permission of Librairie E. Flammarion.

p. 129: From *Vendredi ou la vie sauvage* by Michel Tournier, © Editions Gallimard.

p. 161: *Knock* by Jules Romains, © Editions Gallimard.